本研究受中央高校基本科研业务费项目（3072020CFJ1305）、黑龙江省哲学社会科学研究规划项目（20SHC180）、护理学四川省重点实验室开放课题（HLKF2022-6）资助

PHILOSOPHY

人民日报学术文库

由我到我们
生命叙事与共情

杨柠溪｜著

人民日报出版社
北京

图书在版编目（CIP）数据

由我到我们：生命叙事与共情／杨柠溪著．—北京：人民日报出版社，2021.12

ISBN 978－7－5115－7144－1

Ⅰ.①由… Ⅱ.①杨… Ⅲ.①社会心理学—研究 Ⅳ.①C912.6－0

中国版本图书馆 CIP 数据核字（2021）第 205036 号

书　　名：由我到我们：生命叙事与共情
YOU WO DAO WOMEN：SHENGMING XUSHI YU GONGQING

著　　者：杨柠溪

出 版 人：刘华新

责任编辑：宋　娜

特约编辑：梁　雁

封面设计：中联华文

出版发行：人民日报出版社

社　　址：北京金台西路 2 号

邮政编码：100733

发行热线：（010）65369509　65369846　65363528　65369512

邮购热线：（010）65369530　65363527

编辑热线：（010）65369521

网　　址：www.peopledailypress.com

经　　销：新华书店

印　　刷：三河市华东印刷有限公司

法律顾问：北京科宇律师事务所　　（010）83622312

开　　本：710mm×1000mm　1/16

字　　数：298 千字

印　　张：17.5

版次印次：2022 年 1 月第 1 版　　2022 年 1 月第 1 次印刷

书　　号：ISBN 978－7－5115－7144－1

定　　价：85.00 元

往往当医者成为患者时，才能真正理解那句谚语的意义——"医者知道一个什么样的人得了病，比知道一个人得了什么病更重要"。但是，让医者真正理解患者并非易事。本书作者为医学人文落地临床医疗服务、为医学模式迭代提供了难得的实践路径和具体方法。相信本书可以帮助更多医者去耐心倾听患者的故事，了解患者真实的需求，以悲悯之心帮助患者。

——王岳　北京大学医学人文学院副院长、教授

本书的文字像是电影画面，抑或人文学者讲述，为大家展示从医生到患者、从求真到求善、从叙事到真情的"情感旅程"。作者的文字带我们走进叙事医学，品味命运跌宕酿出的悲与愁，相遇生命与癌魔抗争中的暖与爱，我们在"生命尽头"重温感动，重拾信念，重获力量。生命的叙事与共情，告诉我们在疾苦中注入安详，在绝望中探寻希望。人们无法预测何时走到生命的尽头，但生命依旧值得我们去前行、去安慰、去治愈、去爱。

——刘巍　北京大学肿瘤医院支持治疗中心主任、教授

"我们"是"我"的复数。由"我"如何到"我们"？作为患者、癌症患者的"我"，如何叙述和表达自己？如何让"我"的痛楚、恐惧和希望被听到、被触摸？作为患者伴侣、家人、亲友、同事和医护的"我"，如何表达关切，如何让"我"的关心、陪伴和鼓励被接收、被领悟？跟着杨柠溪博士的书，以叙事为桥，由"我"到"我们"。

——周世杰　中南大学湘雅二医院教授、心理学专家

我与杨柠溪相识 4 年有余，柠溪可谓成功跨界之典范，勇于挑战自我，追随内心，富有思辨精神。叙事是人类的基本存在方式，叙事渗透于人类生活的各个层面。人际叙事是一种"主体间"的交流行为，与人类健康和人文关怀话题息息相关。这部专著的出版和发行，必定能够医学教育界和临床医学领域更深入地认识人际共情关系构建对于临床人文关怀的重要价值，认识到人际叙事连接是共情的必由之路。让我们一起在阅读这部专著的过程中，见证新时代年轻学者的学术风采。

——杨晓霖　南方医科大学教授、生命健康叙事分享中心创始人

似乎总有一道厚厚的门，挡在癌症患者和医生之间：癌症患者希望事无巨细地知道病情，并希望得到无微不至的照顾；而医生却因为各方面的原因，无法全部满足患者的愿望。本书以医疗行业从业者的实践，来探寻如何满足癌症患者的治疗和关怀需求的答案。希望医生能在临床治疗中多一点共情，护士多一点细心呵护，患者多一点正向思维，家属多一点温情帮扶，社会多一点关爱理解；希望生命的光芒和幸福不因罹患癌症而暗淡。

——张艳萍　《医师报》社常务副社长兼执行总编辑

我在 2013 年被诊断为癌症，在刚刚收到那"一纸判决"时与柠溪老师相识。她清澈、真诚、善良，考虑他人多于考虑自己，会很真诚地关怀、帮助患者和身边的人。我眼中的她并不健谈，而她的文字是真诚的、有温度的。感谢她愿意走进"我们"的世界，关注重疾之下"我们"的生命故事。

——孙梅　癌症康复者、患者互助组织发起人

序一

杨柠溪是我的学生。这 10 年来，我见证了她从学生到高校教师的身份转变。这次，她的学术专著即将出版，我很高兴看见她在学术长跑中实现新的进阶。

近年来，杨柠溪的研究主要聚焦于癌症患者的生命境遇，在社会科学和医学的框架下，开展医学人文领域的交叉学科研究，挖掘患者的疾苦叙事，聚焦患者的生死观、疾苦观、医疗观等医学哲学视域，全面关注患者的身体、心理和社会适应状况。她在肿瘤及慢性病患者的心理社会行为与健康管理等领域开展大量定量和定性研究，通过全方位调查患者的身心健康状况，在多个病种患者中证实了叙事医学、同理心、医患共情等医学人文干预对患者身体和心理的积极影响，并运用路径分析等统计学方法深入挖掘医患共情—患者心理—生理指标交互作用的可能机制，探索干预路径。这些研究为从临床工作和心理治疗角度了解患者状况提供了更全面的依据。

通读后，我认为本书有下述几方面创新点。一是在理论阐释方面有所发展。既往疾病叙事的研究和医患共情研究由西方学者所引导，杨柠溪的研究在相关理论的基础上，结合中国的社会文化背景和医患沟通语境，对中国的癌症患者叙事进行记录与分析，更加关注中国文化视域下的叙事医学研究进展，并进行相关的理论阐释。二是在学科体系方面，对心理学、社会学、社会医学、医学哲学、人类学、文学、护理学等多学科实现跨学科结合，并在此基础上尝试通过叙事医学重塑健康、疾病、医疗等医学理念。三是在叙事医学实践方面，杨柠溪在国内较早开展系统的基于实证的临床医学人文研究，努力解决生物医学模式下"病"与"人"分离的问题，本书是其部分研究结果的归纳与总结。

本书有较强的科学价值和现实意义，在一定程度上完善了对癌症患者心理健康、社会适应相关多重指标以及生死观、疾苦观、医疗观等医学哲学的研究结果，通过实证研究证实医患共情、叙事医学等人文干预对于患者身心健康的积极意义。这些研究结果能很好地指导临床实践，一方面帮助医务人员、社会工作者和心理学专业技术人员以更开阔的视角和格局理解患者的全人健康，反思医学的本质和局限性，进而提供更高品质、更有温度的医疗服务、社工服务及心理健康服务；另一方面又能加深非医学背景的人们特别是患者及其家属对医学、医院和医务人员的理解，进而在一定程度上增强医患沟通，改善医患关系，提升患者就医的幸福感和安全感。

　　基于上述原因，我愿意向广大读者推荐这本书，希望它能够成为读者理解癌症患者心理、社会状态的重要参考资料，也希望能为我国叙事医学事业的发展做出新贡献。

　　是为序。

深圳市人民医院院长，教授、博士生导师

序二

癌症是一种严重威胁人们生命的疾病。虽然在现代医学技术下，大多数癌症都可以得到有效控制甚至临床治愈，患者的生命质量和生存周期都有极大改善，但长期以来人们对癌症的负面认知使得多数人对癌症有恐惧感，而一旦罹患癌症，患者往往心理产生巨大的压力，恐惧、焦虑和抑郁成为其普遍情绪。这种心灵的痛苦在一定程度上加重了病情，甚至使患者万念俱灰，出现自杀意念或行为。通过心灵交流，帮助患者重新理解生命的意义，减轻心灵痛苦，增强战胜疾病的勇气，乃至以坦然心态直面生死，成为临床工作中必须面对的问题。杨柠溪博士的《由我到我们：生命叙事与共情》展现了与癌症患者的心灵沟通之路。

全书从叙事理论入手，由叙事到叙事医学，介绍了叙事医学的概念内涵、主要理论和发展过程，阐释了叙事医学的要素、核心能力和特征等，并阐述了叙事医学的临床意义，为叙事医学介入临床诊疗提供依据。

在本书中，作者用大篇幅诠释了癌症患者的生命叙事，分析患者文化叙事、社会关系叙事和哲学叙事，描述其真实的心理、社会状态与生命境遇，挖掘患者在循证医学视野之外的身、心、社、灵的多元镜像，还原患者对疾病与死亡、医疗与医务人员的认知与思考。在文化叙事层面，本书还原了癌症患者在身体、心理、社会和文化层面的多重排异；在社会关系层面，描绘了患者如何面对多重社会关系的转换与新的患者角色的体验，以及生病后社会关系的重建；在哲学叙事层面，作者的视域涵盖患者所面对的心灵困境与需求、痛苦与挣扎，关注他们逐渐正视现实、调整自己身心状态的全过程，展现了他们在疾病中的心灵成长，以及实现自我超越与自我生命意义的心路历程。

在我看来，对疾病叙事的采集与分析有着多重的意义。首先，通过与患者沟通，分享患者独自承受的痛苦和孤独，帮助患者稀释痛苦。同时也让患者透过回溯自己境遇来发现其积极意义，从而直面疾病带来的改变，积极应对，豁达生死。从而使得其他患者在读到这些"似曾相识"的故事后，产生共鸣，更加从容地应对疾病。其次，这些患者的生命叙事同时启迪着医务人员，有助于他们更全面地理解患者的境遇，并在此基础上建立全人照护的医疗理念。作者详细阐述了共情的概念和含义、生理机制、测量和临床运用，为医务工作者提供借鉴。最后，这类医学人文读物可以帮助普通读者更加了解疾病，理解医务人员和医学本质，增强对生命的思考与体悟。

　　本书从多学科、跨学科的视角，探索癌症患者的生命境遇，展现对患者群体深切的现实关怀，是一本医学人文研究者、医学教育工作者，特别是医生和护士的有益参考书。

李中国

武汉大学教授、博士生导师

目 录
CONTENTS

下 篇 "我" VS "我们"：让共情沉入临床

上 篇 01

| 叙事医学：从理论到实践 |

第一章

叙事医学的理论阐释

第一节　叙事医学的历史演进

在医学的不同发展时期，"叙事"一词被赋予不同的内涵。20 世纪六七十年代，在美国，文学介入医学院课程，医学人文运动兴起，"文学与医学"成为一门新的学科（郭莉萍，2013a）。这一阶段人们已经充分认识到技术至上的医学观的弊端，人文学科在医疗领域的积极作用被彰显。通过对文学作品的解读，分析作品中患者的世界，特别是他们对于苦难的感受、疾病的隐喻以及生命的价值等，从而以更广阔的视角加深对患者的理解。1982 年《文学与医学》杂志创刊，成为医学与文学的理论探讨平台，其他期刊上也散见医学与文学类文章，多聚焦医学与文学的相通性和文学对医学的意义（郭莉萍，2013a）。

叙事与医学心理学也紧密联系，并为叙事医学提供了一些借鉴。1980 年，澳大利亚临床心理学家麦克·怀特及新西兰的大卫·爱普斯顿首先提出叙事心理疗法。他们认为，应该打破以往心理咨询与治疗中以心理咨询师为权威，居高临下地为患者提供治疗方案的方法。在咨询过程中，应该尊重来访者的故事，帮助他们构建出个性化的治疗情景，通过挖掘来访者的重要事件来帮助他们发现问题，进而去积极应对。1990 年他们的专著《故事、知识、权力——叙事治疗的力量》在北美出版，形成一定的影响力（White et al. , 1990）。

2001 年是叙事医学建构的关键年。那一年，丽塔·卡蓉（Rita Charon）提出"叙事医学"这一概念，并积极开展相关的诠释，医学的叙事转向被明显地凸现出来。卡蓉是美国哥伦比亚大学医学院教授、内科（消化专科）医师，有医学和文学两个博士学位，接受过系统的文学训练。她发现文学与医学有着相通性，文学帮助她更好地进行医学实践。科学发展越快，医生越忙碌，留在患者床边的时间越少，而患者需要医生的更多关注与理解，医生也需要反思自己的实践，解决技术权威时代所面对的困惑。而叙事可以帮助他们做到这些，于是她提出叙事医学的概念，并以叙事医学为主题出版专著。卡蓉在医学界引发了一场叙事革命，叙事医学被认为是临床医生领衔的医学人文突围（王一方，2013a），是以叙事为代表的人文学科对传统逻辑实证主义的挑战（Sandelowski，1991）。

第二节　叙事医学研究综述

尽管当前的医学已经普遍接纳并实践生物—心理—社会模式，而循证医学（evidence－based medicine）仍然占现今医学科研、临床与教学的主导地位。循证医学以实证为基础，以各种生化指标、影像学资料等作为其证据。其证据的生产、评价、传播、运用与反馈贯穿了循证医学实践的全过程。循证医学本身是一种逻辑实证主义的推演。而当前，疾病谱已经由急性传染性疾病转变为慢性病、生活方式病。患者的心理、社会适应以及灵性方面需要得到越来越多的关注，"以患者为中心"的呼声也越来越高。循证医学对证据盲目崇拜的弊端也显现出来，对更温暖、更有人性温度的医学的追求成为大势所趋。在这种大环境下，基于患者的疾病故事的叙事医学（narrative－based medicine）在医学界得到越来越多的重视，关注人的社会属性、增加医学的人性温度亦是未来医学发展的大方向。因此，近年来，叙事医学相关的研究也越来越受到学者关注。下面综述国内外叙事医学研究进展。

一、叙事医学的国外研究进展

国外学者开展的叙事医学的研究相对较多，涉及范围也更加广泛，本书基于中国知网的外文文献数据库，以"narrative medicine"为关键词检索相关文献，时间从2001年叙事医学的概念被提出开始，截至2019年5月。

2001年，身兼美国哥伦比亚大学内科教授和临床医生的卡蓉提出叙事医学的理念（Charon，2001a）。叙事医学理论是以医者的"叙事能力"为基础的，她将叙事能力定义为"吸收、解释、回应故事和其他人类困境的能力"。在临床实践中叙事能力反映在医者与患者共情、树立医者职业精神、进行自我反思等方面。叙事医学指的是由具备"叙事能力"的一线医生和护士所主导的临床实践（Charon，2006）。通过精细阅读（close reading）和反思性写作（reflective writing），医生与护士可以加深医生对医生与患者、医生与自己、医生与同事、医生与社会这四对重要关系的理解，加深对自身医学实践与使命的认知，进而更好地帮助患者（Charon，2001）。她提出借助写作"平行病历"来还原对患者疾病体验的感受，用文字来描写患者的疾苦，开展反思性写作（Charon，2005）。

2001 年至今，卡蓉发表了近百篇文章对叙事医学的理论进行详尽探讨，并提供了鲜活的案例。她认为叙事医学在临床实践中的原则为：关注、描述、信任（Charon，2007）。除了对叙事医学的基本理论与方法的介绍，她还提出一些新的观点。她以哥伦比亚大学附属医院的实践为例，探讨在临床教学中如何采用叙事教学法，教授学生与医生如何精读和创造性写作，并在此基础上进行反思（Charon et al.，2016）。她提出叙事互惠的观点，她认为叙事医学实践本身具有潜在互惠性，互惠不仅推动医患共同决策、保护患者的自主权，而且也让参与者们承认彼此的价值与信仰，互相加深理解（Charon，2014）。她的作品不仅发表在医学与文学、社会科学之类的专业期刊，而且在顶级医学期刊上也有较强的影响力。她在《柳叶刀》上发表了一系列文章。2004 年，她介绍了弗兰克的《让故事呼吸》一书，认为该书对医学很有启发，通过叙事训练，可以让故事为医学提供线索（Charon，2011）。2008 年，她和团队发表《医学的艺术：叙事循证医学》，提出"叙事循证医学"的观点。哥伦比亚大学已有临床医生和学者在做叙事与循证整合与实践的方法学研究（Charon et al.，2008）。该研究在日后得到深化，研究者提出了叙事循证医学的四步——描述问题、采取措施、提供选择、确立目标（Silva et al.，2011）。2009 年，卡蓉发表《关于痛苦的沉思》，谈及痛苦在文化、宗教、政治中的意义，对痛苦的思考使叙事和身体联系起来（Charon，2009）。2013 年，她及团队发表《卫生保健的叙事未来》一文，综述了不同年代故事在医学发展中的作用和学者们的发现，认为叙事医学帮助医生与患者建立全新的关系与互动，讲故事与听故事促进了彼此间的探索、吸收和沟通，有助于彼此间更深的理解，对医疗起到积极作用（Hurwitz et al.，2013）。

除了卡蓉，诸多学者从不同视角对叙事医学开展了研究。一些学者将重点落在叙事医学的实践方法学领域以及具体的临床实践。Hurwitz et al.（2001）认为在临床实践中医生应该像侦探一样去发现叙事的线索，并举出诸多例子与方法。Nowaczyk（2012）关注遗传学家如何与医护人员、社工等一起分享患者的故事，怎样通过反思性写作理解患者叙事，并给予其更多的帮助。Hawkins（2008）提出急诊医学叙事的自传、临床叙事等 6 种类型，希望可以借此解决急诊医学领域出现的诸多问题。Lynn（2016）以老年痴呆症患者为例，探讨如何开展社工小组的叙事方法，关注、表现、接纳是他讨论的重要问题。Isobel（2015）探讨叙事医学在关节过度活动综合征、埃勒斯－当洛斯综合征的疾病管理中的意义，证实叙事医学干预帮助患者获得更好的疗效、提升其生命体验。相关研究也在其他患者样本中进行，如缓解了帕金森病患者的抑郁情绪程度（Gross et al.，2014），缓解了成人及儿童疼痛程度（Carter，2004；Carmen，2011），在治疗精神疾病患者方面起到了积极作用（Bradley，2011），提高了慢阻肺患者的疾病管理质量和生活质量（Banfi et al.，2018）。在临床用药方面，叙事医学有助于减少过度用药（Schäfer et al.，2018）。Duclos（2001）通过给已故患者的一封信（医生叙事），描述了那位慢性病患者病程发展、反复入院的恐惧以及患者的尊严等方面的问题。叙事医学亦被充分运用到临终关怀中，如 Bradley（2016）研究叙事医学与灵性护理如何更好地结合，以帮助患者。

另一些学者致力于叙事医学进入医学教育的探讨。Geoffrey et al.（2016）认为反思性写作工作坊有助于在外科见习的学生增强外科实践能力与共情能力，说明反思性写作可以纳入医学课程。Marina et al.（2014）通过调查，发现叙事医学在护理教育中有助于提升护理人员面对道德困境的能力，使其对治疗伦理有了更深理解。Tsai et al.（2012）认为叙事医学能提高外科见习学生在客观结构化临床考试（OSCE）中的表现。Huang et al.（2017）分析中西医学生对叙事医学的不同看法，倡导在中医学生中开设相关课程。亦有一些研究讨论叙事医学的作用、文学对医学的意义。Rolf（2002）认为文学有重要性，但也有潜在性。文学文本的理解与医学工作之间的联系并不简单，需要进一步研究从文学文本中获得的经验如何转化为活的个人知识。Parsons et al.（2010）认为叙事有助于树立患者的尊严。Greg（2015）提出了一种新的基于叙事医学原理的决策能力评价模型，通过与传统模式的病例对比，他认为叙事医学模式对临床决策有益。Coaccioli（2011）认为叙事医学并不是对传统模式的否认，而是一种扩大与深化，是一种更全面的服务与社会进步的体现。

关于叙事医学，也有反对的声音，如 O'Mahony（2013）认为后现代主义与叙事医学带有一定的功利性，对医学生是一种误导。Holt（2005）认为叙事医学在某种程度上讲是一种济慈的"消极能力"，需要探讨如何更好运用。

总体上看，国外的叙事医学研究相对丰富，涉及范围较国内更宽，但总体数量不多，距离形成完善、成熟、实用的体系还需要一段时间；在干预方面的研究还有局限，实践的广度亦需要拓展。

二、叙事医学的国内研究进展

叙事医学在国内的研究较少，且以理论性研究为主。2011 年 11 月，北京大学医学人文研究院召开首届叙事医学座谈会，会议由韩启德院士发起，与会的专家、学者分别从不同的专业视角对叙事医学的概念、意义、价值等方面进行了详细的探讨，并分析了叙事医学在临床实践中的可行性、可操作性，认为叙事医学应该成为医学人文研究中的重要课题之一。此后以北京大学医学部为首的医学院校在叙事医学领域的科研不断拓展。我国以"叙事医学"为主题的科研论文在2011年开始出现。2018年，《叙事医学》杂志在北京大学第三医院创刊，成为国内叙事医学领域的第一本专业杂志。

叙事医学研究主要集中在以下三方面。

第一，叙事医学与医学教育方面。一部分研究集中在叙事医学对医学教育的影响方面，即对医学人文教育和临床教学的影响，二者亦有一定的交叉。叙事医学对医学人文教育的影响是一些研究者聚焦的课题。杨晓霖（2011）通过对美国医学院叙事医学课程的深入剖析，总结叙事医学教育对国内医学人文精神回归的意义和启发。她认为在中国推动叙事医学有助于缓解当前紧张的医患关系，将医学人文研究推向实践。郭莉萍（2012）及李恩亮等（2012）认为叙事医学为医学人文教育提供了新的思路，医学院校应该开设相关课程。丁杨等（2014）发现将叙事教学法运用于医学专业课程教学有助于提升医学生的叙事能力，对日后理解患者十分有益。叙事医学对临床医学专业学生沟通能力和人文素养的提升作用也在多个研究中被报道（何立芸等，2014；牛磊磊，2015；秦燕等，2015）。于海容等（2014）认为叙事医学应该被引入护理教育，跨专业团队的引入有助于叙事医学教学，构建培养临床护士及护士叙事能力的教学模式十分必要。

关于叙事医学在临床教学方面，研究者也有所尝试。李里等（2013）发现在儿科实习中，运用任务驱动教学结合叙事医学教学模式有助于提升学生的临床思维能力，使医患沟通更顺畅，学生的学习热情也有所提高。夏锋等（2014a）认为应把叙事医学作为临床医学专业学位硕士（简称"临床专硕"）的学位必修课，在临床实践中贯穿叙事医学理念。临床专硕的叙事医学教育有助于改善未来的临床诊疗局面。此外还要推动我国叙事医学教育与国外发达国家接轨。刁英智（2015）通过定量研究比较接受叙事医学教学法和传统教学法的两组医学生在临床实习环节的教学效果，认为前者效果优于后者，叙事医学教学法有助于学生对知识点的理解，肯定了叙事医学理念对临床实习教学的积极作用。高晨晨（2014）将护理人文关怀叙事素材和配套叙事教学实施方案相结合，开发护理人文关怀叙事教学系统。皮星等（2016）探讨如何在叙事医学视角下对"医学人文概论"等课程进行情景式教学实践。

第二，叙事医学的理论与意义。叙事医学作为新事物引进到国内，相关理念和发展历史的研究与综述是初期的关注热点。张新军（2011）在国内首次以叙事医学为主题发表相关的文章。他提出叙事医学是医学人文新视角。他从医学知识的叙事结构、医学叙事的基本类型、疾病意义的叙事阐释、医疗伦理的叙事视角四个方面介绍叙事医学的基本原理，认为叙事医学在缓解医患关系中起着积极作用；认为叙事是一种实践，有助于提高患者的治疗效果。管燕（2012）综述了国内外叙事医学的研究情况，认为叙事医学的意义在于建立医生的人文思维、帮助社会理解医学。郭莉萍（2013b）关注从"文学与医学"到"叙事医学"的演进，探讨研究范式的叙事转向与叙事医学兴起的背景，认为叙事医学在文学与医学的基础之上，整合了当代医学的关切。

　　一些学者从宏观角度对叙事医学进行了理论分析。王一方（2018a）从医学叙事五大特征出发，分析作为工具的叙事疗法向作为价值的叙事医学的发展历程。何裕民（2018）提出发展叙事医学的通俗路线和专精路线，分析了叙事医学的要旨。郭莉萍（2018）分析医学实践的叙事特征和临床工作中的叙事伦理，认为细读法应加以运用。部分学者研究关注叙事医学与循证医学的关系。王一方（2014）认为循证医学与叙事医学的不可通约性需要进一步研究与重视，整合循证医学与叙事医学思维路径可以在肿瘤科先行尝试。叶云婕等（2015）认为叙事医学与循证医学可以在临床实践中进行整合，这种整合可以在肿瘤科病房和老年病病房中先行试点，叙事医学在转化医学研究中可以得到发展。

　　此外，诸多学者对叙事医学的意义有所挖掘。杨晓霖（2012）认为叙事医学是完善当代医学的重要课题，它能帮助实现医生和患者间的视域融合以及动态认可，进而提高治疗效果。王一方（2013a）认为叙事医学与平行病历有开创性意义，因为它拓展了疾病的隐喻与识别，叙事有助于强化医务人员的职业信仰，帮助公众澄澈生死观、疾苦观、医疗观。刘薇薇等（2014）从叙事中将临床医生的角色重新定位：不只有循证，还要说故事；不只谈疾病，还需整合病与人；不只讲科学，还要给予人文关怀；不只追求技术严谨，还要善作困境沟通；不只顾功能态，还要重生命意义。杨秋莉等（2015a）认为中医的望闻问切是叙事医学的实践，学习叙事医学有助于更好地发挥中医所长，帮助患者。王磊等（2016）提出叙事研究是护理质性研究的新方法，认为叙事医学有助于拓展护理知识，推动护理实践。方新文等（2018）从哲学的视野出发，探讨叙事回归医学的必然性与价值。

　　第三，叙事医学的临床应用。整体来看，因为叙事医学理念在国内起步较晚，因而在临床实践方面的研究也较为局限。崔文伟（2016）、朱小玲等（2015）分别运用叙事医学理念对上消化道恶性肿瘤合并出血患者、糖尿病中高危足患者进行健康教育，效果明显，能帮助患者吸收更多的知识，降低焦虑发生的频率。江隆福（2015）以自身采集病史为例，谈开放式提问等落实叙事医学的简单策略。刘惠军（2015）以癌症患者为例，通过癌症患者的叙事阐释患者的疾苦体验，帮助患者以积极视角进行身份重建。杨柠溪（2015）以急性心肌梗死行 PTCA①＋支架术患者为例，分析其疾病叙事，认为叙事医学有助于推进医患共同决策，促进双心医学的发展，并认为需要推动循证—叙事医学模式。余颖聪（2014）详细分析一位直肠癌患者的疾病叙事，并认识、吸收、解释、回应患者的叙事，从医生、患者和医院管理等视角对叙事医学的发展进行展望。夏锋等（2014b）提出循证叙事医学，认为需要遵循"叙事的循证化"和"循证的叙事化"两个原则。他们以肝癌患者为例，认为这种模式的践行可能有利于癌症治疗。

叙事医学在临床护理领域的研究亦是关注重点。黄辉等（2015，2016）综述认为，需要开发叙事需求评估、效果评价工具，并需要拓展干预方面的研究。同时她和团队开展了护士对患者叙事认知的质性研究，认为护士愿意倾听患者的叙事，但是需要为叙事的开展创造条件。尚美美（2015）开展卵巢癌患者心理痛苦的叙事研究，通过分析患者叙事，理解患者的疾苦体验，并在此基础上提出痛苦干预方案。刘颖颜（2015）关注如何从叙事医学出发，将理念用于临终关怀护士的培训，建议将倾听患者的叙事、舒缓疗护个性化照顾计划书、护士日记、心情故事讲述等融入临床护理。唐咏（2018）从癌症晚期患者家属切入，归纳其五个心理阶段，探讨如何开展临终关怀。王玲等（2016）阐释叙事医学对患者治疗依从性的作用及原因，总结叙事技巧。付世欧等（2018）在慢性疼痛住院患者中开展叙事医学干预，降低了患者的心理痛苦，促进了医患和谐。

除了以上三点外，关于平行病历与基于叙事医学的医患共情也有一些理论和临床研究。杨秋莉等（2015b）由叙事医学的平行病历的特点推及中医学的医案医话，提出中医学的平行病历构建策略，认为应增加对患者的症状和病因的世俗的解读。邓蕊等（2018）从医学伦理学方面归纳叙事医学的平行病历的书写技巧。郭莉萍等（2015）阐释共情与同情的区别，介绍了北京大学医学部的共情教学实验，发现共情干预教学有一定效果。杨柠溪等（2018a，2018b，2018c，2018d）发表了系列文章，证实了医患共情对癌症及慢性病患者身心健康的影响。

总体来说，我国的叙事研究在近年来有所发展，相关研究明显增多，但在

---

① PTCA，经皮冠状动脉腔内血管成形术的简称，广义上涵盖所有冠心病介入治疗方法。

内容和深度上有局限。第一，在叙事医学与医学教育方面的总体研究偏少，主要探讨叙事医学对医学教育的积极作用，且更多停留在理论探索和观念引导层面，更多的医学院并没有开设叙事医学课程，相关的调查也并不丰富，因而有更广阔的发展空间。研究局限于叙事医学对医学生增进医患沟通能力的影响上，在未来需要开拓更多领域。第二，学者们主要对叙事医学的起源、发展、作用与意义做出了阐释，在医学人文层面进行了较为深刻的分析。叙事医学在哲学层面的分析还需要进一步研究，适合中国国情的叙事医学的方法学方面的理论与实践研究亦需要开拓与发展。第三，当前的叙事医学研究集中于患者叙事，关于医生叙事的研究较少，而医生的反思性写作等应该成为重要的研究课题，这对指导临床工作更直接有益。

三、叙事医学进展对我国的启示

随着学者们对叙事医学的理论及实践研究日趋深入，患者的疾病叙事、人文病理学向度对于患者自身的重要性日益凸显。对疾病叙事的关注，本身是对患者的人文观照。由此引发的全人照顾护理理念直接关系着患者的生命体验，因而在对患者的临床实践中应该考虑叙事医学的介入。根据当前的研究，叙事医学对于患者的帮助是肯定的。

我国未来的叙事医学研究，应充分与尊严疗法、安宁缓和治疗等相融合，将叙事医学作为手段与方法，推动临床诊疗整体的完善。我国的叙事医学实践可以在肿瘤科、老年病病房、风湿免疫科等病房中首先试点，并积极开展干预性研究。在叙事中，让患者重新认识自己、理解生命；让患者从自身最真实的困境出发，用直达灵魂的生命故事抵达存在的层面，展现最深切最真诚的生命体验，重塑尊严。此外，研究者应从哲学视角切入，对叙事医学进行更宽更深的研究，如叙事医学对医学现代性困境的影响，对唯技术论、客观性思维、目的性死亡的质疑等。

第三节　叙事医学的理论基础与跨学科融合

一、叙事医学与哲学

叙事医学与哲学联系紧密。其一是临床工作本身既是医学实践，也是哲学实践。生死哲学是临床哲学的主要内容，涵盖对存在意义与生死意义的探讨，追问生命、医学母题，关注人类的健康与疾痛、医学救助与心灵救赎。叙事医学通过倾听患者的叙事，梳理疾痛的故事，在患者叙事中发现意义，在叙事中对医学进行哲学化延伸。其二是叙事医学是对医学的哲学反思。在科学的医学视野下，医学的学科发展重视知识和技术进步，出现基于统计学的数据崇拜，而忽略信仰与心灵疗愈。在叙事中哲学反思可以弥补还原论的局限，以超越技术、超越躯体的更广阔的视野去看待医学和健康问题。其三是哲学阐释学与叙事联系密切。阐释学是一门关于理解和解释的学科。哲学阐释学在医学领域主要关注医患关系与沟通、疾病与健康的意义和人体现象学。这些都可以通过叙事来实现。阐释学观点下的医患沟通、医务人员倾听并回应患者的叙事是视域融合的过程。在这个过程中患者和医生共同对身体和疾病进行理解，这在阐释学角度上讲是一种对话（张铁山，2005）。

叙事医学是医学观的革新。它对医学的目的重新做出了定义，认为医学的目的不只是从生理学和病理学角度去治疗身体，祛除疾病，更要承担回应和见证，给疾苦中的患者以抚慰和关爱。通过治愈或缓解疾病，以及心理社会支持，帮助患者提升尊严。叙事医学理论提出医学叙事的特性包括时间性、独特性、因果偶然性、主体间性、伦理性，体现了医学哲学思维。临床实践中，叙事医学强调医务人员倾听并回应患者的叙事，这是客观性与主观性的对话。在患者叙事的过程中，在与患者充分共情和反思自身行为中，哲学的主客间性得以展现，医生不再抱有强硬的他者立场，医生与患者共同决策，医患关系更加暖化。叙事医学的特点是将临床实践从客观性推向主体间性，对患者的关注从躯体转向全人。它有效地弥补了循证医学只关注躯体，以生理指标、影像学为单一证据的一元思维，变为关注疾病意义的建构，关注人性，崇尚人文关怀，注重全人疗愈的多元思维。以上都是临床哲学提升的表现。

二、叙事医学与文学

"叙事"本身是文学概念，简单地说即"讲故事"。医学和文学有很多共同点。每个患者都有自己的故事。医学中的每个病历背后都是一个故事，具有时间性、独特性（主体性）、人物（主客体）、身心状态（因果/偶然性）、伦理性，这些也多是文学作品包含的元素。阅读与书写等行为更容易搭建起陌生人之间沟通的桥梁。人们透过文字分享疾苦和生死论题，亦在其中互相抚慰，引发深思，净化内心。叙事医学是文学与医学的结合，医务人员启发、倾听患者叙事，记录患者叙事。在叙事行为中，医患之间的主体联系得以转化或联动

（王一方，2018a）。医务人员从旁观者到与患者共情，由科学关切到人文关怀，最终通过叙事来丰富对生命、疾苦、死亡、爱的理解，用叙事能力来践行医学的人文精神，倾听被科学话语所蒙蔽的患者的心声。

三、叙事医学与心理学

叙事医学与临床心理学中的叙事治疗关系紧密。叙事治疗（narrative psychotherapy）是 Michael White 和 David Epston（2012）在社会建构论的基础上创立的一种现代治疗取向的心理疗法。其内涵是指咨询师在倾听来访者的故事后，通过恰当的回应和提问，帮助来访者梳理事情来龙去脉，找出遗漏片段，将问题外化，从而引导来访者以积极的观点重构故事，达到引发来访者积极的内在力量的过程。叙事医学与心理学异曲同工，也是通过医务人员倾听、尊重和回应患者的叙事，帮助患者重新建构生命的意义，发现更多益处的过程。尊严疗法亦与叙事医学一脉相承，其最先应用于生命终末期患者，是一种个体化、简短的心理干预手段。1995 年，加拿大马尼托巴（Manitoba）姑息治疗研究中心开始研究生命终末期患者性格表现差异较大的原因。2002 年该姑息治疗研究中心主任 Chochinov 教授团队提出维护尊严的 ABCD 法则，即态度（Attitude）、行为（Behavior）、同理心（Compassion）、对话（Dialogue）。2004 年，患者尊严量表被开发出来，现在已经较广泛地应用于临床，用来测量患者的尊严现状及需求。尊严疗法以叙事为媒介，帮助患者明确人生目的，促进意义发现，提高自我价值感，降低精神和心理负担，最终达到提高患者生活质量、增强患者尊严感的目的（Chochinov et al.，2005）。此外，拜伦·古德（2010）的信仰疗法和弗兰克的意义疗法等都为叙事医学的深入提供了理论依据（汪新建，2000）。

四、叙事医学与医学人类学

医学人类学强调关注患者的生命境遇，注重患者的个性化的、主观的疾病体验及意义发现。文化人类学中的文化与人格学派关注文化与个体的关系，探究社会文化背景对人的影响（夏建中，1997）。这为叙事医学的发展提供了理论支持。人类学的田野调查方法亦是临床叙事医学的主要方法。医学人类学家阿瑟·克莱曼将患者主观的"疾痛"和医学上客观的"疾病"区别开来，挖掘疾痛对于患者的意义。这提醒叙事医学实践者在启发叙事、分析叙事时注重社会流行病学的挖掘，聚焦疾病的文化内涵。

五、叙事医学与传播学

叙事医学与健康传播密切相关。一方面，叙事医学所关注的四对关系，即医生与患者、医生与自我、医生与同事、医生与社会与健康传播（人际传播、自我传播、组织传播、大众传播）相呼应。另一方面，叙事医学本身是健康传播实践。叙事医学拓宽了健康传播的视野，为健康传播提供了更直接生动的平台。对于医生而言，叙事的介入能使医生做得更加出色，内心更丰富，能打破人们对医生一直以来的冷漠刻板印象。而对于病患及普通人而言，叙事能为人们提供一个沟通的平台。通过疾病叙事，还原患者的真实生活状态，可以让公众理解医学，理解疾痛对于患者的意义，进而给予患者更多的关爱；同时叙事文本也能成为生死教育、疾病教育的第一手教材。疾病叙事从传播健康知识到引领健康行为，对公民进行健康教育，改善其不良生活方式，预防疾病，降低发病率。在医患关系紧张的环境下，如何运用健康传播的平台去讲好疾痛的故事，来暖化医患关系，或是叙事医学未来的发展方向。

六、叙事医学与护理学

华生的人性照护理论与叙事医学倡导的医学人文关怀密切相关。1979 年，美国护理学教授华生（Jean Watson）首次提出人性照护理论，强调护理的本质是人性照护。该理论包括三个主要方面：人际照护关系、照护时机和 10 个人性照护因素。这 10 个因素包括：形成人性—利他主义价值体系；护理实践中为患者建立信心和希望；培养对自己和他人的敏感性；建立助人—信任的关系；加强并理解正负向感受的表达；在解决问题时运用系统的科学方法制定决策；增进人际间教与学的互动；提供支持性、保护性，纠正心理、生理、社会文化及精神的环境；帮助满足人们的需求；允许存在现象的力量（Watson，2009）。佩普劳人际关系理论也从护患沟通角度为叙事医学践行提供了理论基础。该理论由美国护理学家赫得嘉·佩普劳（Hildegard Peplau）于 20 世纪 50 年代在行为科学和精神心理学基础上提出。该理论认为护患关系是患者或需要健康服务的人，与能理解这些需求并能做出恰当反应的、受过专业教育的护士之间的人际关系。护患关系被分为认识期、确认期、进展期、解决期。护士担当陌生人、代言人、顾问、资源提供者、领导者、朋友多重角色（牛青等，2014）。

第四节 叙事医学的主要学术观点比较

在叙事医学的发展历程中，丽塔·卡蓉（Rita Charon）和阿瑟·克莱曼（Arthur Kleinman）是两位代表性人物。参考其主要著作（丽塔·卡蓉，2015；阿瑟·克莱曼，2010），对其学术观点梳理如下（李飞，2019）。

表1-1 叙事医学主要学术观点比较

项目	丽塔·卡蓉	阿瑟·克莱曼
学术背景/职业	文学博士、医学博士，哥伦比亚大学内科教授、医生	医学博士，精神科医师、哈佛大学人类学教授、哈佛医学院社会和心理医学教授
贡献	第一个以临床医学视角提出"叙事医学"模式	在人类学领域较早开展疾病的医学人类学研究
主要作品	《叙事医学：尊重疾病的故事》 *The Ethicality of Narrative Medicine Writing in the Clinic, or What Might Be Expressed?*	《疾痛的故事：苦难、治愈与人的境况》《苦痛和疾病的社会根源》
提出动因	临床中叙事技巧的缺失，医务人员叙事能力不足	疾病和疾痛的两分，对慢性病患者境遇需要关注
要素	关注、再现和归属	倾听、转译和诠释，多视角理解患者体验
方法	平行病历（反思性写作）、精读	微型民族志、解释模式与协商处理、精神心理分析
能力要求	叙事能力：认识、吸收、理解和回应患者的故事，共情能力	感性能力：尽可能换位思考，感受患者的疾痛体验
伦理责任	重新定义了生命伦理学。医学伦理不只基于法律和道德，必须深入理解患者叙事，协助患者做出符合自身价值观的临床决策	强调医学的关怀本质

第五节　叙事医学理论的关键点

一、叙事医学的要素

创始人卡蓉教授将叙事医学的要素归纳为关注、再现和归属。这一理论认为要关注患者的叙事，通过关注与描述，最终建立起医患间的信任。深度关注是将自己清空（Cameron，2003）。关注的基础是真诚。在与患者见面之前，医生要了解患者的历史，从疾病史到生活史。在见面后，医生要敏锐地观察患者的一言一行，将言语、表情、动作甚至短暂的沉默与循证医学提供的报告结合起来，拼接出意义。描述是医生要用简单易懂的语言来描述其眼中患者的疾痛，能理解并且阐释这种痛苦的内涵与意义。这种描述搭建了医患之间沟通的桥梁，从此患者的疾病与医生共同面对。信任是在整个叙事过程中逐渐建立起来的，随着信任的不断深入，最终达到共情。

二、叙事医学的核心叙事能力

叙事医学的核心叙事能力是共情和反思。共情又称同理心，与同情是完全不同的概念。同情是单向认知到他者的痛苦和不幸，从而唤起恻隐之心。共情是同情的一种深化，是一种能体验他人内心世界、对他人的体验感同身受的能力。双方通过言语和非言语觉察和认识对方的情感和情绪，在感情上产生共鸣，达到深度理解，并对情感情绪做出正确的反馈（姚婷，2011）。经济学之父亚当·斯密曾这样描述人性中的一种特点：人类或许真的非常自私，但是，他的天性里明显还存在另一些特质，让他去关注他人命运，甚至为别人的幸福感感到满足——哪怕自己除了观者的快感一无所得（亚当·斯密，2010）。从某种意义上讲，这就是一种共情的表现。共情在叙事医学的临床实践中起着非常重要的作用。医患共情，要求医生将共情从单纯心理学层面及技术、能力层面提升到理解层面、哲学层面，不仅要理解患者的痛苦，还能走进患者的内心，与患者分担痛苦，进而稀释患者的痛苦。在患者叙述自己故事的过程中，医生有很多次与患者建立情感共同体的机会。当医生富于共情能力主动在叙事中与患者搭建情感共同体，让患者感知到共情的力量时，患者会从中身心受益。当前，临床共情的研究在国内外广泛开展，医生共情能力对患者的心理、生理指标的积极影响已经被循证数据所支撑（Lelorain et al.，2012）。除了用杰斐逊医务人员共情量表来测量医务人员和医学生的共情能力外，患者感知医务人员共情量表也在衡量医患共情中起到了重要作用（Hojat et al.，2018；Arigliani et al.，2018）。医学生的叙事和共情能力的培养在国内外诸多医学院校广受重视（洪菲菲等，2017；杨柠溪等，2018a；Batt-Rawden et al.，2013）。

叙事医学强调反思能力，即批判性思维的开启。在患者的叙事中、在自身的行医实践中反思医学面临的现代性危机，思考在具体临床中如何应对、如何选择。医学的现代性危机包括：医学技术愈加发展，患者期待越高，满意度越低；高技术背后的高代价和高风险如何权衡；技术与道德、利益的平衡等。借助叙事医学，通过具体事例，医者和患者共同反思问题与出路。例如：在具体病例中技术上的努力应在何时止步，如何划定医学的限度；方法学上，在循证医学的大背景下如何界定证据，是单纯生化、影像学的证据，或是患者体验的"人证"；由于慢性病和癌症的不可治愈性，面对躯体上力不从心的疗效，如何为患者的心理健康、社会适应的提升做出努力，甚至如何抵达灵性。关于医患关系的反思：医患之间只有建立精神共同体、情感—道德共同体，医生才愿意承受现代医学的高诊疗风险与代价，患者才能从容接受诊疗结果（王一方，2013b）。

三、医学的叙事特征

医学的叙事特征包括时间性、独特性、因果关系/偶然性、主体间性、伦理性。

叙事具有时间性。人们通过叙事来记录时间流逝的瞬间。叙事也是一种包含事件的顺序、持续时间和时间顺序的讲述形式（Rita Charon，2015）。时间性是临床活动的基础：临床医生需要时间来理解患者，疾病的转归也需要时间来验证。然而，医护人员与患者处在不同的时间向度里。曾有一位患者这样描述她经历乳腺癌手术时的体验："此时此地，我希望有丈夫温暖的手和他没心没肺的笑容，但是有的只是我和左面墙上那只无声的表。半小时过去了，四十分钟过去了，分针默默地陪我转了一圈。"对于医方而言，他们处于向量的时间，根据时间顺序按部就班地完成手术流程。而对于患者而言，随着治疗的跟进其时间节律是变化的，感受到的时间流逝是不同的，比如等待病理结果的时间，短短几十分钟，就是一种无比漫长的煎熬。所以，如果医生能够理解医患之间在时间观念上的分歧，就能更深层次地理解患者，例如在力所能及范围内缩短患者迷茫的等待，诊疗就会更加完善和温暖。

叙事具有独特性，无论是形式还是内容。在医学叙事中，即使患同一种疾病，每个患者都有不同的叙事，每个生命都与众不同。然而，医生普遍重视可复制的范式，而忽略了自身观察和患者主诉的疾病背后的患者的独特性。叙事有助于呈现患者的独特性。在谈及疾病与死亡时，很多患者描述自己的感受，多会反问"你能理解吗？""你明白吗？"之类的话语，这说明他们希望得到医者的重视，理解他们独特的一面。叙事的独特性可以让医生更理解患者。医生对这种独特性的尊重就是对患者生命的尊重。患者需要的不只是针对同一病种相同的临床决策和诊疗路径、指南，更是医生对他们独特的生命故事的尊重和理解。他们希望得到更多的关注，和更富于个性化、更有针对性的医疗。医生在分析患者的叙事后，可进行反思性写作，探究在临床工作中，自己还有哪些拓展空间。

叙事具有因果关系/偶然性。叙事本身的情节性，决定其中存在诸多因果关系。叙事本身的目的之一，即是理清其中的因果，进而在故事中寻求意义发现。在疾病叙事中，医患常常为疾病归因。患者的归因通常为因果报应、宿命、理性归因（如不健康的生活方式、易患病的人格类型，如 A 型与 C 型人格等）。这种归因与患者所处的社会文化背景以及自身的宗教信仰、文化程度、心理状态以及经历等有关。对于病因的解释，医生总是希望找到一个科学的、统一的答案，但患者总是希望在个体化的叙事中找到自己的答案。患者不仅在自己归因，更希望医生去理解他们的与众不同，认同他们的解释。患者的疾病叙事也总是有情节的。人们总是在情节的不断推进中去寻求某种联系，尽管深知很多事情出于偶然。对于很多生活方式健康又无家族史的患者来说，他们深知癌症的发生是偶然的，但是仍然会在一系列情节中寻求线索，并不断归因溯源。因为他们一旦找到了所谓的原因，就能缓解内心对于不确定性的惶恐，能够更理解自己，构建起疾病对于自己的意义。对于临床医生，对情节和因果联系的认知也十分重要，因为医生可以通过叙事建立起与患者之间的联系。临床诊断的主要来源是患者的主诉，即倾听患者的叙事，分析情节，得出更符合患者个体的临床决策。医生也通过患者的叙事，在患者的字里行间与目光接触中，进入患者的世界，到达患者最具个性特征的主体间性的真实，并在叙事中认识被"科学视角"所物化的患者的另外一面。

叙事具有主体间性的特征。主体是认知的自我、行动的自我、观察的自我，主体间性就是当两个主体，或者说当两个真正的自我相遇时发生的情形，自我在与他者相遇中复活（卡蓉，2015）。传统的医患关系是一种主体与客体之间的关系，医生把患者物化，当作工作的对象，仅仅是需要治疗的身体。而叙事，则建立了一种主体—主体模式的视角。叙事需要双方的交流与碰撞，如讲述者与倾听者、作者与读者，且二者处于一种主体间性的状态。在医患之间，医生倾听患者的故事，医患双方就进入一种主体间性的状态中。这两个主体把彼此看作是主体，达到"共在"，这两个主体存在交互性，互相理解，达到共情。

叙事具备伦理性。一个人对另外一个人的叙事承担一定的责任，即讲故事这一行为向所有的参与者提出要求，包括倾听者。在获得对方的叙事之后，接受者对讲述者需要有所回馈，即通向叙事伦理的主体间性（卡蓉，2015）。以笔者为例，在患者与我交谈后，如果他们愿意，我们通常会互相留下联系方式并保持联系。我也并非刻意为之，总是觉得既然他们如此信任我、愿意与我分享他们的故事，我这个陌生人可以被允许走入他们的世界，那么理所当然要帮助他们缓解痛苦，哪怕力量微薄。而这种感触，这种叙事伦理学的体现，在医患之间应该更明显。在临床实践中，医生理解患者叙事的意义在于承担更多的责任，有更多的利他行为。叙事不是目的，而是方法和媒介。医生通过患者叙事走进患者内心，从细枝末节中去发现，与患者一同去经历。在患者的叙事中，医生感同身受，意识到感知叙事的同时自己也在经历与患者相同的苦难，认识到这是自己的使命，进而更好地站在患者的立场去帮助患者。

第二章

叙事医学介入临床的实践与反思

第一节　护士叙事医学实践：交换日志

参照平行病历的思路和观点，护士与患者互动的交换日志，以及护士的陪伴手记是重要的反思性写作，亦是叙事医学的临床实践。

以下是一位护士（王护士）与她所负责的乳腺癌患者（赵女士）撰写的交换日志。该护士接受了一定的叙事医学理论和实践训练。她与笔者针对叙事医学的课题进行了充分交流与讨论，之后与笔者一起选定患者，交换日志。该患者 34 岁，已婚，女儿 1 岁半，于 2017 年 2 月住院治疗，行乳腺癌改良根治术，病理为乳腺浸润导管癌 III 级，淋巴结未见转移。

入院时，第一次患者日志：

这次住院，心情非常不好。本来得了癌症，我就觉得天塌了，不知道什么时候会死，也不知道日后做化疗的日子会有多艰难，是不是会掉头发。我感觉自己已经和从前完全不一样了，那个干练的女白领不见了，从此是个一无是处的人了，不仅不能为家里承担更多的责任，还会拖累所有人，让家人担心。我妈妈为此一夜白发。

我最难过的还是想到女儿。我刚刚当妈妈不久，孩子很小，还是女孩子。一方面，我担心以后我死了，或者说现在这样不健康，无法好好照顾她，没法看着她长大；另一方面，我知道乳腺癌可能会遗传，也不知道她以后会是什么样子。我母亲就是乳腺癌，所以我担惊受怕。我现在有点后悔生这个孩子，知道后悔也没用。话说回来，我希望能看着她成人，至少到 16 岁，这是我的精神寄托了。我希望老天能让我再活十几年，这也许有些贪心。

从确诊到住院，再到现在，医务人员没有耽误治疗时机，安排得都很紧凑，我觉得挺好的。我希望医生查房的时候能多待一会，多跟我聊聊，这样我心里会感觉很踏实，但是医生都急急忙忙的。也许外科就是这个样子吧，早上医生出现一下，就立刻上手术了。医生关注瘤子和这个病本身，每个患者在他们眼中都一样。护士也基本抽完血或者打完针就走，匆匆忙忙的。当然，这些我都能理解。但是我总希望能从他们那里得到更多信息，比如其他病友现在如何。我想知道这些，其实就是对未来不确定。我特别没有安全感，医生就是我的安全感。

患者入院时，第一次护士日志：

这一年我刚刚上临床实习，戴上了燕尾帽，从学生成了小护士，我有点紧张，也有点兴奋。我待过的一个科室就是乳腺外科。她是我负责的患者，住院当天她丈夫陪着她来。我给她量血压、测体温的时候仔细打量了她，她有着精致的五官，漂亮年轻。量过血压后，她轻声道谢，然后转身与她女儿视频。视频里的小孩在大人怀里手舞足蹈，而她也满脸笑容。正是这视频让我知道她有了小孩，我觉得她根本不像已经当了母亲的人。那天我值夜班，晚饭后她丈夫走了，她自己在病房掉眼泪。我也跟着她难过，但又不知道如何劝慰她，只能装作没看见，匆匆回到护士站。我知道她得的是乳腺癌，马上就要做切除手术，我很替她难过。不过，治好疾病是最重要的，毕竟器官和生命比不值一提。

患者手术前双方交换了日志，并在患者术后完成了第二次日志写作和交换。

术后，第二次患者日志：

手术后，我感觉恍如梦一场。一切都跟从前不同了，胸前都是纱布，乳房切掉后，感觉身体不完整了，我其实还是很介意的。如果是七八十岁，我可能也就不在乎了。毕竟结婚刚两年多，先生也还年轻，尽管他现在怕我难过，说他不在乎，但是实际上多少也是会介意的吧。其实不只是出于婚姻考虑，乳房对于女性来说，是一种标志，有了它说明我是个完整的女人。所以就算没结婚，我觉得我也在意。每天早上一醒来，脑子里想到的第一件事就是刚做完手术，乳房没了。我就常常掉眼泪，完全控制不了。王护士好像知道了我的心事，每次来抽血或者量体温时会跟我多说几句。她常常夸我气色不错，也说家里小孩可爱。我很喜欢她。尽管医生仍然忙忙碌碌，但是我感觉更温暖了。

患者手术后，第二次护士日志：

在学校时，老师讲患者不仅面对躯体的疾病，更存在心理和社会问题。读了赵女士的日记，我知道了她需要来自医务人员的抚慰。尽管我不是医生，不像医生一样权威，能给她安全感，但我有能力去为她做些什么。我看见手术后的她面无血色地躺在病床上，没有了往日的神采奕奕，我其实真的很难过。同为女性，我能体会到她的痛苦和不易，所以术后我会尽量多陪她一会，跟她聊几句。我希望我能给她一点点安心，一点点关心。那天我看见她看着孩子的照片，眼睛里满是爱意，我很感动。她是个好妈妈，也很勇敢，我应该给她更多鼓励。以后对别的患者，我想我也会这样做。护士能做的，不仅是打针发药，还应该是给患者更多的关爱，陪伴他们度过最难的时光。

在第一次交换日志后，护士对该患者的病中境遇有了更深入的理解，并由此更深刻认识到护士的职责并不只是身体护理，更是关爱与陪伴。通过交换日志，患者得到更多的温暖与爱，年轻护士也领悟到了自身职业的价值。

通过这些反思性写作，医务人员反思自身执业行为，重塑医学价值观，深化以患者为中心照护、医者仁心之悯、治疗与照顾并重的职业精神。这些叙事医学实践推动了兼具技术与人性的完整的临床模式的构建。

第二节　临床医学人文的现实困境

尽管理论上人文关怀在医疗卫生行业越来越受到重视，但临床中却往往遭遇诸多现实困境。

第一，相比于我国庞大的人口基数，医务人员的工作时间过分紧凑。特别是在大型三甲医院，医生半天时间要看数十个门诊患者；而在外科病房，很多患者在术后很难有与主刀医生交流的机会。这样过度忙碌的大环境导致人文关怀无暇施展。医务人员在有限的时间内很难兼顾人文关怀。医院越来越忙，也越来越疏于服务和关怀，因此患者满意度越来越低，患者怨声越多。

第二，从某种程度上讲，技术是有价的，陪伴、见证、共情等人文关怀却无法用价格来衡量和支付。例如，一次叙事医学访谈的时间，可能是门诊看10位甚至20位患者的时间。医学不是单纯的服务业，如果一味付出却得不到相应的报酬，很难充分唤起医务人员的积极性。

第三，医学人文的深度推进对医务人员有极高的素质、伦理、道德要求，这需要在学生阶段甚至基础教育阶段就进行德育教育，提高其人格魅力，锻造优秀品质，而并非短线的沟通技巧训练和礼仪培训。人文关怀是需要投入心智的，是无私的。简短的沟通培训是技术培训，而非人格培养。而现实中，在应试教育背景下，医务人员对人文胜任力和人格的锻造较少，因此医务人员的抚慰能力、共情能力需要拓展和提升。只有医务人员的人文胜任力提高了，才能在日常的临床实践中贯穿医学人文，对患者的关注从客观性提升到主体间性。

第四，人文关怀的评价难以量化和制定标准路径。患者对关怀的回馈也受主观性影响，有人积极回应，有人毫无反应。

因此，叙事医学等人文关怀介入临床还需要突破重围。

第三节　叙事医学的局限性及发展方向

尽管叙事医学有较为坚实的理论基础，亦有诸多文献证实了其在医疗照护中对患者和医务人员的积极作用，但叙事医学亦有一定的视域盲区。

首先，文学的、虚构的叙事以及患者自身的口述具有较强的主观性，因此一定程度上削弱了真实性。例如，部分医务人员语言表达能力弱使叙事文本不规范、可信度低，难以达到初衷。其次，基于临床伦理的隐私权保护，在分析患者叙事时需要隐去重要信息，平行病历的完整性受到影响。再次，如果一些医生的人文医学胜任力无法达到叙事医学的能力要求，在执行叙事—循证双轨决策时，可能影响正确的临床决策制定。

未来，叙事医学在下述领域仍有开拓空间。

第一，灵性叙事应在安宁缓和医疗领域内拓展（王一方，2018b）。当前肿瘤护理和医务社工领域大多用一系列量表调查患者的心理社会现状和需求，缺少对患者灵性健康的关注，特别是对于进入安宁缓和医疗阶段的生命终末期患者。在充分的基于数据和影像身体证据之外，应通过灵性关怀来达到对患者价值观、信仰的充分尊重。倾听并回应患者的故事，引领其建立对生死的豁达，帮助其重塑尊严。这样即使其面对生死规律时仍能感受到爱与勇气，降低被抛弃感、惶恐感和无意义感，实现叙事医学的价值。

第二，完善临床叙事的方法学，将叙事医学用于缓解医患矛盾。把叙事当作医患沟通的方法，并在叙事医学的语境下协调医生与患者、医生与患者家属的关系（郭莉萍等，2019）。目标是运用叙事医学的方法达到双方的互相理解：在叙事中传达医者的难，患者的苦。医生倾听患者叙事，理解患者的多种感受；患者在医生叙事中理解医生、医院、医学。最终建立信任，促进临床工作。

第三章

叙事医学与医患共情的临床验证

本章根据前述理论和介入路径,研究医务人员共情能力对癌症患者身心健康的影响及机制。将叙事医学的临床介入延伸到慢性病领域,以被称为"绿色癌症"的炎症性肠病为例,探究叙事医学干预对患者的作用。本次研究分为三个独立的部分,希望分别检验护士和医生的共情能力对患者的影响。在此基础上,将叙事医学作为干预方式,进一步验证在叙事中共情对患者的作用。

第一节 护士共情能力对乳腺癌患者
心理痛苦和益处发现的影响[①]

本节探讨肿瘤科护士共情对乳腺癌患者心理痛苦和益处发现的影响。研究者随机抽取 30 位肿瘤科护士,运用人际反应指针量表测量其共情分数,并根据共情分数分为三组。随机抽取每位护士的 12 位乳腺癌患者,用心理痛苦温度计和益处发现量表测量其心理痛苦和益处发现,用非参数检验比较不同组别患者的心理痛苦和益处发现。通过 Spearman 相关性分析和多元线性回归分析护士共情对患者心理痛苦和益处发现的影响。结果发现,护士共情分为 (44.87 ± 17.23) 分,三组护士的共情分差异有统计学意义 ($F = 83.87$, $P < 0.001$)。入院时,三组患者的心理痛苦 ($P = 0.581$) 和益处发现 ($P = 0.473$) 差异无统计学意义。出院时,高分组护士的患者心理痛苦低于低分组 ($P < 0.001$),益处发现高于低分组 ($P < 0.001$)。护士共情能力与患者心理痛苦呈负相关 ($P < 0.001$),与患者益处发现呈正相关 ($P < 0.001$)。在均衡其他因素后,护士共情分数越高,患者心理痛苦分数越低 ($t = -4.94$, < 0.001),益处发现分数越高 ($t = 6.56$, $P < 0.001$)。研究证实了肿瘤科护士共情能力影响乳腺癌患者心理痛苦和益处发现,其共情能力需要进一步加强。

---

① 发表于《中华行为医学与脑科学杂志》2018 年第 27 卷第 5 期,第一作者为杨柠溪。

一、研究背景

共情指个体面对他者时，产生与他人感受的共享，能理解并回应他人情绪的能力（闫志英等，2012）。医学不仅是以生理指标作为评价体系的自然科学，更是关注人类生命境遇、富有人文关怀的实践，因而医务人员与患者之间的共情意义更加深刻。护理人员与住院患者接触的时间越长，患者受他们的影响越多，因此护理人员的共情更需要得到重视。当前，共情在医疗实践中主要集中于医学教育、医学心理学、人文护理等领域。适当的共情对医患双方的作用已经被研究所证实（Lipp et al.，2016）。只有医护人员与患者充分共情，才能对患者有深度理解，并给予其个性化的帮助。乳腺癌对女性患者，不仅是威胁生命的身体事件，更涉及婚姻与家庭、女性自我身份认同等心理社会肿瘤学话题。医护人员只有与患者共情，才能了解患者的生命境遇，发掘循证医学视域之外的人文病理征象，进而理解疾病对于患者的意义。

当前，对医护人员共情能力的调查及教育已经开展，但大多研究旨在调查医务人员共情能力的分布，在共情对患者的作用方面的研究还十分局限。国外的研究也多局限于医生共情能力对患者的影响，如共情能力强的医生的糖尿病患者急型代谢并发症的发病率更低，糖化血红蛋白和低密度脂蛋白胆固醇更低（Canale et al.，2012；Hojat et al.，2011）；支气管镜检查时，医生越能与患者共情，患者的焦虑程度越轻（Choi et al.，2016）；医生共情能力越高，其负责的艾滋病患者的自我效能越高（Flickinger et al.，2015）。然而，将医疗场景里的医患共情作为一项干预手段并评估其对患者心理影响的研究并不多见。患者的责任护士与患者接触时间较医生更长，除了基础护理和专科护理，更承担着健康教育、心理安抚等重要角色，因此这次研究选取护士为研究对象之一。

心理痛苦和益处发现是评估癌症患者心理的两个重要指标，国内学者对其关注并不多。心理痛苦指的是患者沮丧、担心、抑郁、焦虑等情绪。用心理痛苦这个指标对患者进行综合评估，可以为患者的心理干预、疼痛管理、社会支持等提供依据（陈静等，2011）。益处发现又称疾病获益感，在癌症语境下，益处发现指的是患者在被诊断为癌症等创伤性事件后而产生的积极改变（梅雅琪等，2014）。这种改变与患者身心社灵的整体康复息息相关。

二、对象与方法

1. 对象

为了确保被抽取的患者不集中于几位护士,我们首先随机抽取辽宁省某医院肿瘤科 30 名护士,年龄(30.13±5.11)岁,并将护士按照共情分划分为三组,随机抽取每位护士的 12 位患者。因其中 63 位患者拒绝参加,根据之前的抽样方案,补充样本至 360 例患者,问卷 100% 有效。

患者入选条件中下:(1)乳腺癌诊断明确且患者已知诊断;(2)思路清晰,能独立完成问卷;(3)知情同意并签署知情同意书;(4)患者因需要手术而入院治疗,住院时间不少于一周。患者在入院和出院时填写问卷。

2. 研究工具

患者基本信息:包括人口社会学情况(年龄、教育背景、家庭收入、宗教信仰、家庭关系等),医疗付费方式,疾病情况(疾病分期、术式)。

心理痛苦温度计(Distress Thermometer,DT):美国国立综合癌症网(NCCN)推荐使用其测量癌症患者的心理痛苦。DT 包括心理痛苦温度计和心理痛苦相关因素调查表。本节只运用心理痛苦温度计筛查患者的心理痛苦程度。DT 包括 0—11 个尺度,痛苦程度依次递增,4 分及以上提示阳性(Hughes et al.,2011)。该量表在中国本土检验中有较好的信效度(张叶宁 等,2010)。

益处发现量表(Benefit Finding Scale,BFS):BFS 在 2001 年由迈阿密大学 Antoni(2001)提出,包括 17 个条目,每个条目有 5 个选项,用来评估乳腺癌患者的益处发现。2004 年,Tomich 和 Helgeson(2004)将其修订为 20 个条目,每个条目有 4 个选项,累计分数越高表示益处发现越高。目前,该量表已经被广泛运用于评估乳腺癌患者的益处发现。我们采用修订后的中国版益处发现量表,19 个条目,评分范围为 19—76(胡晔等,2014)。本次调查的 Cronbachα 系数为 0.902。

人际反应指针量表(Interpersonal Reactivity Index,IRI):用于测量患者的责任护士的共情分数。量表涵盖观点采择、个人痛苦、想象力、同情关注 4 个维度 22 个条目。答案根据程度分为 5 个选项,依次计为 0—4 分,反向题则相反计分。分数越高,提示共情水平越强,评分范围为 0—88 分(Davis,1983)。调查的 Cronbachα 系数为 0.915。

3. 统计学方法

统计学分析运用 SAS 9.4 软件。因为不符合正态分布,根据患者社会人口学特征以及主管护士组别对患者心理痛苦和益处发现评分进行非参数检验。两个独立样本采用 Mann – Whitney U 检验，多独立样本采用 Kruskal – Wallis 检验。采用 Spearman 相关性分析，探索主管护士共情分与患者心理痛苦和益处发现的关系。采用多元线性回归模型对患者心理痛苦和益处发现评分进行多因素分析。在控制年龄、受教育程度、家庭收入、医保类型、宗教信仰、家庭关系、手术方式、疾病分期的前提下，重点关注护士共情分的作用。分析检验水准为 $\alpha =$ 0.05，P 值均为双侧概率，自变量分析时设置哑变量。采用容忍度（tolerance，TOL）和方差膨胀因子（Variance Inflation Factor，VIF）进行多重共线性诊断。

三、结果

1. 乳腺癌患者心理痛苦和益处发现得分

360 位患者心理痛苦得分在 1—10 分之间，均值得分为（3.91 ± 1.70）分，筛查阳性率（≥4）为 46.39%。益处发现得分在 19—68 之间，均值为（48.35 ± 10.99）分。

2. 一般情况及不同人口社会学特征的患者心理痛苦和益处发现比较

患者均为女性，平均年龄（52.78 ± 8.52）岁。Mann – Whitney U 检验和 Kruskal – Wallis 检验结果表明，患者的家庭收入、医保类型、宗教信仰、家庭关系、手术方式、疾病分期是心理痛苦和益处发现的影响因素，见表 3 – 1。

表 3 – 1　患者人口学情况及单因素分析

变量	人数	构成比%	心理痛苦	P	益处发现	P
受教育程度				0.298		0.053
初中及以下	78	22.5	3（3，4）		55（40，58）	
高中	148	41.5	3（3，5）		53（39，58）	
本科	126	34.2	4（3，5）		49.5（38，56）	
研究生	8	1.9	4（3，5，6）		41.5（33.5，48.5）	
家庭人均收入/月				<0.001		<0.001
<3000 元	102	21.8	6（5，7）		37（31，43）	
3000—5000 元	204	61.0	3（3，4）		55（45，58）	
>5000 元	54	17.2	3（2，3）		57（53，60）	
医保类型				<0.001		<0.001
自费	63	14.3	5（4，6）		39（32，48）	

续表 3 - 1

变量	人数	构成比%	心理痛苦	P	益处发现	P
医保	218	65.9	3（2，4）		55（46，58）	
新农合	64	15.3	5（4，7）		39（34.5，52.5）	
公费医疗	15	4.5	3（2，3）		55（49，56）	
宗教信仰				<0.001		<0.001
有	48	84.8	3（2，3）		57（52，60）	
无	312	15.2	4（3，5）		51（38，57）	
家庭关系				<0.001		<0.001
较差	62	12.0	6（5，7）		34.5（29，38）	
一般	123	31.3	4（4，5）		43（38，52）	
融洽	175	56.6	3（2，3）		57（54，59）	
手术方式				<0.001		<0.001
改良根治术	102	23.9	5（4，6）		39（33，49）	
保乳	258	76.1	3（3，4）		55（43，58）	
疾病分期				<0.001		<0.001
I	168	52.1	3（3，3）		56（52，59）	
II	103	27.5	4（3，5）		44（39，55）	
III	62	13.2	6（5，7）		35（29，42）	
未知	27	7.2	4（3，5）		47（35，58）	

3. 护士分组及其共情能力情况

根据共情分数高低依次将护士分为低分组、中分组、高分组，每组 10 人。其分组及共情能力得分见表 3 - 2。三组护士的共情能力差异具有统计学意义（$P < 0.001$）。

表 3 - 2　护士分组及共情能力得分

组别	人数	Mean	SD	范围
低分组	10	25.40	3.57	18—30
中分组	10	45.30	5.93	36—53

续表 3 - 2

组别	人数	Mean	SD	范围
高分组	10	63.90	9.21	55—84
总计	30	44.87	17.23	18—84

说明：$F = 83.87$，$P < 0.001$（高分组 > 中分组 > 低分组）。

4. 不同组别护士的乳腺癌患者的心理痛苦和益处发现比较

不同组别护士的患者心理痛苦和益处发现如表 3 - 3 所示。非参数检验结果显示，在入院时，不同护士分组患者心理痛苦（$P = 0.581$）和益处发现（$P = 0.473$）间的差异均无统计学意义。在出院时，不同护士分组患者心理痛苦（$P < 0.001$）和益处发现（$P < 0.001$）间的差异均有统计学意义。

表 3 - 3　不同组别护士的乳腺癌患者的心理痛苦和益处发现比较

项目	低分组（n = 120）	中分组（n = 120）	高分组（n = 120）	P
患者心理痛苦得分（入院时）	5（4，7）	5（3，6）	5（4，5）	0.581
患者益处发现得分（入院时）	46（37.5，54）	45（38，56）	46（36，57）	0.473
患者心理痛苦得分（出院时）	4（3，6）	3（3，5）	3（3，4）	< 0.001
患者益处发现得分（出院时）	45（36.5，56）	53（38，58）	54（43.5，58）	< 0.001

5. 患者心理痛苦和益处发现与护士共情分相关性的关系

运用 Spearman 相关性分析，探索护士共情分与患者心理痛苦与益处发现的关系。护士共情分与患者心理痛苦呈负相关，与患者益处发现呈正相关，差异均有统计学意义，见表 3 - 4。

表 3 - 4　患者心理痛苦和益处发现与护士共情分相关性的关系

项目	护士共情分	
	rho	P
心理痛苦（出院时）	- 0.470	< 0.001
益处发现（出院时）	0.521	< 0.001

6. 影响乳腺癌患者心理痛苦和益处发现的多元线性回归分析

在心理痛苦模型中，模型拟合总体有效（F = 102.21，$P < 0.001$），自变量对心理痛苦的解释程度较高（$R^2 = 0.836$，$R^2 adj = 0.827$），主管护士共情得分具有统计学意义。在均衡其他条件的情况下，主管护士共情得分每增加 1 分，心理痛苦减少 0.01 分（$P < 0.001$）。另外，年龄、受教育程度、家庭收入、医保类型、宗教信仰、家庭关系、手术方式、疾病分期均对心理痛苦具有显著影响。在益处发现模型中，模型拟合总体有效（F = 58.80，$P < 0.001$），自变量对益处发现的解释程度较高（$R^2 = 0.745$，$R^2 adj = 0.732$），主管护士共情得分具有统计学意义。在均衡其他条件的情况下，主管护士共情得分每增加 1 分，益处发现增加 0.14 分（$P < 0.001$）。另外，年龄、家庭收入、医保类型、家庭关系、疾病分期均对益处发现具有显著影响。两个回归模型多重共线性诊断结果显示，容忍度均大于 0.1，方差膨胀因子均小于 10，表明多元线性回归模型不存在多重共线性，见表 3 - 5。

表 3 - 5　影响乳腺癌患者心理痛苦和益处发现的多元线性回归分析

项目	心理痛苦				益处发现			
	偏回归系数	标准误	t	P	偏回归系数	标准误	t	P
常数项	8.88	0.39	22.76	< 0.001	20.66	3.14	6.59	< 0.001
主管护士共情分	- 0.01	0.00	- 4.94	< 0.001	0.14	0.02	6.56	< 0.001
年龄	- 0.05	0.01	- 6.83	< 0.001	0.21	0.06	3.58	< 0.001
受教育程度（对照组：初中及以下）								
高中	- 0.27	0.11	- 2.50	0.013	1.39	0.88	1.59	0.113
本科	- 0.22	0.12	- 1.83	0.069	- 0.11	0.97	- 0.11	0.912
研究生	- 0.61	0.30	- 2.02	0.044	0.16	2.44	0.07	0.946
家庭人均收入/月（对照组：<3000 元）								
3000 - 5000 元	- 0.79	0.12	- 6.74	< 0.001	3.20	0.94	3.40	< 0.001
>5000 元	- 1.08	0.16	- 6.87	< 0.001	2.94	1.27	2.32	0.021
付费方式（对照组：自费）								
医保	- 0.37	0.12	- 3.03	0.003	2.42	0.98	2.47	0.014
新农合	0.01	0.13	0.11	0.913	1.22	1.02	1.19	0.233
公费医疗	- 0.68	0.23	- 2.99	0.003	3.41	1.83	1.86	0.063

续表 3 - 5

项目	心理痛苦				益处发现			
	偏回归系数	标准误	t	P	偏回归系数	标准误	t	P
宗教信仰（对照组：无）								
有	-0.27	0.12	-2.34	0.020	-0.39	0.93	-0.42	0.676
家庭关系（对照组：较差）								
一般	-0.92	0.13	-7.22	<0.001	5.40	1.03	5.25	<0.001
融洽	-1.36	0.16	-8.74	<0.001	11.63	1.25	9.31	<0.001
手术方式（对照组：改良根治术）								
保乳	0.23	0.10	2.27	0.024	-1.06	0.80	-1.32	0.186
疾病分期（对照组：I）								
II	0.13	0.10	1.36	0.176	-1.20	0.77	-1.55	0.121
III	0.79	0.13	5.86	<0.001	-3.82	1.08	-3.54	<0.001
未知	0.21	0.15	1.41	0.160	-1.79	1.21	-1.47	0.14

四、讨论

研究发现，肿瘤科护士共情能力对乳腺癌术后住院患者的心理痛苦和益处发现有着重要的影响。在均衡其他条件的前提下，患者的责任护士共情能力越高，患者的心理痛苦程度越低，益处发现越多。医务人员的共情能力是患者心理状况的重要影响因素，这已经在诸多研究中被证明，与本研究结果类似。例如，Thompson et al.（2016）发现共情提高了以患者为中心的护理质量，改善了心衰患者的治疗效果；Lelorain et al.（2012）的研究证明共情提高了癌症患者的满意度，降低了他们的痛苦；Flickinger et al.（2015）的调查证实医生的共情有助于提升 HIV 感染者的自我效能。潘丽师等（2017）的研究发现共情能力越强的神经内科医生的住院脑卒患者的抑郁情绪越轻；刘谆谆等（2017）的研究也证实了癌症患者的益处发现与他们和医生沟通有关。

护士共情能力对乳腺癌患者的心理痛苦和益处发现造成影响，可能基于以下原因。第一，肿瘤科护士负责患者的日常护理工作，与患者有较多的接触时间，患者对他们有更多的信任与依赖，希望有更多的沟通。在护患沟通中，共情能力强的护士能更好地体会患者的感受，更好地安抚患者的情绪。第二，因为医患双方在疾病知识方面不对等，所以患者对自身病情和治疗不了解，有更多的担心，表现出不确定感，需要适当的健康教育。共情能力强的护士不仅能够客观宣讲健康知识，对患者进行健康行为引导，更能在患者的叙事中敏锐地发觉引起患者困惑和痛苦的方面，并对其进行有针对性的健康教育，使患者对于自身疾病的不确定感降低，心理健康水平增高（Parker et al. , 2016）。第三，共情推进了医患共同决策。乳腺癌患者的后续治疗是个漫长的过程。医护人员在术后认真倾听患者的叙事，与她们缔结情感共同体，见证她们的苦难；并结合患者的个人情况与意愿，与患者共同探讨治疗方案，有助于患者自我主体意识的提升。患者受到充分的尊重，其心理痛苦随之降低（杨柠溪，2015）。第四，在共情和叙事中，护士肩负陪伴者、见证者的身份。患者向医护人员倾诉内心的痛苦，有助于舒缓自身的负面情绪。在共情能力高的护士的适时引导下，患者的益处发现得以提升。

本研究对心理社会肿瘤学的发展具有一定的意义，同时给医护人员、心理卫生工作人员以启示。癌症患者的心理健康是必须重视的问题，患者的心理对疾病的转归和预后产生影响（肖宁等，2014；张静等，2016）。除传统心理行为干预外，护士在日常基础护理与健康教育中也要与患者充分共情，将关注点从疾病转向患者，为医学赋予人文的温度。只有这样，才能真正做到给予患者身心社灵的多重照顾（杨柠溪等，2015）。

研究还存在一定局限性。首先，影响患者心理的因素很多，包括患者的个性特征、社会支持、文化背景、经济状况、就医环境等，在一次研究中只能控制部分因素。其次，样本量有限，只是在一家医院抽样。第三，这是一个横断面研究，只能体现一个时间点的状态，具有一定的偶然性。关于医务人员共情与患者治疗效果深入研究，以及身心健康的干预研究和队列研究需要在未来进一步拓展。

五、结语

本研究证实了肿瘤科护士共情是乳腺癌患者心理痛苦和益处发现的重要影响因素。护士的共情与患者的心理健康状况联系紧密，其共情能力还需要进一步加强。因此，医院管理者和医学教育者应通过多种途径提高临床医护人员的共情能力。

第二节　医生共情能力对前列腺癌患者细胞免疫的影响①

　　医生的共情能力与患者的结局密切相关。本节旨在探讨晚期前列腺癌患者行睾丸切除术后的病耻感、自我效能感和焦虑是否会影响医生的同理心，以及医生的同理心与患者细胞免疫的关系。研究者收集了医生的共情能力以及患者的人口统计学、疾病状况、病耻感、自我效能感和焦虑等方面的数据。在患者入院当天、入院 14 天和 3 个月后测量其心理指标和细胞免疫，采用方差分析法比较三个时间点的免疫指标。在 T3，采用多元线性回归模型分析影响免疫指数的因素。采用 Pearson 相关分析和结构方程模型，研究患者的病耻感、自我效能感、焦虑、细胞免疫和医生共情之间的关系。结果发现：在 3 个时间点，患者 3 个心理指标的变化均具有统计学意义。免疫指标中，只有 NK 细胞百分比（NK 亚群）的变化具有统计学意义，而 CD3 +、CD4 +、CD8 + 和 B 细胞百分比的变化无统计学意义。医生的共情能力与患者的病耻感和焦虑呈负相关，与患者的自我效能呈正相关。患者的病耻感和焦虑与 NK 亚群呈负相关，而自我效能感与 NK 亚群呈正相关。焦虑与病耻感呈正相关，与自我效能呈负相关。因此，患者的病耻感、自我效能感和焦虑在医生的共情能力对患者 NK 亚群的影响中起中介作用。医生的共情能力影响了晚期前列腺癌患者的 NK 亚群，并与患者的病耻感、自我效能和焦虑有关。此外，焦虑直接影响患者的病耻感和自我效能。因此，医务人员应注重提高与患者共情的能力，关注患者焦虑、病耻感和自我效能并进行干预，从而帮助患者提高免疫力。

一、研究背景

　　前列腺癌是男性泌尿生殖系统最常见的恶性肿瘤之一，对患者健康构成严重威胁。前列腺癌不仅危害患者的身体健康，还会引起焦虑、抑郁等负面情绪，因为病变部位在男性生殖器官，往往会引发患者的病耻感（Watts et al.，2015）。对于晚期前列腺癌患者，去势可以抑制睾酮的分泌，有助于抑制癌细胞的增长。去势分为药物去势和手术去势（Mottet et al.，2011），后者通常会导致患者遭受巨大的心理创伤和病耻感，降低自尊。因此，患者的心理健康问题需要更多的关注。

---

　　①　发表于 *Patient Preference and Adherence* 2018 年第 12 卷，第一作者为杨柠溪。

心理健康状况和免疫力是相互关联的。心理神经免疫学是当前学术研究的重点领域，尤其是针对癌症患者群体的研究。许多研究着重探索患者自身的心理指标对其免疫力的影响或心理干预对患者免疫功能的影响，且患者情绪与免疫功能的关系已得到证实（Garssen et al., 2011；Andersen et al., 2010）。与以往的研究不同，本研究不仅对前列腺癌患者行睾丸切除术治疗后的心理健康状况进行了调查，还研究了医生的共情能力对患者心理健康的影响，如病耻感、自我效能和焦虑，以及对患者细胞免疫的影响。医生的共情能力对患者免疫机制的影响是本研究的重点。尽管已发表的研究结果证实医生的同理心与患者结局之间的关系，但这些研究关注的主要是结果，而非验证机制，因此本研究具有一定的创新性（Lelorain et al., 2012）。

共情是一种相对稳定的能力（Preston et al., 2002）。医务人员的共情能力非常重要，因为它影响着医患关系、患者满意度、以患者为中心的医疗护理质量和患者结局（Lipp et al., 2016；Hojat, 2016；Steinhausen et al., 2014）。目前，发达国家十分重视对医务人员的移情教育。例如，美国医学院协会（AAMC）要求所有医学院提供相应课程来提高学生的同理心（Hojat et al., 2002）。然而，在发展中国家，医学人文教育，如共情课程，是不充分的。因此，本研究的目的是通过中国样本证实医生的共情能力对前列腺癌患者身心健康的影响，希望医务人员增加对患者心理健康的关注，提高自身的同理心。本研究提出以下假设：（1）医生的共情能力直接影响患者的细胞免疫；（2）患者的病耻感、自我效能和焦虑在医生的共情能力对患者细胞免疫的影响中起中介作用。

二、对象和方法

1. 研究对象

参与者为 175 名前列腺癌患者，他们于 2016 年 10 月至 2018 年 1 月在中国北方 5 家医院接受治疗。患者符合预定的标准：（1）每位患者均被诊断为前列腺癌，处于 T3 或 T4 阶段；（2）每名患者住院至少 7 天，行睾丸切除术；（3）每位患者都了解自己的病情，能够提供知情同意书，能够在完全了解自己的癌症诊断的情况下完成所有问卷调查；（4）每名患者在确诊后 1 个月内接受手术。采用以下排除标准：（1）服用影响免疫功能的药物；（2）严重营养不良；（3）研究开始前后 3 个月内进行放射治疗、化疗或中药治疗。在本研究中，41 名泌尿外科医生对患者进行了治疗。作为患者住院期间的主治医师，他们负责对患者进行治疗和健康教育。医生还致力于安抚患者的负面情绪，并回答他们的问题。

2. 程序

本研究的目的是检验医生的同理心与患者细胞免疫之间的关系是否由患者的病耻感、自我效能感和焦虑所介导。为此，我们测量了中介变量之间的关系。测试这些关系的主要步骤如下。（1）入院当天（T1），对前列腺癌患者进行了一份横断面的匿名问卷调查，主要包括患者基本信息和疾病状况的问题。在 T1、T2（14 天后）和 T3（3 个月后）测量他们的病耻感、自我效能和焦虑，同时采集血液样本以评估细胞免疫。研究开始时，测量每位医生的共情能力。（2）比较 T1、T2 和 T3 患者的病耻感、自我效能、焦虑和细胞免疫指标的变化趋势，分析 T3 时人口统计学和疾病状况对患者免疫力的影响。（3）在结构方程模型中，测量 T3 时患者的病耻感、自我效能感、焦虑和免疫指标与医生共情能力的相关性，分析心理变量的作用及其相互关系。

3. 变量与指标

研究主要包括患者调查表和医生调查表，具体如下。

基本信息：收集患者人口社会学信息，如年龄、婚姻状况、教育背景、居住地点、每月人均家庭收入、医疗保险和家庭关系。医生完成了疾病状况（分期）信息。

社会影响量表（Social Impact Scale, SIS）：评估病耻感。该量表由 Fife 和 Wright（2000）发明。该量表由 24 个条目组成，以 4 分的 Likert 量表回答，每个回答分数在 1—4 之间，包括社会排斥、经济不安全、内在羞耻和社会孤立四个维度。SIS 评分范围从 24 分到 96 分，分数越高表明病耻感越强。该量表应用广泛，具有良好的信度和效度。本研究使用中文版的 SIS（Pan et al., 2007）。

癌症行为量表（Cancer Behavior Inventory, CBI）的简短版本（CBI - B）：测量自我效能。这是一个 12 项的癌症患者自我效能量表，源于 Carolyn 构建的较长的 33 项版本（CBI - L）。量表有 4 个维度：（1）保持独立性和积极态度；（2）参与医疗；（3）应对和压力管理；（4）自我管理。12 个问题，每个回答分数都在 1—9 之间。CBI - B 的得分在 12—108 之间，得分越高表明自我效能越高（Heitzmann et al., 2001；Merluzzi et al., 2001）。

医院焦虑抑郁量表（Hospital Anxiety and Depression Scale, HADS）：对焦虑情绪进行测量。HADS 是一个 14 项自我评估量表，7 项用于焦虑筛查（HADS - A），7 项用于抑郁筛查（HADS - D）。每个项目都有四个选项，赋分为 0—3 分，而每个子量表计分从 0—21，两个量表总分为 0—42。分数越高表示焦虑或抑郁越严重（Zigmond et al., 1983）。对于 HADS - A 和 HADS - D，8 分及以上提示阳性（Bjelland et al., 2002）。参与者被要求在一个月内根据他们的实际情况回答。

患者的细胞免疫测量：为了尽可能控制误差，患者均在即将完成调查问卷之前，在上午 9 点到 10 点之间采集外周静脉血液样本。患者细胞免疫测试由医院临床实验室的专业人员完成。免疫试验测量了 T 细胞亚群，包括 CD3＋、CD4＋、CD8＋、NK（CD56＋）和 B 细胞（CD19＋）的百分比。使用 Beckman Coulter（美国）的 Cytomics™FC500 系列仪器，使用流式细胞术评估 T 细胞亚群和 NK 细胞计数。

杰斐逊共情量表（JSE）：测量医生的共情能力。该量表于 2001 年在杰斐逊医学院首次开发，以评估医务人员的共情能力（Hojat et al.，2001）。该量表由三个维度组成，包括情感关怀、观点采择、换位思考。评估包括 20 个条目，每个条目赋分为 1—7 分。1 表示"强烈不同意"，7 表示"强烈同意"（Hojat，2007）。JSE 评分范围从 20 分到 140 分，分数越高表示共情能力越强。JSE 在许多国家得到了认可，它具有良好的可靠性和有效性（Costa et al.，2017）。本研究采用中文版的 JSE 来衡量医生的共情能力。该量表在临床研究中具有良好的信度和效度，在我国已得到广泛应用（Wen et al.，2013）。

4. 统计学方法

运用方差分析比较 T1、T2 和 T3 的各个免疫指标。对 T1 和 T3 之间有显著差异的指标，采用多元线性回归模型分析其影响因素。采用 Pearson 相关分析法，初步评估患者的病耻感、自我效能、焦虑、免疫指标和医生共情能力之间的关系。检验水准 $\alpha = 0.05$，所有 P 值为双侧概率。上述数据处理和分析是使用 SAS 9.4 for Windows 进行的。为了进一步研究患者的病耻感、自我效能、焦虑和免疫指数与医生同理心之间的关系，采用 AMOS 第 5 版进行结构方程建模（SEM）。模型与数据的拟合指数用以下统计数据进行评估：GFI（＞0.9）、CFI（＞0.9）、RMSEA（＜0.05）和 χ^2/df（＜2）。

三、结果

1. 样本

所有选定的医生都同意参加这项研究，均为男性，平均年龄（41.26 ± 6.18）岁。共有 175 名患者参加，平均年龄为（61.28 ±7.64）岁，平均住院天数为（6.46 ±0.79）天。患者的人口社会学特征和疾病状况如表 3 – 6 所示。

表 3 - 6　患者的人口社会学特征和疾病状况

变量	N	%
受教育程度		
小学及以下	42	24
初中	77	44
高中	44	25.1
大学及以上	12	6.9
婚姻状况		
未婚	3	1.7
已婚	152	86.9
离异或丧偶	20	11.4
家庭住址		
农村	58	33.1
县城	30	17.2
城市	87	49.7
家庭人均月收入（元）		
< 3000 元	64	36.6
3000 - 5000 元	87	49.7
> 5000 元	24	13.7
医疗保险		
自费	39	22.3
社保或商保	93	53.1
新农合	35	20
公费医疗	8	4.6
自评家庭关系		
较差	38	21.7
一般	65	37.1
较好	72	41.2
转移		
是	81	46.3
否	94	53.7

变量	N	%
长期饮酒		
是	13	7.4
否	162	92.6
吸烟		
是	52	29.7
否	123	70.3
失眠		
是	13	7.4
否	162	92.6

2. 住院 14 天和 3 个月后患者细胞免疫指标和心理指标的比较

入院 14 天和 3 个月后患者细胞免疫指标和心理指标的比较见表 3 - 7。在 3 个时间点，NK 亚群的变化具有统计学意义（$P < 0.0001$）。CD3、CD4、CD8 和 B 细胞比例的变化无显著性差异（$P > 0.05$）。患者焦虑、自我效能和病耻感的变化也具有统计学意义（$P < 0.0001$）。

表 3 - 7　住院 14 天和 3 个月后患者细胞免疫指标和心理指标的比较

%	入院时	14 天后	3 个月后	F	P
CD3	58.818 ± 7.209	59.314 ± 6.543	60.032 ± 6.878	1.369	0.255
CD4	34.482 ± 6.323	35.122 ± 5.557	34.721 ± 6.022	0.512	0.599
CD8	28.346 ± 6.127	29.010 ± 6.262	28.872 ± 7.021	0.504	0.606
B	7.648 ± 2.141	8.081 ± 2.330	8.172 ± 1.961	2.928	0.054
NK	16.823 ± 7.112	19.313 ± 8.442	21.778 ± 8.136	18.670	< 0.0001
焦虑	15.429 ± 4.872	18.12 ± 5.218	11.269 ± 5.618	75.750	< 0.0001
自我效能	67.691 ± 13.558	60.352 ± 14.869	68.326 ± 15.860	15.720	< 0.0001
病耻感	68.123 ± 14.321	72.652 ± 15.501	63.303 ± 16.495	16.000	< 0.0001

3. 人口社会学特征和疾病状况对患者 NK 亚群的影响

多元线性回归分析结果见表 3 - 8。吸烟者和非吸烟者的 NK 亚群差异有统计学意义（$P < 0.001$）。这一发现表明吸烟是 NK 亚群的一个影响因素。此外，与基线相比，3 个月时 NK 亚群与基线数据的差值是 NK 亚群的另一个影响因素。

表 3 - 8　人口社会学特征和疾病状况对患者 NK 亚群的影响

项目	β	标准误	t	P
常数项	18.862	7.775	2.430	0.016
年龄	- 0.023	0.074	- 0.320	0.753
住院天数	0.448	0.733	0.610	0.542
NK 差值（T3 - T1）	1.136	0.174	6.520	< 0.0001
受教育程度（对照组：小学及以下）				
初中	- 0.790	1.552	- 0.510	0.612
高中	0.117	1.984	0.060	0.953
大学及以上	- 0.014	2.858	0.004	0.996
婚姻状况（对照组：未婚）				
已婚	- 4.166	4.416	- 0.940	0.347
离婚或丧偶	- 2.397	4.758	- 0.500	0.615
居住地（对照组：农村）				
县城	- 0.710	2.229	- 0.320	0.751
城市	- 2.679	2.335	- 1.150	0.253
家庭人均月收入（对照组：<3000 元）				
3000 - 5000 元	0.181	1.642	0.110	0.913
>5000 元	- 2.003	2.142	- 0.930	0.351
医疗保险（对照组：自费）				
社保或商保	3.367	1.771	1.900	0.059
新农合	0.690	2.038	0.340	0.736
公费医疗	- 1.198	2.959	- 0.400	0.686
自评家庭关系（对照组：较差）				
一般	1.105	1.628	0.680	0.498
较好	1.402	1.826	0.770	0.444

续表 3 - 8

项目	β	标准误	t	P
转移（对照组：否）				
是	- 0. 239	1. 353	- 0. 180	0. 860
长期饮酒（对照组：否）				
是	0. 280	2. 259	0. 120	0. 902
吸烟（对照组：否）				
是	- 3. 741	1. 250	- 2. 990	0. 003
失眠（对照组：否）				
是	0. 183	2. 146	0. 090	0. 932

4. 医生的共情能力与患者的病耻感、自我效能、焦虑和 NK 亚群的关系

运用 Pearson 相关分析评估医生的共情能力与患者的病耻感、自我效能、焦虑和 NK 亚群的关系，见表 3 - 9。共情与病耻感、焦虑存在显著负相关（$r = -0.648$，$r = -0.643$；$P < 0.01$），与自我效能、免疫之间存在显著正相关（$r = 0.542$，$r = 0.508$；$P < 0.01$）；自我效能与病耻感、焦虑存在显著负相关（$r = -0.613$，$r = -0.690$；$P < 0.01$），与免疫存在显著正相关（$r = 0.508$；$P < 0.01$）；病耻感与焦虑存在显著正相关（$r = 0.669$；$P < 0.01$），与免疫存在显著负相关（$r = -0.61$；$P < 0.01$）；焦虑与免疫存在显著负相关（$r = -0.688$；$P < 0.01$）。这为进一步分析各变量之间的关系提供了基础。

表 3 - 9　共情、病耻感、自我效能、免疫之间的关系

项目	均值 ± 标准差	共情	自我效能	病耻感	焦虑	免疫
共情	102. 74 ± 13. 356	1				
自我效能	68. 99 ± 15. 345	0. 542 ＊＊	1			
病耻感	63. 3 ± 16. 495	- 0. 648 ＊＊	- 0. 613 ＊＊	1		
焦虑	11. 27 ± 5. 618	- 0. 643 ＊＊	- 0. 690 ＊＊	0. 669 ＊＊	1	
免疫	21. 778 ± 8. 136	0. 508 ＊＊	0. 654 ＊＊	- 0. 610 ＊＊	- 0. 688 ＊＊	1

说明：＊表示 $P < 0.05$，＊＊表示 $P < 0.01$。

5. 共情、病耻感、自我效能、焦虑、免疫之间的多重中介效应

根据上述分析发现，共情、病耻感、自我效能、焦虑和免疫之间存在相关

关系。为了进一步明确它们之间的关系，我们采用路径分析法，构建多重中介模型。根据以上假设模型，采用 AMOS 软件对模型的各项指标进行考察，整体拟合指数 $\chi^2 = 80.097$，$\chi^2/df = 1.358$，小于 3，说明整体拟合程度理想。RMSEA $= 0.045$，小于 0.08；GFI $= 0.935$，CFI $= 0.984$，AGFI $= 0.900$，NFI $= 0.941$，都在 0.90 以上，因此达到了较好的拟合程度，假设模型通过。在该模型中，医生的共情能力直接影响患者 NK 亚群的路径系数不显著，说明假设 1 是无效的。最终模型如图 3 - 1 所示。

6. 多重中介模型的路径分析

由表 3 - 10 可知，共情对病耻感的路径系数为 - 0.616，共情对自我效能的路径系数为 0.371，共情对焦虑的路径系数为 - 0.728，焦虑对病耻感的路径系数为 0.264，焦虑对自我效能的路径系数为 - 0.482，焦虑对免疫的路径系数为 - 0.264，病耻感对免疫的路径系数为 - 0.208，自我效能对免疫的路径系数为 0.37，且都在 0.05 的水平上显著。

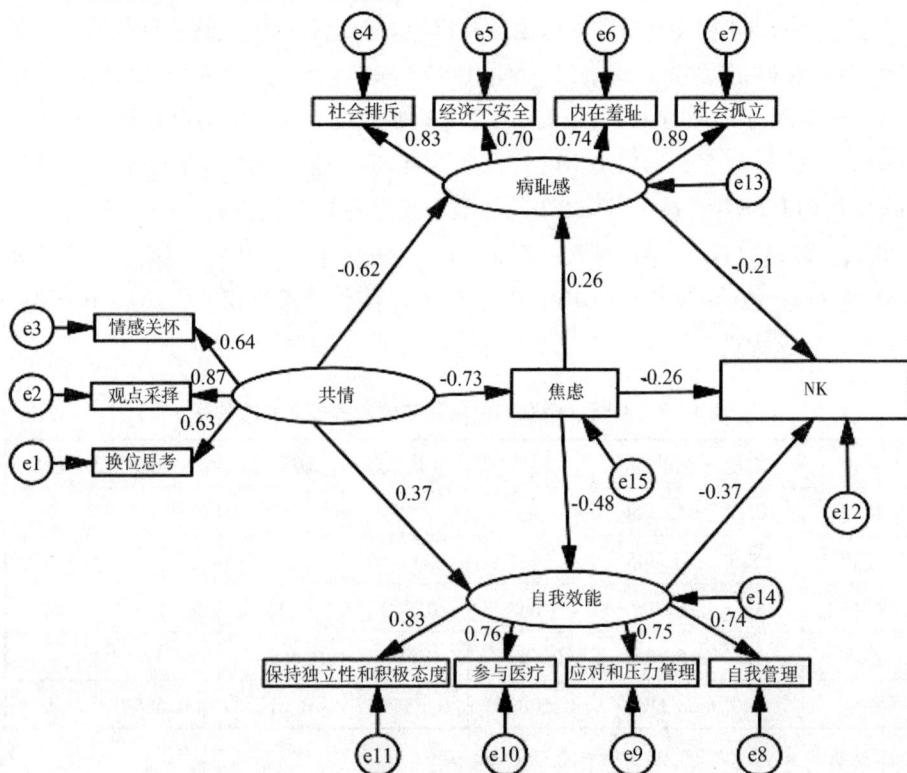

图 3 - 1　共情、病耻感、自我效能和免疫之间关系模型

表 3 – 10 标准化路径系数

路径	标准化路径系数	S. E.	C. R.	P
共情→病耻感	– 0.616	0.558	– 5.079	* * *
共情→自我效能	0.371	0.278	3.411	* * *
共情→焦虑	– 0.728	0.431	– 7.674	* * *
焦虑→病耻感	0.264	0.097	2.747	0.006
焦虑→自我效能	– 0.482	0.056	– 4.882	* * *
焦虑→免疫	– 0.264	0.136	– 2.806	0.005
病耻感→免疫	– 0.208	0.121	– 2.452	0.014
自我效能→免疫	0.37	0.252	3.76	* * *

为了更好地验证中介效应，本节采用 bootstrap 法对其中的中介效应进行检验，置信区间设定为 95%，自抽样次数设定为 5000。获得的中介效果检验结果见表 3 – 11，直接效应见表 3 – 12。当置信区间不包含 0 时表示中介作用显著，其中 3 个中介变量共同的中介作用显著（0.2404，0.4101），作用大小为 0.3152；在 3 个中介路径中焦虑（0.0727，0.227）、自我效能（0.0357，0.1632）、病耻感（0.0049，0.176）都发挥了显著的中介作用，中介作用大小分别为 0.1427、0.095、0.0774。剔除三个变量共同的中介作用之后，共情对免疫的影响不显著，说明焦虑、自我效能、病耻感为完全中介。

表 3 – 11 非参数百分比的 bootstrap 间接效应分析

中介效应	效应	标准误	95% 置信区间	
			BootLLCI	BootULCL
总效应	0.3152	0.0431	0.2404	0.4101
焦虑	0.1427	0.0391	0.0727	0.227
自我效能	0.095	0.0322	0.0357	0.1632
病耻感	0.0774	0.0447	0.0049	0.176

表 3-12 共情对免疫的直接效应

路径	效应	标准误	LLCI	ULCL
共情→免疫	-0.0058	0.0442	-0.0931	0.0815

四、讨论

研究显示，在患者入院时、14 天后和 3 个月后测得的 5 个细胞免疫分析指标中，只有 NK 亚群的变化具有统计学意义。进一步分析人口社会学和疾病状况对 NK 亚群的影响，结果表明吸烟是影响 NK 亚群的最主要因素，与以往的研究结果一致（Phillips et al., 2017）。另一个影响因素是 NK 亚群的差异（3 个月时 NK 亚群减去基线 NK 亚群），这表明患者 3 个月后免疫功能与自身基础免疫状态有关。此外，患者的病耻感、自我效能感和焦虑在 3 个时间点有显著变化。住院 14 天后，患者的焦虑和病耻感显著增加，自我效能显著降低。3 个月时，他们的心理指标显著改善。这表明，医务人员应注意患者的精神状态变化，尤其是入院后 14 天，因为彼时他们刚刚接受了睾丸切除术。

通过 Pearson 相关分析和结构方程，研究人员对我国前列腺癌患者的横断面样本进行分析，探讨医生的共情能力与患者的病耻感、自我效能、焦虑和细胞免疫的关系，并对两种假设进行了验证。第一个假设，即医生的共情能力直接影响患者的细胞免疫，研究结果表明这个假设不成立。去除中介变量后，医生的共情能力对患者 NK 亚群的影响不显著，说明医生的同理心对患者 NK 亚群没有直接影响。第二个假设，即患者的病耻感、自我效能和焦虑在医生的共情能力与患者细胞免疫的关系中起中介作用，且为完全中介。研究结果显示，假设成立。医生的共情能力对患者 NK 亚群的影响机制是：医生的共情能力首先从病耻感、自我效能和焦虑等因素影响患者的心理；然后，患者的心理会影响其免疫功能。具体过程及解释如下。

首先，医生的同理心直接影响患者的自我效能、病耻感和焦虑。医生的共情能力与患者的病耻感和焦虑呈负相关，与患者的自我效能呈正相关。医生的同理心影响患者心理因素的结论与以往研究的结果一致。例如，Flickinger et al. (2015) 发现，医生的共情能力影响了艾滋病患者的自我效能。Choi et al. (2016) 证实，进行支气管镜检查的医生对患者的同理心越多，患者感到的焦虑就越少。医生的同理心影响患者心理的发现可以由以下原因来解释。（1）共情能力强的医生比共情能力差的医生更能理解患者的病耻感，提供更人文的沟通；

在交流过程中更能表达对患者的理解，这有助于减轻患者的消极情绪，如病耻感（Duarte et al.，2016）。同样，具有高度同理心的医生往往善于接受他人的观点，他们可以站在患者的立场上理解患者的感受，并对患者做出积极和适当的反应（Martin et al.，2014）。因此，患者更容易从医生那里感受到尊重、支持、关注和爱。他们也更愿意接受医生提供的有温度的治疗，以更积极的态度来应对癌症。此外，患者还能更好地管理他们的压力和其他负性情绪，更加擅长处理情绪对他们的影响。他们更习惯表达一系列的情绪，包括愤怒，并寻求机会表达、倾诉他们的恐惧和担忧。这些都是提高自我效能的行为（Merluzzi et al.，2015）。（2）具有较高共情能力的医生在倾听患者叙述时能够更快地了解患者的担忧，这有助于他们为患者提供有针对性的健康教育，并在必要时建议患者转诊精神心理科治疗。这样可以改善患者的心理健康，减轻患者的病耻感和焦虑，提高患者的自我效能。（3）在与具有较高共情能力的医生沟通时，患者愿意分享他们的想法和担忧，如与病耻感和焦虑有关的想法和担忧。信任被认为是一个释放情绪的过程，对医生的信任可以帮助患者减轻压力，建立更积极的态度。（4）共情促进以患者为中心的医疗，是医患共同决策的基础（Thompson et al.，2016；Charles et al.，2004）。共同决策尊重患者自主性，能提高患者的尊严，有助于减少患者的病耻感和焦虑，提高其自我效能。

其次，患者的病耻感、焦虑和自我效能感直接影响其 NK 亚群水平。患者的病耻感和焦虑与 NK 亚群呈负相关，而自我效能感与 NK 亚群水平呈正相关。例如，许多研究证实了心理对免疫的影响（Segerstrom et al.，2004）。心理神经免疫学是一个相对成熟的学科，hpa 轴的作用已被充分证实（Maier et al.，1994；Pariante et al.，2008）。在本研究中，较高水平的病耻感和焦虑（消极情绪）与较低的 NK 亚群水平相关；相反，更高的自我效能感（积极的情绪）与更高的 NK 亚群水平相关。

此外，研究结果显示，患者的焦虑影响了他们的病耻感和自我效能。因为一旦患者变得焦虑，他们就缺乏应对疾病的动力，感觉到更大的病耻感。因此，医务人员应更加重视缓解患者的焦虑。

尽管之前的研究没有涉及医生共情与前列腺癌患者免疫之间的关系，但与本研究类似，医生共情对患者生理指标的影响已被既往对不同疾病患者的研究所证实。例如，Hojat（2011）和他的团队发现，医生的共情能力与糖尿病患者的血红蛋白和低密度脂蛋白水平有关；Del Canale et al（2012）证实医生的共情能力与糖尿病患者的疾病并发症有关；Cánovas et al（2018）证实医患共情有助于缓解中重度慢性疼痛患者的疼痛程度。这些发现表明，医务人员应该重视提高对患者的同理心，医学教育工作者和医院管理者应更加重视对医务人员的共情能力培训。此外，考虑到患者的病耻感、焦虑和自我效能感可以调节医生的共情能力和患者的 NK 亚群之间的关系，当医务人员与患者交流或向患者提供健康教育时，他们应该运用多种方式减少患者的病耻感和焦虑，提高患者的自我效能感。

这项研究也有一些局限性。第一，研究采用横断面设计。在实际应用中，患者的病耻感和自我效能可能与抑郁、社会支持和其他情绪有关。这些心理指标可能是相互关联的，它们之间的关系在目前的研究中还不能确定，需要进行进一步的队列研究，以检验更多的心理指标之间的交互作用。第二，影响免疫功能的因素很多，包括运动、个人体质、饮食等，研究所包含的因素相对有限。第三，共情是双向互动，研究没有评估患者对医生共情的接受程度。

五、结论

尽管存在一些局限性，但作为实证研究，本研究证实了泌尿科医生的共情能力可以通过影响患者的病耻感、自我效能和焦虑水平来影响前列腺癌患者的免疫功能。此外，焦虑直接影响病耻感和自我效能。因此，医务人员应制定针对患者焦虑、病耻感和自我效能的干预措施。本研究表明医生的共情能力影响患者的心理和免疫功能。因此，医务人员应提高对患者的同理心，建立友善的人际关系，更好地维护患者的身心健康。同时，发展中国家的医学生和医务人员应加强共情教育等医学人文教育。

第三节　叙事医学在炎性肠病性关节炎患者中的应用①

炎性肠病性关节炎（Inflammatory Bowel Disease Arthritis, IBDA）威胁着患者的身心健康。患者不仅需要躯体治疗，也需要充分的健康教育和心理支持。本节探讨基于叙事医学的健康教育对炎性肠病性关节炎患者身心健康的影响。研究者将 120 位炎性肠病性关节炎患者随机分为四组，每组 30 人。在常规治疗的前提下，对对照组患者进行常规健康教育，对其他三个治疗组分别进行基于叙事医学的健康教育、线上患者互助小组干预以及二者联合干预。在干预前和干

---

① 发表于 *Psychology Research and Behavior Management* 2020 年第 13 卷，通讯作者为杨柠溪。

预后一个月分别测量患者的抑郁、睡眠、关节疼痛、肠易激综合征（IBS）症状、炎症因子并比较。结果发现：干预前，四组患者的基线数据差异均无统计学意义；干预后，经历单一的叙事医学的健康教育或线上患者互助小组干预的治疗组患者的身心健康有所改善，联合干预患者的身心健康状况更好。因此，基于叙事医学的健康教育与线上患者互助小组联合干预治疗有助于 IBDA 患者的身心健康被证实，从而启发医护人员，该模式可进一步深入并在临床实践中推广。

一、研究背景

炎性肠病包括溃疡性结肠炎和克罗恩病，为不明原因的肠道非感染性炎症（Molodecky et al.，2012）。炎性肠病患者不仅身体不适，而且常伴有抑郁、焦虑、睡眠障碍等心理问题（Neuendorf et al.，2016；Dibley et al.，2018；Sweeney et al.，2018）。炎性肠病性关节炎是炎性肠病并发的关节炎，是炎性肠病最常见的肠外表现。大约有10%—35%的炎性肠病患者会出现关节痛或关节炎，既可以累及外周关节，出现膝、踝、肩、肘和腕关节等部位疼痛肿胀，也可能累及中轴关节，导致骶髂关节炎、髋关节炎，少数患者可发展为强直性脊柱炎（Gionchetti et al.，2016；Hoda et al.，2017；Gravallese et al.，1988）。患者不仅有消化道不适，还存在骨关节疼痛和受限，严重威胁其身心健康。因此，在积极的药物治疗之外，医务人员应同时关注患者的心理健康，给予患者恰当的健康教育和人文关怀。

本节的研究将叙事医学与患者互助组织相结合。患者互助组织指的是由患同种疾病的病友组成的、以促进疾病康复和互相帮助为目的的群体。此类组织多见于慢性病、重症和罕见病群体中。炎性肠病性关节炎整体发病率不高，患者互助组织有助于将这类患者聚集起来，为患者提供一个交流的平台。同时，在组织中的交流广义上也是疾病叙事的一部分（Wagoner et al.，2017；Leone et al.，2014）。研究旨在探索基于叙事医学的健康教育和线上患者互助小组对炎性肠病性关节炎患者的抑郁、睡眠、疼痛、IBS 症状和炎症因子的影响。

二、对象与方法

1. 研究对象

样本选自2017年7月—2018年12月在广东省多家医院进行治疗的150例炎性肠病性关节炎患者。患者入选标准如下：（1）被诊断为炎性肠病性关节炎且有关节症状，患者知道自己的诊断结果，对研究知情并同意；（2）年龄在 18—70 岁；（3）患者意识清晰，能完成问卷；（4）他们将在本次健康教育开始时同时进行药物治疗，处方是巯基嘌呤、硫唑嘌呤或美沙拉明。排除标准如下：患有其他可能影响量表评价和血液生化结果的疾病，如癌症、疼痛性疾病、严重传染病或精神疾病等。最终评价样本为 120 例 IBDA 患者，筛选流程见图 3-2。

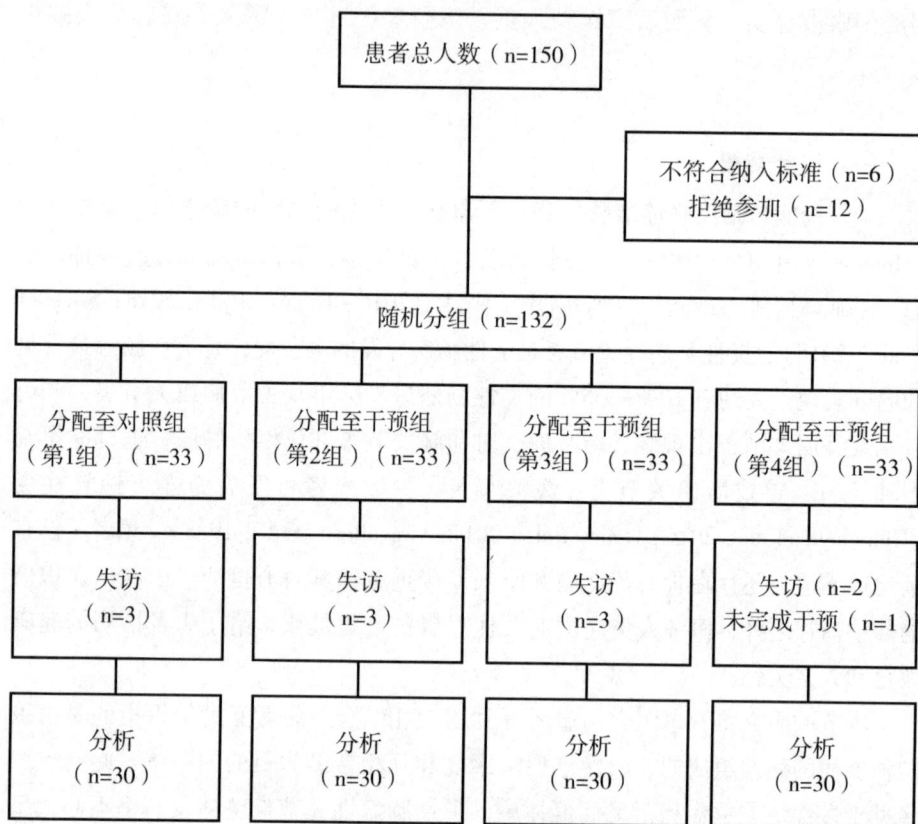

```
                    ┌─────────────────────────┐
                    │  患者总人数（n=150）      │
                    └───────────┬─────────────┘
                                │        ┌─────────────────────────┐
                                ├────────│ 不符合纳入标准（n=6）     │
                                │        │ 拒绝参加（n=12）          │
                                │        └─────────────────────────┘
                    ┌───────────┴─────────────┐
                    │   随机分组（n=132）       │
                    └──┬────────┬────────┬─────┘
```

分配至对照组（第1组）（n=33）	分配至干预组（第2组）（n=33）	分配至干预组（第3组）（n=33）	分配至干预组（第4组）（n=33）
失访（n=3）	失访（n=3）	失访（n=3）	失访（n=2）未完成干预（n=1）
分析（n=30）	分析（n=30）	分析（n=30）	分析（n=30）

图 3-2　样本筛选及分组流程

2. 过程

采用随机分组对照试验，收集干预前后的数据。将患者随机分为 4 组（1 个对照组和 3 个研究组），对其人口社会学信息、抑郁、睡眠、IBS、关节痛和炎症因子进行了测量和比较。然后，在常规药物治疗的基础上，对第 1 组患者进行常规健康教育和治疗指导，第 2 组患者接受了基于叙事医学的健康教育，第 3 组患者被要求加入在线患者互助组，第 4 组患者接受基于叙事医学的健康教育与在线患者互助小组相结合。所有 120 名患者都进行一次门诊初诊和一次复诊，问诊一般在 5 分钟以内。在项目开始 6 周后，测量了 4 组患者的身心健康指标。

3. 基于叙事医学的健康教育

该项目持续了 4 周。主要分为三个步骤：叙事；平行病历写作和反思；进一步叙事与指导。叙事分为两部分：以客观疾病为中心的叙事和以主观疾痛为中心的叙事。在第一周，以客观疾病为中心的叙事由患者的主治医生进行。内容包括疾病概况、饮食指导、休息活动指导、用药指导、检查指导、治疗指导等。患者可以叙述与身体健康相关的问题，并向医生提问，这部分至少 30 分钟。以主观疾痛为中心的叙事以患者为主导。访谈内容包括：心理状态、患者的人格特征、病因学认知、与他人的沟通方式、对治疗的期望和信心、工作压力、社会交往、社会支持和社会资本、家庭经济、临床决策倾向、生死观、痛苦观、医疗观等。在访谈中，医生与患者共情，仔细倾听患者的叙事，并给予恰当的回应。在谈话中，医生传播疾病和治疗相关知识，引导健康行为，回答患者的问题，抚慰患者的负面情绪，并与患者讨论如何面对心理与社会问题。这部分至少持续 30 分钟。然后医生书写平行病历，内容集中在患者的疾痛经历上。在写作过程中，医生加深了对患者痛苦的理解，反思了自己的执业行为，从而实现了以患者为中心的医疗。在第 2 至第 4 周，患者每周复诊一次，继续叙事。他们谈论治疗过程中身体和情感的变化，并提出新的问题。在了解患者需求和自我反省的基础上，医生给予患者更多针对性的健康教育、治疗指导和心理咨询。在这个项目中，所有参与的医生在项目开始前都接受了叙事医学培训。

4. 线上患者互助小组

由护士建立微信群，患者加入微信群并参与线上群讨论。患者之间就疾病、治疗以及日常生活等问题进行讨论与分享，并且互相安慰与帮助。微信群里有医生、护士、心理治疗师、营养师，他们每周两次汇总患者的问题，并答疑。该项目持续 6 周时间。

5. 评价指标

抑郁：采用医院焦虑抑郁量表（HADS）评定患者抑郁情绪。该量表分为两部分，每部分 7 个条目，分别筛查患者抑郁和焦虑情况。本次研究仅用其中的抑郁量表测量患者抑郁情绪，采用李克特四点式计分（0—3），评分范围为 0—21 分，7 分以上提示筛查阳性，分数越高说明抑郁情绪越重（Bjelland et al. , 2002；Zigmond et al. , 1983）。目前，该量表广泛应用于对患者焦虑和抑郁的评定，具有良好的信度和效度。在本研究中，只运用 HADS – D 测量患者的抑郁情绪。

睡眠：采用多导睡眠图（PSG）对三组患者进行睡眠监测。所有患者整晚

（至少7小时）都由PSG监测。根据国际标准方法，采用表面圆盘电极同步记录6个部分（F3 – A2、F4 – A1、C3 – A2、01 – A2、02 – A1）的脑电图（EEG）信号。取两个表面电极记录下颌肌电，在左、右外眦上方和下方1 cm处放置电极，记录左眼和右眼的运动。用睡眠效率（SE），即总睡眠时间与整夜卧床时间之比，衡量睡眠质量。

关节疼痛：运用数字分级法（numerical rating scale，NRS）测量患者的疼痛程度。用0—10描述疼痛强度，数字越大，表示疼痛程度越强（Pagé et al.，2012）。

炎症因子：运用ELISA法测定血清中IL – 6、IL – 17、IL – 23和IL – 35的浓度，采用SM802酶标仪进行测定。试剂盒为武汉博士德生物工程公司生产，酶标仪为上海永创医疗器械有限公司。

6. 统计学方法

运用EPI 3.1软件录入数据，采用SPSS 20版统计软件包对数据进行分析。所有数据均以平均值、标准差或四分位数表示。运用Kruskal – Wallis H检验比较四组患者的指标。运用Mann – Whitney U检验进行小组之间的两两比较和每组患者在干预前后的指标比较。运用卡方检验对构成比进行比较。以$P < 0.05$为有统计学意义。

三、结果

1. 样本

共有120名患者参加了这项研究。4组患者的基本人口社会学特征和临床特征无显著性差异。结果见表3 – 13。

表3 – 13　4组受试者基本人口学和临床特征比较

类别	组1　n = 30	组2　n = 30	组3　n = 30	组4　n = 30	F/x^2	P
年龄：均值（±SD）	35.48 ± 4.96	37.22 ± 5.34	36.85 ± 4.58	38.46 ± 6.18	1.608	0.191
性别：男性，N（%）	16，53.33%	18，60%	17，56.67%	18，60%	0.375	0.945
病种：克罗恩病N（%）	7，23.33%	6，20%	6，20%	7，23.33%	0.864	0.834
IBS：有N（%）	15，50%	16，53.33%	18，60%	17，56.67%	0.673	0.879

2. 4 组患者抑郁、疼痛、睡眠和 IBS 的比较

4 组患者之间的抑郁、疼痛、睡眠和 IBS 的比较如表 3 – 14 所示。组内比较，药物治疗和健康教育后（T2），4 组患者的抑郁和疼痛均较 T1 时有所改善。第 2 组和第 4 组患者的睡眠质量均高于 T1 时。第 4 组 IBS 的发病率低于 T1 时。组间比较时，T1 时，所有基线数据均无显著差异。T2 时，与第 1 组相比，第 4 组患者的抑郁、疼痛、睡眠和 IBS 均有改善。与第 2 组和第 3 组相比，第 4 组患者的抑郁、疼痛和 IBS 均有改善。在睡眠方面，第 2 组和第 4 组没有显著差异，第 2 组和第 4 组的睡眠比第 1 组和第 3 组有所改善。

表 3 – 14　4 组患者抑郁、疼痛、睡眠和 IBS 的比较

类别	N	抑郁 T1	抑郁 T2	疼痛 T1	疼痛 T2	睡眠 T1	睡眠 T2	IBS N（%）T1	IBS N（%）T2
G1	30	15.12 ± 2.86	13.01 ± 3.02^{bcde}	5.56 ± 1.18	1.13 ± 0.26^{de}	73.28 ± 12.25	73.55 ± 10.98^{d}	15, 50%	13, 43.33%^{d}
G2	30	13.98 ± 3.23	11.24 ± 2.98^{ade}	5.32 ± 0.95	1.14 ± 0.09^{de}	70.89 ± 11.05	79.32 ± 10.28^{e}	16, 53.33%	13, 43.33%^{d}
G3	30	15.59 ± 4.25	10.31 ± 3.23^{ale}	6.01 ± 1.86	1.09 ± 0.76^{de}	72.17 ± 13.01	74.45 ± 11.92^{d}	18, 60%	16, 53.33%^{d}
G4	30	14.21 ± 2.86	7.66 ± 1.25^{abce}	5.78 ± 1.22	0.57 ± 0.88^{abce}	69.01 ± 10.58	81.66 ± 12.12^{ace}	17, 56.67%	5, 16.67%^{abce}
F/x^2		1.538	19.92	1.357	6.396	0.729	3.324	0.673	9.338
P		0.208	<0.0001	0.260	0.0005	0.537	0.022	0.879	0.025

说明：a 与第一组相比 $P < 0.05$；b 与第二组相比 $P < 0.05$；c 与第三组相比 $P < 0.05$；d 与第四组相比 $P < 0.05$；e 对于同一组，与 T1 相比 $P < 0.05$。

3. 4 组患者的炎症因子比较

4 组患者的炎症因子比较见表 3 – 15。组内比较，药物治疗和健康教育（T2）后，4 组患者 IL – 6、IL – 17、IL – 23 均下降，IL – 35 均无变化。组间比较时，T1 时，所有基线数据均无显著差异；T2 时，第 4 组的 IL – 6、IL – 17 和 IL – 23 明显低于 1 组、2 组和 3 组。然而，4 组之间的 IL – 35 差异不显著。

表 3 – 15　4 组患者的炎症因子比较

类别	N	IL – 6 T1	IL – 6 T2	IL – 17 T1	IL – 17 T2	IL – 23 T1	IL – 23 T2	IL – 35 T1	IL – 35 T2
G1	30	152.32 ± 20.24	55.28 ± 12.61^{bde}	335.38 ± 22.21	305.45 ± 17.69^{de}	621.88 ± 34.56	398.54 ± 28.67^{bcde}	46.76 ± 11.63	48.87 ± 15.43
G2	30	146.28 ± 12.68	48.31 ± 6.28^{ade}	331.26 ± 19.98	298.77 ± 20.87^{de}	614.25 ± 31.79	358.65 ± 29.63^{ade}	44.95 ± 13.27	48.75 ± 16.11
G3	30	148.44 ± 15.27	52.5 ± 12.37^{de}	342.44 ± 25.12	301.33 ± 16.35^{de}	606.28 ± 40.76	$367.34 \pm 33.25a^{de}$	48.11 ± 15.54	49.45 ± 15.67
G4	30	155.42 ± 21.73	40.72 ± 9.88^{abce}	340.56 ± 24.78	260.78 ± 19.63^{abce}	611.46 ± 29.98	289.77 ± 30.61^{abce}	45.78 ± 12.88	52.34 ± 14.45
F		1.553	10.74	0.234	36.76	1.067	67.42	0.363	0.358
P		0.205	<0.0001	1.444	<0.0001	0.366	<0.0001	0.780	0.783

说明：a 与第一组相比 $P < 0.05$；b 与第二组相比 $P < 0.05$；c 与第三组相比 $P < 0.05$；d 与第四组相比 $P < 0.05$；e 对于同一组，与 T1 相比 $P < 0.05$。

四、讨论

研究发现，尽管接受了对症治疗，IBDA 患者仍然表现出抑郁、睡眠障碍、关节痛、IBS 和高水平的血清促炎因子（IL-6、IL-17、IL-23）和低水平的抗炎因子（IL-35）。抑郁情绪的主要原因是 IBDA 患者的身心压力较高。身体上，他们有消化道症状和关节痛；心理上，由于对疾病缺乏认识，他们对疾病的不确定性更大，从而导致消极情绪。患者有严重的睡眠问题，原因可能如下：一方面，夜间胃肠道症状、关节痛、高水平的血清炎症因子以及糖皮质激素的使用影响了他们的睡眠（Costello et al.，2017；Pirinen et al.，2010）；另一方面，焦虑和抑郁等消极情绪导致失眠（Graff et al.，2011）。关节痛是 IBDA 患者最典型的特征，因为患者经常有周围关节损伤或中轴关节受累（Palm et al.，2001）。还有些患者有 IBS 症状。根据系统综述研究结果，IBD 患者 IBS 症状的总患病率高达 39%（Halpin et al.，2012）。这可能是因为在 IBD 中，免疫介导损伤以黏膜为载体，而黏膜也在诱发 IBS 中起推动作用（Bercik et al.，2005）。心理应激可通过脑—肠轴和 hpa 轴影响患者的消化系统（Kano et al.，2017；Coss-Adame et al.，2014）。IBDA 患者通常有负性情绪，因此更容易发生 IBS。此外，与健康人相比，IBDA 患者具有较高水平的血清促炎因子和较低水平的抗炎因子，这是炎症反应的表现。

本研究发现，基于叙事医学的健康教育或在线患者互助组有助于降低 IBDA 患者的抑郁、失眠、IBS 症状、关节痛和促炎因素，两者相结合的效果更为显著。

在心理健康方面，本研究证实，基于叙事医学的健康教育可以减少患者的抑郁和睡眠障碍。第一，在叙事过程中，实现了医生与患者之间的共情，医生了解了患者压力、痛苦和不确定感的根源（Yang et al.，2018c），从而为患者提供更有针对性的答案、心理疏导和个性化的健康教育。例如，在患者的叙事中，医生理解了由于病情反复发作，病程较长，患者会担心自己无法治愈，甚至害怕死亡；理解了患者由于频繁出现胃肠道症状而失去耐心和依从性。医生可以根据患者的情况，与他们讨论治疗计划，并告诉他们如何调节健康行为。在整个过程中，患者得到了抚慰、陪伴和人文关怀，从而减轻消极情绪。第二，在叙事过程中，医生与患者之间建立了相互信任，患者依从性和自我效能增强，更有利于康复（Yang et al.，2018d），而身体康复直接有助于缓解消极情绪。例如，缓解关节痛和胃肠道症状更有利于睡眠和减轻抑郁。第三，对患者来说，叙事本身就是情感和压力的释放。慢性病患者往往面临着工作、社会关系、经济状况、家庭关系的变化，如工作调整、因病分手或者离婚等，因此，患者需要释放多重压力。倾听和尊重患者的故事，让患者可以感受到见证、关心、信任、尊重和关怀，这对患者的心理健康大有裨益（Frank，2007；Yang et al.，2018a）。抑郁与睡眠密切相关，当患者的心理负担减轻时，睡眠质量也会得到改善（Boakye et al.，2016）。

在躯体健康方面，一方面，如上所述，基于叙事医学的健康教育使患者在自我疾病管理和依从性方面做得更好，从而减轻了他们的病情，如减轻了患者IBS症状和关节痛，降低了血清促炎因子。另一方面，叙事医学通过影响患者的心理状态来影响患者的身体症状（Xu et al.，2018）。心理对消化道症状的影响主要是通过脑—肠轴进行的，即脑—肠轴双向调节。脑—肠轴的原理是：异常的精神刺激和过度的情绪波动会使胃肠道自主神经中枢（核）的功能发生改变，进而对胃肠道的功能造成影响。脑功能的改变也可通过内分泌和免疫系统引起胃肠黏膜炎症，引起胃肠动力紊乱和胃肠刺激过敏，加重胃肠道临床症状。反之，肠道功能状态的变化也可由胃肠道黏膜炎症引起，以神经和血液循环系统为中介改变大脑功能，从而引发心理和情绪的变化（Kelly et al.，2016；Mayer et al.，2006）。因此，如果患者通过叙事达到更高的心理健康水平，脑与肠之间的互动将进入良性循环。

关于关节痛，许多研究证实了情绪和疼痛之间的相互作用（Lumley et al.，2011），主要机制是抑郁等负性情绪使患者的5 - HT和去甲肾上腺素水平较低。5 - 羟色胺和去甲肾上腺素通过下行束向下投射到脊髓，这与疼痛调节有关（Ali et al.，2000）。一个新的机理是大脑中感觉调节皮层直接投射到脊髓，参与了脊髓疼痛信息的增强效果（Chen et al.，2018）。因此，通过叙事缓解了患者的负性情绪，患者的主观疼痛感受会更轻。而疼痛越轻，则抑郁情绪越少。在炎症因子方面，经过药物治疗后患者的促炎因子降低。在接受联合干预的患者中，促炎因子的降低更为显著。

研究证实了在线患者互助小组的积极作用。人具有社会属性，需要在社会网络中获得认同感、归属感和相互支持。患者及其家属可以通过参与团体相互帮助，重建自信心和人际关系，提升社会资本和社会支持，从而改善他们的心理健康。此外，在组织中，专业医务人员提供实时的健康教育和答疑，这是一种延续性医疗护理。在专业人员的指导下，患者具有较高的治疗依从性和自我管理水平。健康的生活方式有助于减轻疾病，进而提高身心健康水平。从而，基于叙事医学的健康教育和在线患者互助小组对患者的积极影响得到了证实。与单一模式相比，两种积极的健康教育方法的结合更有利于患者的身心健康。

本研究也存在局限性。首先，影响患者身心健康的因素很多，包括疾病进展、个人体质、运动、饮食等。在本研究中，我们纳入的因素有限。其次，在选择对象时，由于 IBDA 的发生率较低，样本量较小。第三，因为干预是由不同的医生进行的，所以不可能对每个患者实现完全相同的干预。未来，叙事医学应将作为一种行为干预模式被更多的研究者进行系统研究，将开发更标准化的临床介入途径。此外，为了进行效果评价，还需要更多的慢性病患者参与进来。

五、结论

研究证实，基于叙事医学的健康教育与在线患者互助组相结合，可以改善 IBDA 患者的健康状况。因此，该模式有待进一步改进和推广。医务人员应增强叙事和共情能力，并积极促进患者互助小组的建立和参与小组活动。

第四节　叙事医学的临床意义

叙事医学的临床意义在研究中有所呈现。首先，叙事医学体现了对患者的尊重，让患者发声，用故事完善医学的厚度。其次，叙事医学让医生走进患者的世界，深化对患者的多元理解，医生更关注患者，而不是疾病本身。此外，叙事医学充分呈现疾病的话语具有多样性，为疾病赋予意义，使疾病本身成为一种价值建构（肖巍，2008），患者在叙事中建构自我意识。

叙事医学将医学的目标延伸到躯体之外，不仅立足于疾病的缓解与治愈，更容涵人类痛苦的拯救和价值的实现；不仅关注实在的生命，更建构意义的生命。叙事医学开辟了更广阔的医学格局，帮助患者和医务人员从疾苦故事中洞悉生命，最终通达生命意义，让医学彰显人性关爱。叙事医学模式的创立与发展推动了医生临床思维的提升，以及临床实务的优化。本节将对叙事医学的临床意义做具体阐述。

一、开拓了全人疗愈的新格局

疾病让患者痛苦，这种痛苦不仅来自身体感知的病痛，更有心理的冲击、社会适应的改变，甚至精神的震颤，癌症患者更是如此。而医学，是一种回应他人痛苦的努力。痛苦是多维度的，治疗与照顾也应是多元的、全人的。

人类学家、精神病学家阿瑟·克莱曼认为，"疾病"（Disease）与"疾痛"

（Illness）是两个完全不同的概念，"疾病"是医生的世界，"疾痛"是患者的世界。医生在观察记录，而患者在真实体验。医生在客观严谨中分析病因和生理学指标，患者在主观世界中体会来自心理、社会、精神的多重痛苦。正是因为两个世界的不同，因为医生与患者对疾病的认知不同，医患之间才会出现各种偏差，医生提供的医疗服务，对于患者而言，往往是不周到的、有所缺失的。

现代医学早已深深陷入技术崇拜中，以机器、数据为判定一切疾病的基础。在这样的医学观的引导下，医生的眼中只有疾病，没有患者；只有共性，没有个性；只有技术与治疗，没有关爱与照顾；只讲证据，不听故事。叙事医学的出现，为医学增添了人性的温度。叙事的过程，就是医生与患者双向沟通、增进理解的过程。在叙事的过程中，医患之间建立起情感共同体，彼此之间的联系得以增强。医生走进患者的生命，倾听他们患病的故事，理解患者在病中的体验，能更好地给予患者帮助。这种照顾兼顾身、心、社、灵四个维度，患者成为关注的焦点。同时，医生也在这个过程中，加深对医疗行业的理解，提升自身的责任感和职业幸福感；在安慰与帮助患者的过程中，与患者共同成长。

叙事医学为临床医生开拓了全人照顾的新视角。在叙事中，一个个真实独立的病例成为医生研究的主体，患者成为医生关注的对象。患者把直观感受更直接地传递给医生，并被医生所关注。只有在全方位的理解基础上，全人的照顾才能真正建立起来。

二、推进技术—人文二元医疗和循证—叙事医学双轨模式

叙事医学模式的创立及深化为推进技术—人文二元医疗和循证—叙事（或叙事—循证）医学双轨模式的形成提供了启示。

在癌症、慢性病的叙事—循证医学的临床应用方面，可在卡蓉团队的研究基础上延伸：以关注、描述、信任为原则，进行叙事—循证医学的四步——描述问题、采取措施、提供选择、确立目标（Charon，2007）。循证—叙事医学是循证医学与叙事医学这两种医学模式的整合。在患者的叙事中，分析患者生病的根本原因，归纳出心理健康问题的分布，这是循证思维的展现。同时，在常规的循证诊疗中，更多去聆听患者的疾苦，感受患者的苦痛，根据具体情况提供个性化的诊疗方案。这种模式强调深入的医患沟通。在共情中，医生能充分将患者叙事所关注的问题纳入治疗方案中，参与患者的生命体验，设身处地为患者考虑。在疾病治疗上，医生不再局限于提升患者身体功能的单线思维，而是更深入挖掘疾痛对于患者的意义，而且也更关注自身临床工作的意义及自我实现（Silva et al.，2011）。而患者的叙事作为医生治疗的重要部分，使患者真

正成为自身疾病治疗的参与者，使其更客观、科学地认识自身所患疾病，从而帮助其减轻心理压力，提高社会适应能力，拓宽社会资本。这些都体现了技术—人文二元医疗的观念，医者不仅治疗患者的躯体，而且助力患者塑造积极的、向上的生死观、疾苦观和医疗观，拓展其生命的宽度和厚度，治疗身体更疗愈心灵。循证—叙事医学模式的意义是在循证中彰显叙事的人文关怀意识，在叙事中融入循证的科学思维，在临床工作中促进技术与人文的互洽，既富于科学的严谨，又传递温暖。

三、助力推进医患共同决策机制的形成

在新的医学模式下，单一的以医生为主导的临床决策已不能适应当代医疗的大环境。医患共同决策（shared decision making, SDM）指医生充分发挥专业知识，在与患者充分讨论治疗选择、受益与损伤等各种可能的情况下，结合患者的价值观、倾向性及具体处境，由医生与患者共同制定最符合患者个体需要的临床决策（洪霞，2018）。同样的疾病，对于不同的患者意义是不同的，患者的关注点也有所不同。以乳腺癌患者为例，有的患者家庭贫困，更多考虑治疗的费用，需要权衡不同治疗方式与费用的关系；有的患者将体相上的美感作为治疗需要考虑的首要因素，她们会考虑是否接受乳房全切手术，如何选择不同术式等。医生需要理解患者的叙事，理解患者如何看待疾病、如何规划自己的生活，在充分考虑治疗方案、患者意愿以及患者实际情况等前提下，与患者共同做出临床决策。

临床决策不仅是医学技术问题，研究如何治疗患者的身体，更是一个医学哲学问题，连接着科学与人文两大领域。只有充分考虑医疗的整体性，才能达到最佳的医疗效果。在临床决策中，医生要充分考虑科学维度、法律伦理维度、心理学维度、经济学维度等（张大庆，2004）。医患共同决策，有利于临床决策更加科学合理，且有富有人文温度。

患者是疾病的主体，亦是疾病的承担者与体验者，因而患者的意愿在临床决策中非常重要。共情是共策的基础，在患者的叙事中，在医生书写人文病历的过程中，医患共情，双方达到深入理解，最终达到共策。可以说，叙事医学是通向理解之门的钥匙，叙事有助于增进共情、深化医患共同决策实践。

四、助力应对临床困境，建构临床哲学

在临床工作中，特别是肿瘤科医生和慢性病专科医生，常常面临患者的生

死困境和自身的技术困境。对于肿瘤科医生，如何应对患者的死亡，帮助患者善终是必修课。在叙事中，医生能更全面了解患者内心的诉求，帮助患者做出适合的临床决策，给予患者精神上的支撑和关怀，从而做到治疗与照顾并重，整合循证与叙事。叙事医学不仅有助于患者全人健康水平的提升，更能减轻医者自身的职业倦怠感，提升职业幸福感和成就感。尽管科技飞速发展，医生仍然面临技术困境。由于高新技术也有界限，且技术的应用要符合伦理考量，加上技术本身存在着巨大的不确定性和偶然性，导致医生面临重重压力。在叙事的过程中，医生能更清晰理性地认识技术的边界和极限，理解治疗对于患者的意义，明白有些治疗站在医生角度讲可能是科学的，而对于患者是过度的、无效的甚至强制的，同时帮助患者树立起对治疗效果的理性期待。医生面对的伦理困境亦在叙事中得以缓解，叙事医学开拓了疗身与疗心兼具、治疗与陪伴兼顾、技术决策与人文临床决策并重的更多元的诊疗路径。这样，临床诊疗才能量力而为，最终践行适宜的医疗，让患者从中获益。

五、弥合医患分歧，帮助建立医患互信

正如前文所述，医生视域的"疾病"与患者经历的"疾痛"是不尽相同的。患者与医生出现分歧，互不理解，自然医患关系不能融洽。医生的责任是运用专业技术治病救人，他们经过长期专业的临床训练，进而养成特有的职业思维模式，临床诊疗工作便是在这一思维模式下开展的。所以在面对患者时，他们首先做的是把患者的表现和诊断标准联系起来，通过辅助检查手段来收集客观的数据，最终用医学术语将这些病情概念化。患者被确诊后，医生再根据指南和临床路径确定治疗手段。这是自然主义的态度，有因有果，有理可依。而患者是疾病的载体，是疾病的体验者。病患不仅体现在生理，更渗入患者心理与社会适应中。患者对疾痛的感知，在于自身的病痛体验对生活造成的负面影响，这是"自然"的态度。每个人的病痛体验和疾病叙事都是不同的，而医生眼中的疾病却是可以分类的。患者患了相同的疾病，医生与患者对病情的理解不同，自然会产生分歧，最终影响患者的治疗和转归。医生与患者不能分享病情，根源也是因为二者的体验不同。叙事医学能弥合医患双方在疾病认知上的裂痕。医生能做的，并非依照每位患者来制定个性化的治疗时间安排，或者不参照规范的临床诊疗路径，而是在临床诊疗中认识到这些差异，在聆听患者叙事中考虑这些因素，进而做出更准确的判断，更好地与患者沟通。

除了对躯体认识的差异，医患对病情认识也存在差异。法国哲学家萨特和梅洛·庞蒂现象学理论认为，人和身体之间是存在的关系，可以解释为我即我

的身体。当身体各器官正常、健康运转的时候，并不会引起重视；而当遭逢疾病，病变的部位就会"发声"，患者就会注意到生病的躯体。当病情进展到某种程度，患者的社会关系会受到冲击，其对疾痛的认识也会改变。而且，当患者的身体被医生客观化为躯体后，自身躯体之于患者亦为"他者"。因此，患者往往认为自己在与自己身体相背离。医生更是将患者多元的富于内涵的"社会人"的身体，当成细胞组成的躯体来看待，他们将治疗视为机械化的维修。很多时候医生变成了匠人，不关注患者的心理冷暖，以为客观上的躯体治疗就能帮助患者，例如 ICU 里维持到最后的生命支持，却让痛苦一直延续到患者生命结束。这就造成了医患双方认识上的不同。叙事医学填补了医患之间的鸿沟，叙事让患者为身体发声，诉说独特体验，增强了医生对患者和疾病的多元理解，丰富了医生对苦难的认知。在叙事的过程中，医学实践便不是医患之间信息不对等所导致的隔离和区分，而是情感共同体的建立和互惠。这样，弥合的不仅是如履薄冰、战战兢兢的医患关系，更是弥合医学与人性的裂痕，叙事让医学更有人文温度，让人性之美在医学实践中彰显。

六、拓宽健康教育的内涵

从公共卫生和临床医学的角度讲，健康教育的目的是传播健康知识，引领健康行为。医务人员在对患者进行治疗的同时，对患者的运动、饮食等行为习惯进行指导，帮助患者建立良好的生活方式，促进其进行自我管理，更快地恢复健康。对比知识和行为的传播与指导，叙事医学拓宽了健康教育的内涵，将健康教育延伸到心理、社会适应和灵性维度，做到全人关爱。在患者的叙事中，医务人员与患者身心相遇，对患者的心理状态、社会支持与社会资本以及灵性困境有了更深层的理解，做到了换位思考。例如，在了解患者的不确定感后，医务人员便可对患者的疾病和身体情况做更有针对性的和深入浅出的讲解，以疏导患者的负面情绪。一些患者因生病而产生病耻感，如一些艾滋病或乙肝患者认为自己是"带毒"的，因此他们主动回避社交，将自己与社交圈隔离。医护人员在了解患者的这些观念后，可以更进一步地介绍疾病知识，结合具体案例，来帮助患者打开心结，使其更好地融入社会。在灵性方面，很多患者，特别是肿瘤终末期患者，面临生死困境，往往会感到极强的恐惧感、绝望和不安全感，他们需要倾诉的空间。在倾听与回应临终患者及其家属的叙事中，医生帮助患者学会告别，帮助家属接受告别，让患者有尊严地怀揣感恩之心度过每分每秒。

真正的健康指的不只是躯体的正常运转，而是身、心、灵的全面和谐。在单纯的循证医学语境中，医生关注更多的是患者的病，而不是生病的具有社会属性的、富于复杂情感的人。而叙事医学的介入，帮助医务人员走进患者的生命故事，将目光从疾病转向患者，回应患者的苦难，在能力范围内给他们恰当的、必需的健康教育与疏导。这样医学本身更有作为，更有助于促进全人健康。

站在患者角度上，医生的聆听、医患之间的深层沟通与共情本身就是一种干预。叙事医学干预对患者身心健康的影响，已经在涉及多个病种的诸多研究中被证实。在我们之前的研究中，证实了叙事医学降低了患者卒中后抑郁程度（潘丽师等，2016）。对于肠易激综合征患者，叙事医学干预有助于降低其血清胃动素，增加生长抑素，进而控制了 IBS 症状（陈向凡等，2019）。付世欧等（2018）在慢性疼痛住院患者中证实了叙事医学对减轻患者心理痛苦的作用。李媛媛（2018）发现叙事医学模式下的护理干预能降低中青年 ACS（急性冠状动脉综合征）患者的抑郁和焦虑情绪，提高生活质量。李宁等（2018）发现叙事医学模式能提高术后辅助化疗的青年乳腺癌患者的心理健康水平，提高其生存质量。

叙事医学模式对患者身心的积极影响，可能基于以下原因。第一，在叙事的过程中医患共情共策，医生掌握了患者痛苦焦虑的原因，通过与患者家属沟通，共同给予对应的疏导（皮斌等，2019）。例如，在患者叙事中，医生了解到患者对哪方面顾虑更多，对患者的疑问给予通俗和专业的解答，并对其进行有针对性的抚慰和健康教育。医生与家属沟通后，家属对患者更加了解和理解，也更加耐心宽容地在患者最艰难的时候给予支持，促进其康复。第二，叙事的过程中建立起医患互信，患者的依从性和自我效能更高，更有助于康复。身体的康复直接有助于负性情绪的缓解。第三，叙事之于患者，是情绪和压力的宣泄与释放。倾听患者的心声，患者能够感受到信任、尊重与关爱，对心理健康大有裨益；而心理健康水平的提高直接促进了患者的全面康复（Yang et al.，2018b）。因此，医务人员应增强叙事能力等人文胜任力，以推进患者的身、心、社、灵全面健康。

七、启发患者对生死的思考和灵性需求

柏拉图说："哲学是死亡的练习"。生与死是哲学家的终身课题，对于普通人而言，极少有人在年轻和健康时用太多时间思考死亡，对于死亡的想象也只是偶然的一瞬。而在生病时，人们对死亡思考才更加深入与真切。死亡想象与死亡焦虑是患者对于生死思考的具体表现。死的意义并非指单纯的身体消亡，而在于它撼动了人的心智，使人醒悟，自己应该认识和思考什么（刘小枫，

1986）。特别是对于癌症患者或老年慢性病患者，对死亡的想象更多，对死亡亦有很多预设的情境，思考也就更多。在遥望死亡的同时，他们总是在回顾之前的生活，在为死亡找个可以说服自己的理由，也在潜意识里为迎接死亡做好准备。

　　几乎所有癌症患者都存在不同程度的死亡焦虑。死亡焦虑指当死亡的必然性被提醒时，个体的内心深处受到死亡威胁而产生的一种带有惧怕或恐惧的情绪状态（张向葵等，2005）。患者的病情不同，自身情绪不同，体验到的死亡焦虑也不同。但对于死亡的焦虑与敏感，源头在于癌症。对于癌症患者特别是死亡焦虑较深的癌症患者而言，管理身体是一种技术上的帮助，而缓解痛苦则是一种"存在"上的使命（Aldridge，1995），存在和灵性福利对癌症患者有一定的影响（Pelletier et al.，2002）。在面对死亡的时候，患者的灵性需求凸显出来，需要医护人员更多的帮助。灵性视角帮助人们以超越的视角看待现实生活中的局限与恐惧，获得一种更大的格局，发现生命中更多的意义与希望，进而从身体、心理等方面的痛苦中得以解脱。灵性照顾的先驱者伊丽莎白·库伯勒·罗斯认为，癌症终末期或其他濒死患者的灵性需求为寻求生命的意义、自我实现、希望与创造、信念与信任、平静与舒适、祈祷获得支持、爱与宽恕等（郭静波等，2013）。因此，医生应该走进患者的生命深处，尊重患者的故事，启发患者对死亡这一客观规律的认识和正向思考，并对患者进行灵性抚慰，从生命回顾、陪伴抚慰到死亡教育，挖掘疾病与生命的意义，帮助他们度过生命中最艰难的时光。树立起积极的生命价值观对患者来说非常重要。这种自我价值的实现不再是外化的现实生活中的身份、地位、名利，而是生命中的信念、希望与爱。有了这种灵性的意念，患者就得到了一种超越生死、拥抱新生的力量。这样他们面对苦难、死亡与离别时能更平静、从容，感恩今生，向死而生，珍惜生命中的爱与希望。

八、抚慰、陪伴与见证是最温暖的生命关照

　　本研究对象包括了很多癌症患者。在肿瘤科病房，医生完成了从救死扶伤到抚慰者、陪伴者、见证者的角色跨越。

　　面对不得不失去身体完整、不断遭受病痛折磨的癌症患者，医生们总是倍感挫败和无力。而当走到中晚期的癌症患者身边，又无力给予更多的救治时，医生也常常会思考自己还能做什么，怎样做对患者才是最好的帮助，此刻医生的救助者角色越来越模糊。对患者而言，当身体的残缺、心理的烙印已成事实，当走向死亡的进程已经不可逆时，癌症就不只是 CT、MRI 和病理切片上的红色

警报，不是单纯的身体事件，而是身、心、社、灵的多重重创。身体上的疼痛不可避免，而面对死亡的恐惧与身处不确定性中的煎熬，更使癌症患者陷入刻骨铭心的精神困境。

人在病中，期望与绝望交织、爱与痛并存，医生正是这一切经历最直接的见证者与陪伴者。叙事医学为医生这种新身份的确立提供了一个新的空间与视角。叙事医学将医患之间的对话从"同情"的心理安抚提升到了"共情"的灵性碰撞。这种抚慰让医生跳出ICU的技术境遇，让医生的使命有了更深的拓展，让医患之间的关系更加温暖，让医学更加柔和。

对于医护人员，叙事医学帮助他们缓解面对医学局限时的无力与失落，使他们不再束手无策，而是成为患者灵性层面的陪伴者、疾苦的见证者。医生的陪伴与见证不仅有助于加深患者对生命、苦难、生死、医学的理解，更是医生自身的心智成长与灵性升华。

对于患者，无论处于疾病的哪个阶段，无论面对身体残缺抑或是生死之惑，叙事医学都能帮助其认识自身的生命境遇，理解疾痛对于他们的意义，进而在医护人员的陪伴与见证下，树立起积极的、豁达的生死观、疾苦观、医疗观，从激烈地与疾病抗争到平和地带病生存，让灵魂更加净化，让生命远离功利与世俗，最终与命运握手言和，超越生死、豁达生死。

笔者与患者的交往，亦是对患者叙事的一次新探索。在沟通的过程中，笔者尽力走进患者的世界，与患者共同成长、成熟。患者的倾诉本身是一种情感与苦痛的宣泄与释放，笔者尝试作为陪伴者，体悟对方的苦痛挣扎，并且尽己所能给予抚慰。笔者根据亲身体验，认为陪伴者身份的确立需要循序渐进，从形式上的眼神关注和动作上的抚慰，到时间、空间上的相伴，再到灵性上的相依相扶，最后达到灵然独照（王一方，2014）。优秀的医生应该同时是个出色的哲学家，理解生命与他者，懂得在干预与顺应、治疗与陪伴之间找到平衡点。此刻的陪伴与见证，便不是向冰冷的现实妥协，而是给予生命最美的关照，是最温暖的力量。

中 篇

02

| 穿越生命的无常：癌症患者的生命叙事 |

第四章

走进癌症患者的疾痛世界

第一节　研究背景与意义

一、缘起与研究问题

在大多数人的观念中，癌症是一种让人闻之色变的重疾。一纸癌症诊断，对于患者来说，往往意味着生命威胁、身心折磨、巨大的经济支出，甚至人际关系的断裂。当下，随着人类平均寿命的增长和诊断技术的日益完善，越来越多的人被诊断为癌症。根据国家癌症中心的统计，我国平均每天超过 1 万人被确诊为癌症。癌症似乎已经成为一种常见病和慢性病。癌症患者面临的不仅是躯体治疗这类医学问题，其心理、社会状态也需要得到充分的重视。他们更需要人文关怀，去支撑病中的艰难时光。

在过往的几年里，由于学习和工作的原因，笔者接触到许多癌症患者。从文学院跨界到医学院，能在医疗行业帮助更多的患者是我的初心，而几年前刚到医院实习、接触患者时，笔者还是觉得很陌生。当真正与他们交流时，笔者发现他们太希望发声，有太多情绪需要宣泄，也有太多感受愿意表达。眼前的疾痛世界被打开，笔者看见了躯体困境之外的更广阔的世界。这个世界并不那么美好，甚至萦绕着沉重的死亡气息，但与之相随的是勇气、爱、善良、永恒、铭记和希望，这一切让人感动，深深吸引着笔者。于是，见患者、尝试理解患者不再如履薄冰、战战兢兢，而是一种倾听、分享、分担的幸福。笔者深深爱上了这个学科，希望能更多地倾听他们的生命故事，并与他们一起在沉思中获得正向意义。笔者也坚定地将叙事医学、生死哲学和健康心理学作为未来的研究方向。

叙事医学的核心在于关注、尊重、与回应患者的故事，而生死哲学研究致力于对患者生死观、疾苦观的探索。癌症患者群体以及长期被慢性病困扰的患者是这个课题最合适的研究对象。他们对疾病甚至死亡的感触更深，在漫长的治疗迷途与心理起伏中，有更多更曲折的疾痛故事被循证医学的证据采集体系所遮蔽。这些故事在没有被倾听、被呈现之前，只是患者个体默然承受的孤独，是身背一纸诊断书后无法宣泄的痛苦，是一次次的绝望与挣扎……这些故事常常赋予疾病以更深刻的意义，一旦这些故事被关注、被倾听，便能帮助医者更完整地理解患者的境遇，也让患者透过自己的苦难境遇，获得益处发现和意义发现，就此坦然接纳疾病带给生活的改变，冷静地思考生死，豁达生死。

尽管技术不断发展，治疗也越来越重视对患者的关怀，但是在漫长的病程和诊疗过程中，对患者疾苦体验的研究仍然是不充分的。因为患者病中的主体体验是客体观察（硬指标，金标准）之外（常常被冠以"一般情况"而不予重视）的不确定性（漂移的）指征，包涵了身、心、社、灵四个维度的病理表达及其复合交叠效应，构成了疾病的人文病理征象，这需要得到更多的关注。在西方文化背景中，挪亚方舟是灾难中的避难之地，是绝望中的希望。叙事医学就像是方舟之帆，从人文病理角度剖析患者的病因，为苦难中的患者带来温暖与希望，帮助医务人员以陪伴、抚慰、见证者的身份参与到患者的生命中。笔者也有幸成为患者叙事的记录者，书写他们的生命故事。

笔者曾为自己不能以临床医生的身份在一线帮助患者而感到遗憾。确定课题后，笔者希望能以医学人文研究者的身份，去做他们的倾听者，记录这些生命故事，希望可以为他们带来一点点正向改变。倾听是一种尊重，让他们在与疾病抗衡的过程中多了一处释放的空间；陪伴是一种力量，在这段苦难的历程中，愿意尽力提供帮助。带着这个初衷和对患者的感激和祝福，笔者有幸走进了患者的疾痛世界。于笔者而言，这是一段珍贵的人生阅历，笔者与患者一起成长。

二、研究背景

1. 疾病谱与医学模式的转变

21世纪，各种慢性病逐渐取代急性传染病成为威胁人类健康和生命的主要杀手。这种疾病谱系上的巨大变化，使人们对疾病和死亡的看法发生了显著的转变，医学模式也由单一的生物医学模式转换到生物—心理—社会医学模式（Engel，1997）。当前我国已经步入老龄化社会，慢性病、退行性病变长期困扰着人们的身心健康。慢性病是很难完全治愈的，这说明在相当长的一段时间内，疾病不仅给患者的躯体带来伤害，也会对其家庭关系、个人工作、社会角色、社会交往等造成负面影响，破坏患者的生命历程。此外，人们寿命的延长以及医学技术的不断发展，意味着越来越多的人并非死于急性病，安宁缓和医疗也有了更广泛的需求和发展空间。在这种背景下，叙事医学的研究恰好符合慢病时代的医学发展方向。它弥补了医学缺失的人文温度，将人的社会属性充分纳入医学的关注范围，使医生完成从治疗者到照顾者、陪伴者的多角色过渡（王一方，2013a）。同时，叙事医学重新定义了医学的目的，即不仅致力于祛除病痛，还要回应患者的痛苦，帮助减少疾病带给患者的痛苦，提升其尊严感，这对慢性病和癌症患者意义深远。

　　2. 叙事医学的产生与进展

　　如前所述，叙事医学由美国哥伦比亚大学医学院内科教授兼临床医生丽塔·卡蓉最早提出。叙事医学并非文学叙事与医学的简单叠加，而是文学的主观、体验与想象，加上医学的理性、客观，哲学的思辨，通过人类学（民族志）等社会科学研究方法，描述真实的疾痛与苦难，还原真实丰满的医学和病患，凸显疾病对于个人的意义，通过每个个体病例的叠加，构建一个真诚、生动的群体的疾病史。因此在有限的叙事之外，为疾苦中的患者和并不能总能"人定胜天"的医务人员建构无限的意义与哲学思考。

　　叙事医学根植于生命书写理论，亦是生命书写实践。生命书写是用文学化的语言记录生死、病痛、苦难、救助等故事，记录生命失落、失意、失重、失控、失速、失魂、幻灭的跌宕体验，以及病中的灵性升华、收获、感恩、自我提升与实现等美好的情愫，由此揭示疾病与苦难的非技术镜像，诠释生命险境中人性、灵性、诗性，并体现人们对生命意义和医学真谛的体悟。生命书写的本色是通情，从同情到共情，从入情入理到反思彻悟（王一方，2019）。生命书写是对当前医学高技术语境的有力补充，丰富了医学"救助"的内涵，助力医生在深入了解患者的基础上给予患者更多元的非技术帮助，暖化医患关系。在疾病的故事中书写生命，体现了技术化时代的人文回归，叙事医学的发展符合医学未来的走向。

　　当前，叙事医学是医学人文学和医学教育界的热门课题，在欧美发达国家受到普遍关注。2001年，美国开始设置叙事医学课程；8年后，全美125所医学院中有106所开设相关课程。在国内，2011年北京大学召开叙事医学座谈会，韩启德院士提出"现代医学不仅要讲证据，还要会讲故事"的观点，引起医疗界共鸣。此后，陆续有一些医学院校将叙事医学纳入临床医学生培养计划，叙事护理也在一些医院践行。平行病历作为叙事医学的主要形式在医学教育和临床工作中推广，而平行诊断（共同决策）、平行（人文）病理、平行（人文）药理，还有较大的开拓空间。对叙事医学，以及叙事医学与临床实践的整合研究，势在必行。

3. 现代社会中人们精神生活的物化困境

现代人生活最根本的问题是人们日常生活的日趋物质化、功利化、实效化、自我化与生命安顿之普遍性、超越性、永恒性之间的矛盾（张立波，2006）。投射到医疗行业中，患者一方将医疗视为纯交易（购买服务），即用钱买健康、买服务，接受不了"钱花了，人没治好甚至人没了"的结局。他们对医学的内涵、生死的规律缺乏思考。医务人员一方中，部分从业者将患者视作需要修理的机器，对技术和利益过分看重，缺乏人文精神和情怀，不能认知和理解患者的精神世界与生命境遇。叙事医学的介入，可以从某种程度上启发医患双方对医疗中精神、观念层面的认知。

4. 慢病时代的困境

当前的疾病谱已经从急性传染病转为慢性病，人类开始进入慢病时代。慢性病给患者带来的不仅是长久的躯体受损，更带来心理、社会维度的震荡。现代医学以科学技术为导向，特别是 21 世纪后，精准医学的快速发展推动着医学技术的不断进步，对患者躯体之外的关注越来越少。当科技成为医学的绝对中心，物理曲线、化学指标和影像图形成为生命现象的衡量指标；当生病的人被视为需要维修的机器，医生对患者本身情感的关注缺失，医患关系必然走向物化，冲突激烈。医生越来越忙，患者的抱怨越来越多。同时，尽管技术日益进步，医学仍有力所不能及的局限，慢性病仍然很难治愈。正是因为技术的不断发展，人们对医学的期待也越来越高，越来越不理性。所以，需要叙事医学来"讲故事"，一方面和循证医学的"找证据"相互补，另一方面帮助公众理解医学的限度，对医疗合理期待。

三、研究意义

对于患者叙事，本研究抛砖引玉，只是在可控范围内的理论阐释与临床验证。而叙事医学研究本身，有着较为广泛的理论和实践意义。

在疾病史方面，还原更丰满、真实的疾病史，增加疾病史研究的容涵度。每个患者的个人疾病史汇集起来，就是整个患者群体的疾病图谱。通过叙事来还原个人的疾痛与苦难，凸显疾病对于个人的意义，继而汇聚成一个整体，构成更多维度的、生动的疾病史。

在患者方面，慢性病患者，特别是到生命终末期时，更需要灵性照顾。患者及家属在叙事中情绪得以释放，体会到医疗中的善良与柔和。叙事医学可以帮助患者树立正确的生死观、苦难观，引发对于生死意义的思考。

在医生方面，叙事医学的宗旨之一是让医生能更理智清晰地把握自己的感情，通过倾听患者的经历与见证患者的诊疗过程来发现诊疗背后的信息，走进患者的生命故事，从而更好地为患者提供医疗服务，与患者建立起良好的互信关系。叙事医学虽然以"医学"为中心词，但它并非是单纯一门自然科学技术，更是一门艺术。医生不仅是具备医术和医德的医疗实践主体，更是能感悟患者生命、懂得沟通的艺术家。医生通过和患者的实际交往以及阅读相关文学作品等形式，探究疾病、死亡和生命，以期更加了解患者，认知疾病，构建起医学人文的根基。

在医学伦理方面，叙事伦理学不探究生命感觉的共同法则和人的生活应遵循的基本道德观念，也不制造关于生命感觉的范式，而是讲述每个人与众不同的生命体验，通过个性化经历的叙事提出关于生命感觉的问题，营构具体的道德观点和伦理诉求（刘小枫，2004）。医学伦理的实践遵从一般守则，而叙事伦理学在医学中的运用则用不同的范式实践来代替医学伦理学中的绝对原则，更加人性化与个性化。Jones（1999）在 *Narrative in Medical Ethics* 中提出，故事对医学伦理的意义体现在三方面：作为案例来教授基于原则的专业伦理；作为道德指引来过一种好的生活；作为见证叙事，检讨医学实践和伦理训诫。故事可以将具体人物和案例放在具体的环境下分析，站在更人性化的立场上解读患者自主性与医生的权力，同时将疾病放在社会文化的大背景下，唤起人们的共鸣与道德反思。叙事的过程，就是进入个体生命、感受不同生命境遇的过程。通过具体案例，可以上升到如何选择最佳的医疗措施的问题，以及患者、家属或医生的决定权的归属问题等。这些不同的叙事实践有助于为陷入伦理困境的医生和患者提供一个新的视野，指导人们在医疗过程中的具体实践。这些故事不是客观上的伦理学说教，它们用具体真实填充了理论本身的枯燥色彩，充溢着人性之爱。以叙事的角度切入，是用发展的观点看待患者的生命在时间长河中的意义与变化，以及与之相对应的伦理问题。同时，叙事医学也可以指导卫生政策的制定，使其符合伦理学的理性和感性标准。叙事医学通过文学作品等形式表现出来。从内容上看，通过对个人生命的阐释与叙述表达出对某一特定群体的观照，传递一种道德内涵。从形式上看，精心设计的叙事技巧使作品逻辑更加清晰，提供一个与说教不同的伦理视角。通过文学来完善以既定原则为底线的医学伦理实践，极大地丰富了医学伦理学的内涵。

在医患关系方面，医患矛盾仍是当下一个比较严重的问题。从哈尔滨医大研究生王某被杀，到温岭杀医案，陆续发生的多起伤医案使医生群体陷入一定程度的恐慌，医患矛盾成为社会热门话题。伴随近年来医学发展，患者对健康的期望值大幅提高，医学的局限性凸显出来。患者把期望值与实际医疗水平之间的落差往往归咎于医生，特别是重症、癌症患者。此外，中国作为人口大国，医改正在循序渐进地进行。医改的过程中势必会产生各种问题，以药养医的局面没有得到根本改变，看病难、看病贵的现象依然存在。患者把怨气发泄到医生身上，甚至出现极端行为。一些医生也因频繁发生的伤医案而无法平复情绪，甚至想到辞职，医生成为高危职业。医生群体以救死扶伤为己任，工作强度大，心理负担重，而收入与付出相比，未能达到期望水平。恶性伤医事件在一定程度上降低了医生的执业热情，为医患关系的恶性循环埋下隐患。针对现阶段医学技术发展和医疗环境的局限性，打破医患关系僵局的最根本也是最有效的办法，就是医生在诊疗过程中加强和患者之间的有效沟通，给予患者更多的人文关怀，尽可能地融化患者心中的坚冰。同时，患者更要主动地去信任医生，因为只有信任，才能真正把自己的身体甚至生命交付给医生，才能建立和谐的医患关系。叙事医学就是这样一个医患互通的纽带。医患矛盾激化之时往往是患者情况恶化之时，叙事医学的价值与生命力在于它本身对于生命信仰的诠释和对生命意识的传承与延续。客观上的医学是理性的，诊断书即是一纸判决书，而作为人的医学应该让人的生命拥有无限可能（王一方，2013a）。当患者因为疾病的原因不得不改变生命进程时，医生需要理解疾病和治疗给患者心理、社会适应带来的变化，并帮助患者创伤后成长，进行正向思考。叙事医学从信仰的角度切入，赋予生命另一种可能性与慰藉。医生在这个过程中可以与患者及家属达到某种程度的共鸣，进而暖化医患关系。而这些，可以从倾听疾病叙事做起。

在护理质量方面，疾病叙事能有效提升护理质量。临床护士通过讲述故事、记录反思日志、赏析文学和影视作品等方式，与患者及其家属换位思考。癌症患者和久病不愈的慢性病患者相比其他患者更加敏感脆弱，心理状态更需要关注。叙事帮助护士理解患者所需，从人文关怀感知、技能、理念等多方面完善自己，从而提升护理质量，让护理更有人文关怀。具体可以通过问卷调查、深入访谈、文献调查等方式实现。

在医学教育方面，叙事有助于医学生理解患者、理解医学，弥补循证思维的单向性。从医学生到临床医生是医生职业生涯的关键阶段，叙事教学作为医学人文教育的重要部分，有助于医学生适应医生角色。同时，通过对患者关怀经验的分享，提高医学生共情与反思的能力，培养他们的人文情怀，为其成为好医生打好基础。针对终末期癌症患者或老年患者，分享临终关怀经历、阅读相关文本等方式有助于医学生更加了解患者，帮助患者树立正确的疾病观，对中晚期患者做好死亡教育，对家属做好哀伤辅导等。这一领域，在国内仍然有较大发展空间。

第二节　研究对象与方法

一、研究对象

运用立意抽样法，通过线上招募以及滚雪球的手段，在多家三甲医院及患者互助组织选取 40 余位乳腺癌和 30 位肝癌（肝移植术后）患者，对其进行半结构式深度访谈。患者的年龄段在 25—84 岁之间，病程不同。受访者均已知疾病诊断，精神状态正常，思路清晰，有完整的语言表达能力，在知情同意的前提下参与研究。

二、研究方法

1. 质性研究方法

研究运用质性研究方法，以扎根理论为基础。质性研究是与定量研究相补充的一种研究方法，以实际现场为研究场所，运用现象学、扎根理论、民族志、个案分析等对社会现象和意义进行阐释。质性研究关注历程而非结果，描述动态的发展历程对于研究对象的意义。同一个事物，对不同对象有不同的意义。这些意义如何构建、如何发现个体生命意义、为什么会有这样的历程等是质性研究的重点。质性研究往往运用归纳法，自下而上进行资料的分析，从细化的资料开始，找出类目并归纳同类项，最终建构完整的图像。此外，质性研究注重研究关系。研究者本身作为研究工具，与研究对象建立信任关系，这与产出客观的、高品质的研究结果密切相关（尹志科，2012）。

扎根理论是本研究的理论基础。扎根理论最初起源于 20 世纪 60 年代的美国，主要用于临终患者的生命境遇研究（Barney et al.，1965）。扎根理论建立在实用主义和符号互动论的哲学基础上，其核心观点是：个体是自我觉知的，交互的主观性影响行为；社会互动是有意义的，这种共享的意义在社会中具有重要影响力（Lyons et al.，2010）。扎根理论目的是建立严格的来源于资料的归纳式理论，而不是采用假设检验获得的演绎式理论，所以扎根理论适合探索型研究和解释型研究。对患者开展知觉和体验的研究，更适合运用扎根理论。因此，用该理论研究患者的生命境遇是合适的。

2. 叙事医学访谈与平行病历书写

研究通过叙事医学访谈介入。叙事医学访谈是以患者体验为中心的交谈。相对于诊室里的即时的病史采集，叙事医学访谈的交谈时间点跨度较大，时间节点小部分在初发病程的诊疗过程中，大部分在应激期之外的长期治疗与康复的后续期（这样的交谈告别了心理休克期，更有利于深谈，不至于造成二次伤害）。交谈的场所更加生活化，话题不局限于躯体感受和诊疗困顿等方面，着重指向心理忧伤、恐惧、社会关系的冷暖、情感生活的波澜，意志挫折。访谈者不具备指导者、咨询者的知识优势，交谈更轻松、更自由，内容更加世俗化、生活化、个体化、私密化。对疾病折磨与命运颠簸的体验与陈述更加贴近真实，是疾病躯体真相之外的心灵映像。库布克·罗斯的《死亡与濒临死亡》一书基本采取这种方式走进患者心灵。

在研究中，笔者与患者的责任医生或护士一起，对 30 余位患者进行了半结构式访谈。访谈在医院的医生休息室等安静环境中进行，并对访谈进行现场记录。访谈前笔者将研究的内容向受访者进行充分讲解与说明，并由其签署知情同意书。经过同意后，对部分患者的访谈过程现场录音（刘明，2008）。研究者对每位患者进行 1—3 次访谈，每次约定为 1 小时，视具体情况调整。后续访谈是对第一次访谈不清楚的部分进行补充，提升准确性，样本大小根据资料"饱和"的原则确定（陈向明，2000）。在访谈时注意观察患者的表情、动作、语气等，并及时记录，做到资料更加完善，对患者的表述理解更深入。访谈资料弥补了"问卷热"所强调的客观性、普遍性、代表性的调查，而是对个人进行整体的研究；同时，对研究对象的意义建构进行解释性的理解，而不是单纯的变量分析。通过细致的访谈与观察，解释研究对象的生活叙事与意义建构。每个患者都有自己独特的疾病体验，有属于自己的疾病叙事。疾苦与生死，对于不同的患者，也有不同的意义。

平行病历是与标准病历相对应的一种病历写作模式。标准病历，只记录患者主诉及检查、检验数值与治疗方案。平行病历，是由医师书写病患的故事以及自己的人文观察与反应（余运西，2012）。平行病历没有绝对的标准，医生用日常话语去书写患者，思考患者的病中体验，反思并感悟自己在照顾患者中的经历。最终，通过这种叙事文本的书写，医务工作者体恤患者的能力更强，更能换位思考，最终给予患者更多的关怀与帮助（Rita Charon，2015）。笔者借助叙事医学与平行病历的思路，在患者访谈中记录其叙事，分析患者的病中体验，如对生与死的态度、带病生活的体会等。在叙事研究中，研究者一般将三维度叙事的理念贯穿其中，关注叙事中的时间、互动及情境，从故事的过去、现在和未来以及个案的个体经验、情景因素等方面进行分析，在此基础上建构意义（Clandinin，2000）。

3. 非参与式观察法

非参与式观察指研究者在未被观察者关注的前提下完全以旁观者的角色，置身于被观察者活动领域之外所开展的观察活动（Glaser，1967）。观察者与被观察者基本没有互动，观察者不干预被观察者的活动，对观察者没有影响。在这种情况下，研究者可能获得一些预期外的材料，使研究结果更加充实（陈先锋，2014）。在正式访谈开始前，研究者走进医院病房，用几个月的时间观察患者的日常起居，记录患者的病中生活。通过非参与式观察法收集患者的疾病体验的观察结果，使笔者对患者群体更加了解，丰富了对患者的认知，为之后研究框架的设定、与患者深度访谈和互动奠定基础。

4. 资料分析

收集的资料以患者访谈文本为主，并以笔者自己的观察笔记作为补充。首先对访谈文本进行初始编码，按照部分、段落和事件的顺序逐词、逐行进行，梳理研究框架。接着聚集编码，对初始编码进行二次整理，挖掘话语的深层意义。主要分析步骤为：转录文本—通读—分析结构与内容—提炼主题—解释主题。主题分析法是主要的分析方法，即根据访谈资料归纳出疾痛体验、生死观、文化适应等相关主题，挖掘其深层的含义。

5. 质量控制

访谈前与患者、家属及其责任医生充分沟通，征得患者本人及家属的知情同意和配合，进行预调查，发现问题与不足并及时改善。注重访谈文本的整理与核查，如有文本缺失或信息不饱和，及时联系患者进行补充。对于定性研究，研究者无法在研究之前用硬性的技术手段去解决"效度威胁"，所以在研究进程中更注重问题的发现与解决。运用反馈法、原始资料佐证法、相关检验法等多种方法最大限度地提高研究的信度与效度。

6. 伦理考量

研究符合《赫尔辛基宣言》的原则，通过了北京大学生物医学伦理委员会和武汉大学医学部伦理委员会的审查批准。研究主要通过观察和访谈收集资料，对参与者无身体伤害。研究主要涉及自愿与保密原则。研究者在访谈前对患者进行充分的告知，说明研究的目的及可能涉及的内容，患者同意后签署知情同意书。访谈经过患者同意后录音，如患者不同意录音则采用现场笔录。访谈资料中完全隐去患者的名字等个人信息。患者可随时要求中断参与研究。访谈资料仅供研究使用。

第三节　初遇癌症：一纸诊断，牵出一生宿命

以乳腺癌为例，一纸诊断彻底改变了患者的生活轨迹。从确诊的那一天起，"癌症"这两个字就将永远在她们身上刻上烙印，带病生存就是一生的宿命。面对这种生命转折，她们会茫然，会震惊，不得不带着恐惧、忧伤与焦虑，直面死亡。

一、癌症认知，四壁无光的茫然

患者大多是在自检时发现异样、出现症状或例行体检时查出肿块后才进一步就医的，在得知乳腺癌的确切诊断后大多会出现发蒙、茫然的状态。对于癌症，大多非医学从业者存在认知局限，她们不知道结局是什么，是否有光明的未来，处于无助与慌乱中，也有患者做了最坏打算，甚至先去安排后事。她们迫切希望得到更确定的诊断，对治疗、预后等知识充满求知欲，会尝试从医生、书籍、网络等多方面搜集材料。

49 岁的陶女士这样说：

刚确诊那会儿，自己待着的时候，还是郁闷的时候多，脑子都是乱的。有时候就觉得呀，怎么就会得这病。就好像我们非得要闹个清楚，包括医生给弄的什么药，还要问一下。我就闹不清楚这个原因，就总想怎么就能从这么轻（之前被确诊为乳腺增生）转到这么重了。但是后来才发现，医生也在研究着。所以说，后来也就算了，也就不想那么多了。但是有的时候还憋不住想，比如说晚上睡不着的时候就开始想，摸摸这，摸摸那，就想看看见没见好啊，还有没有什么。然后各种找资料看书、上网什么的，看以后能什么样，不知道怎么办。

45 岁的秦女士这样说：

一般谁得癌能就可一个医院看啊，也怕误诊啊，后来就去北京了。到北京之后拿着 15 个切片，重新到病理科化验，人家说是乳腺癌。这时候我还没觉得我是癌症患者，等做完手术回到鞍山，做化疗给我化傻了，特别是掉头发的时候，我还是掉眼泪了。等头发全都掉下来的时候，我才确定我真是患者了。

很多患者接到诊断的一刻心存疑问，还有否认。否认的原因可以用罗斯的面对死亡或重大疾病时的五个阶段理论去解释。她认为否认"是暂时的自我防御机制，它的意义在于抗击痛苦，帮助重拾自我，激发出其他的、稍平和一些的心理防御机制，不久就转为在一定程度上接受的态度"。而在此之后患者也会有愤怒的情绪，会问"为什么是我"。在笔者的访谈中，也发现很多患者会追问自己为什么得癌症。笔者认为，更多患者的追问是因为对于癌症的茫然与震惊，希望为其归因，找到一个理由说服自己，以获得更多的心理安慰，而不能完全归咎于愤怒的反问。社会学家海德把归因分为两部分：其一是情景归因，即为外因，认为结果是自己以外的因素造成的；其二是自我归因，即内因，认为自己（某种性格或行为）是病因所在，因而陷于自责（张春兴，1994）。癌症患者多属于后者，认为生病主要由自己引起。

46 岁的吴女士这样说：

我就想我为什么得病呢？就是别人做什么事我都挑，就是觉得都不对，非得自己做，就什么都特别要强。还是自己的原因得的病。

在访谈的过程中，笔者发现患者的归因可分为因果报应、宿命、理性归因（如生活不规律引发身体问题、追求完美主义的性格等）。这些归因与患者的宗教信仰、文化程度、心理状态以及自身经历等有关。

对于病因的解释，医生总是希望找到一个普遍的答案，但患者总是希望通过个性化的叙事找到自己的答案。她们不仅自己归因，更希望医生去理解她们的与众不同，认同她们的解释。从某种程度上讲，患者对于癌症的茫然以及在病因上的探索，让她们对自己疾病的认知更加清晰。

患者面对癌症的茫然，以及随之而来的归因体现了叙事的因果关系和偶然性。叙事总是带有一定的情节性，它不只是涵盖孤立事件，还认定事件之间存在着有意义的因果联系（卡蓉，2015）。患者的疾病叙事也是有情节的，人们总是在情节的不断推进中去寻求某种联系，尽管深知很多时候事出偶然，比如乳腺癌。对于很多生活规律又无家族病史的患者来说，她们深知乳腺癌的发生本身就是一种偶然性的体现，但是仍然会在一系列情节中寻求线索，她们常常问"为什么是我"，并不断归因溯源。因为她们一旦找到了所谓的原因，就减少了内心对于不确定性的恐惧，能够更理解自己，构建起疾病对于自己的意义。

临床医生对情节和因果联系的认知也十分重要。医生可以通过叙事建立起与患者之间的联系。临床诊断的主要来源是患者的主诉，即倾听患者的叙事，分析情节，得出更符合患者个体的临床决策。医生也通过患者的叙事，进入患者的世界，在叙事中认识被"科学视角"所物化的患者的另外一面。

二、晴天霹雳，不知何去何从

第一次最直接地面对癌症的诊断，很多人是在确定有乳腺肿瘤，在针吸活检或手术切除活检的时候。只要经历手术活检，患者就会产生巨大的内心震荡；而一旦被认为是恶性肿瘤时，对于患者来说无疑就是晴天霹雳。

笔者摘录一位患者在其书中撰写的患病经历，分析术中的心路历程。

手术正在进行。有生以来第一次住院，第一次上手术台。对于医生来说，这是一个普通手术。局部麻醉。医生的手扯拽着被增生包裹着的病灶，麻利而轻松。××医院普外科×××主任亲自主刀，还有一名医生，几个护士。

"表面很光滑，××，现在送去做病理切片。"医生把病灶交给护士。

"能让我看看吗？"我把头扭向正欲转身而去的护士。

"看吧。"护士手心里擎着那小小的一团人肉，距离我约有一米远。

一团光滑的肉，刚刚离开我的身体、浅粉色类似鸡肉的一团真正人肉，还有一绺30分钟甚至更短的时间之前，还附着在我的左乳上的皮肤。好像这团肉与我素无关联，心中却又惋惜不舍。

"谢谢。"我把头扭过来。

术间一直在同×主任还有另一位主刀大夫聊着天，还在开玩笑，心情非常平静。

"××，咱们得等半小时，结果出来再进行下一步。"×主任的声音非常温柔，但离我很远。

我被抬下手术台，放在手术推车上，推到冷寂的手术室走廊里。那一刻我体会到从未有过的无助。手术室的走廊不时有医护人员走过，我躺在推床上，按照医生的嘱咐，右手用力按着左胸的伤口处的止血布。左面的墙上挂着一个表，时间分分秒秒地过去。

不知道曾经有多少女人在这个无情的走廊里等待着命运的判决。如果是良性的，她算是中了大彩，伤口缝合，五天出院了。如果是恶性的，继续手术，伤口扩大，清扫腋下淋巴，全切或局部切除病灶周边组织。

此时此地，我希望有丈夫温暖的手和他没心没肺的笑容。但是有的只是我和左面墙上那只无声的表。半小时过去了。四十分钟过去了。分针默默地陪我转了一圈。

"××，结果出来了，是恶性的，咱们还得接着做。"×主任平静地对我说。我看不见他的脸，他在我的头后。医生的心是用什么构成的，面对生死、面对血肉，那颗心也许早已不知痛为何物，因为反复痛、天天痛早被痛死了。

"我知道了。"早已预感到最坏的结果来了，所以听到这残忍的宣判并不惊慌，泪先是涌到心头，惯性地忍着。对自己说，此时此地还有什么可忍的，想哭就哭呗。

泪流未及满面，被再次推到手术室，在护士的帮助下爬上手术台。看到×主任在做准备工作，打定主意在全麻之前必须再好好求他一遍。

"×主任，恶性的没关系，但是您一定给我把伤口开小一点，一定把伤口缝整齐点儿。"

忘记了×主任如何答复的，记忆被定格在全麻前最后那一刻的请求间。接着右腿被扎了一下，但是我当时并不知道那是在进行全麻。

——摘自《珍爱乳房》

通过这段描述，可以看出叙事的时间性。医护人员与患者处在不同的时间向度里。对于医方而言，他们处于向量的时间，根据时间顺序按部就班地完成手术流程。而对于患者而言，她的时间节律是变化的，随着治疗的跟进，感受到的时间流逝是不同的，比如等待病理结果的时间，短短几十分钟，却是无比漫长的煎熬。

病痛中的患者，也在思考着医生，就像她说"医生的心是用什么构成的，面对生死、面对血肉，那颗心也许早已不知痛为何物"。与此同时，医生也需要时间去理解患者，理解患者正在承受怎样的压力与煎熬，如何度过病中那段漫长的时间。

乳腺癌的病理诊断对于患者是晴天霹雳一样"残忍的宣判"，使她"泪涌上心头"。从那一刻起，亦是生命的一道分水岭，她从健康的、丰满的女人变为不得不接受乳房手术的癌症患者。她是相对幸运的，与主刀医生比较熟悉，甚至术中还聊着天，但她同样背负重压，承受着巨大痛苦。在访谈过程中，不止一位患者谈及她们在术中清醒时对于癌症诊断的震撼感，很多人用"晴天霹雳"来抒发那一刻的感受，并在谈及那段漫长的煎熬时声泪俱下。

面对这种境遇，医生其实可以做得更多。医生有叙事医学的理念，掌握时间在治疗中的重要作用，对患者非常重要。医生尝试走进患者的时间，去倾听、去感受、去发现，将对时间的尊敬充盈在临床实践中，医学就会与众不同（Charon, 2015）。

三、遥望苦途，若呼吸成空：不确定是另一种沉重

乳腺癌患者总在经历一种遥望死亡的苦痛挣扎，她们常常感觉与死亡若即若离，这与病情发展和心理状态有关。这种对疾病与生死的不确定感，给患者带来一种沉重。患者的死亡意象通过不同形式表现出来。

患者在确诊时就认为自己离死亡更近，直接或间接表现出不同程度的死亡恐惧。而随着治疗的进行，患者身体状况出现波动，对于死亡的恐惧也就不断加深。她们认为死亡越来越近，对死亡越来越敏感。

有些患者对于死亡的恐惧直抒胸臆。这样的患者在讲述这种恐惧时语气尽管平静，似乎在诉说别人的事情，但笔者坐在她对面，仍然可以看得出她双手在轻微地颤动。即使是回忆确诊初期的事情，仍然让她感受到死亡恐惧。

54 岁的林女士这样说：

刚确诊时我的心理负担老重了，就是觉得这下完了，生命要没了。

化疗反应大，就是可难受了。那时候想自己可能要够呛，不知道化疗能不能化下来。

有些患者通过描述对不能承担照顾家人的歉疚来表述对死亡的回避与恐惧。她们担心因为自己的离去对家人特别是孩子造成巨大伤害。她们在谈及这些时，有的眼睛里充满柔情，有的一直沉浸在歉疚中，语气中还透着一点点哀怨。

45 岁的秦女士这样说：

当年真得病的时候，还是恐惧死亡的。比如我这个岁数，我觉得年龄还不是很大。孩子太小了，最起码得等孩子结婚成家了，有归宿。总而言之，就还是不想死。有病之前，生气的时候，就合计死就死呗。等真生病之后，还是害怕死亡的，就是不想死。通过得病，才知道生命很重要，就特别珍惜。

46 岁的吴女士这样说：

我就想我要走了。我老公倒是没事，再找。我女儿也大了，也没事，但是

我儿子小啊。

随着病情的不断发展，患者对死亡越来越敏感，很多日常生活中不经意的生活片段都会引发患者对于生死的思考。死亡的阴影时刻笼罩着她们的生活，无法抹去。例如，媒体报道的乳腺癌相关内容成了患者思考生死的导火索。

44 岁的谢女士这样说：

就像姚××这个事儿对我冲击也很大，我还给×主任打过电话。

45 岁的秦女士这样说：

当时我知道姚××的事，心里很害怕，好难过，郁闷了好几天。最后自己慢慢消化，随着时间的推移就淡化了这件事情。

身体方面稍有不适就会让患者联想到病情恶化与死亡。

35 岁的曹女士这样说：

现在就是有点疑神疑鬼的。比如说可能不一定是因为病灶的原因，有可能是因为脊椎啊之类的引起头疼，然后就会担心是不是病情恶化了，就会不由自主地往这方面想。（注：该患者癌症已经转移到头部）

尽管曹女士在访谈过程中多次谈及自己乐观开朗的性格，笔者也可以从她的表情中看出她的淡然与豁达，但是她对死亡的焦虑仍然在谈到癌细胞转移到头部的时候显露出来。与曹女士相似，在与其他患者的访谈中，她们多次提及身体稍有不适就会十分警惕与敏感，这也是对生死不确定性的一种反应。因为一切在未知中，所以她们也一直被死亡的沉重萦绕。

四、诊断之初：遇见生病的自己

乳腺癌的诊断把患者从健康人的生活带入到一种疾病情境中。疾病对患者的影响，不只是身体的不适与死亡的逼近，更与患者的生活、家庭、自我感受等息息相关。

很多患者在诊断初期，接纳了乳腺癌患者的身份后，首先想到的是经济负担，这一点特别集中在低收入群体。她们认为生病使自己成为家庭的负担，并对此带有深深的自责。在某一阶段，这种自责与歉疚感，要大于自身所感知的疾病的痛苦与死亡的恐惧。

54 岁的林女士这样说：

> 压力最大的就是家庭条件。我农村的，我对象就开拖拉机的。

25 岁的方女士这样说：

> 我就觉得特别对不起家里，对不起我家的（指丈夫）。结婚没几年，啥都不能给他，除了背一大堆饥荒（指欠债）。反正觉得都是自己的错。

同时，她们会更加敏感，无论是对家庭关系，还是同事、朋友之间的关系。这些在所有受访者中几乎都有所体现，但是她们的敏感点以及自身的叙事各有不同。

40 岁的陈女士这样说：

> 有时候咱们女同胞在一块时也说赶紧好好保养自己吧。做女人赶紧好好保养自己，可别自己出了事（病亡）以后，"人家（老公）怎样……"。不是有个流行的微信，"人家（老公）再找一个新妇，把你的东西都据为己有"。好多类似的微信，我一看到这样的微信，心里就闪一下念头，我也会有这一天吗？一段时间里，这种想法反复在心头徘徊。

> 有病了总觉得在单位被人嫌弃。都说我们这类工作稳定，但也总怕有变故，比如内退之类，感觉同事都盯着我。

乳腺癌作为一个重大的生活事件，让患者进入另外一种生活轨迹，患者的自我感受、人际关系等都在发生微妙的变化。这种变化将在病程的发展中不断加深，对癌症患者身份的强化也在不断加深。

本部分内容体现了叙事的时间之维与关系之维。时间见证了她们的身份转变，从健康人到乳腺癌患者，她们必须去应对这种转变。随着病情的发展，她们不再健康、不再美丽，时间在一次次检查与复查中度过，感受到死亡的逼近。同时，在与他人关系上，也发生着微妙变化，她们感觉自己对不起家人，也感受到他人的疏远及自身对亲密的渴求。

第五章

文化叙事：疾病的人文病理

第一节　疾病的人文病理

当我们提及疾病，首先想到的是躯体的失序。病理学的研究也是围绕躯体展开的。它是一门研究人体疾病发生的原因、条件、机制、发展规律和疾病过程中机体的形态结构、功能代谢变化和疾病转归的基础科学（杜莉莉等，2016）。人同时具有社会属性，人本身富于情感，疾病与人文也有密切的关系。因此，关于疾病的人文社会病因分析是必要的，特别是针对癌症或慢性病。从疾病的大众流行病学（lay epidemiology），即公众的病因观念，描述"普通人理解和解释健康风险"之进程（Allmark et al., 2006），到人文、社会病理空间的开拓，最终的目的都是为了更理解患者，进而为其提供更具有人文关怀的诊疗。叙事医学是探析疾病的人文病理学的钥匙。研究者通过倾听疾病的故事，分析患者的心理、社会、灵性困惑、疾病的隐喻和对于患者的意义，为覆盖其全身心的人文干预提供依据。

癌症让曾经的健康人站在悬崖边上，对生死和疾苦的感触更深。以癌症患者为例，人文病理学应关注以下几个方面。（1）社会身份、社会关系的变化。如身体受限和治疗对工作的影响。亲人、友人之间的接近与疏离，对恋爱或婚姻关系破裂、家庭矛盾的不安全感与恐惧，对富于理解、陪伴、抚慰、关注的温暖、向善的人际关系的期冀。（2）疾病带来的负罪感、歉疚感。如对家庭经济的负性影响，拖累家人的自责等，甚至会因此出现自杀倾向。（3）失能阶段的尊严、舒适。（4）生命终末期的生命意义发现、安宁、体面。（5）疾病不同进展阶段的心理嬗变，如病痛中的煎熬，希望与失望，消极与创伤后成长。（6）死亡恐惧与对身后事的挂念，未了却的遗憾等。

既往对医患沟通的要求往往将医学视为服务，是服务业中的从业者与客户的沟通。良好的医患沟通狭义上被认为是医方态度好，如要求护士面带微笑，甚至将露出 8 颗牙齿写入礼仪指南。而对人文病理学的深入认识，深化了沟通的层次与品质，在肿瘤科体现在下述内容。（1）在医患关系与医疗决策方面，跳出了基于技术至上的医生一方家长制的临床决策，更多纳入患者自己的意愿。不仅更尊重患者的叙事和需求，亦从某种程度上跨过医生的代理决策，降低了医生的伦理风险。（2）在病情发展的跌宕起伏中，在积极治疗的同时，与患者探讨如何顺应自然规律，对患者每个阶段的心理特点深入理解，并能结合患者个性特征进行回应与疏导，对其提供优质陪伴，践行人文关怀实践。（3）在患者生命终末期，与患者讨论生命与死亡，以及如何从焦灼的负性情绪中启发其正向思维。（4）对患者进行灵性疗护，从信仰、文化等视角，提升患者尊严感。（5）对于临终患者，启发家属对患者进行爱的表达，帮助患者缔结爱的遗产（王一方，2017）。启发患者叙事，了却心结，减少遗憾。在充分理解患者上述境遇的基础上，才能形成较为系统的关爱与抚慰的理论和路径，提升患者面对、化解、甚至超越苦难的能力，帮助其建立豁达的生死观。这是安宁缓和医疗的关键。当医患之间建立起情感共同体，使患者直面疾苦，坦然接受苦难、死亡，才能抵达医疗的初衷和真谛。以下以肝癌肝移植患者为例，从肝癌患者后移植困境切入，分析患者的人文困境。

第二节　肝癌肝移植患者：直面后移植困境

经历肝移植的肝癌患者，与其他的癌症患者不同。因为即使花费大笔医药费找到合适供体，接受肝移植手术，术后仍然经历躯体磨难，且五年生存率仍然不高。此外，器官移植本身是个具有文化敏感性的问题，接受手术给患者带来更多的心理社会压力，因而他们的疾苦体验更为多元。移植只是治疗的第一步，患者不得不接受重重"大考"，直面后移植困境。

一、五味杂陈：面临多重排异

第一，患者术后面对身体排异，这里的排异广义上指术后躯体健康问题。访谈资料显示，在肝移植术后，患者出现不同程度的躯体问题。具体表现在术后感染、外貌变化、疲乏、排异等，这些躯体不适降低了患者的生活质量，进一步加重了患者的心理负担。

34 岁的黄先生术后一年半，因为身体原因还没有回到工作岗位。他这样描述术后跌宕起伏的身体抗拒与排异过程：

　　医生说我现在这个肝脏很好，发挥了它的功能，我应该很庆幸。我也小心翼翼地保护它，但我认为它一直在折腾我的身体，从来就没停过。术后三个月，出现了胆瘘①，发烧，肚子痛，又住院，放了胆管支架。一周后回家了。后来感觉就算肝脏自己没事了，但按下了葫芦起来瓢，我经常发烧，高脂血症，糖尿病，感觉什么都占上了，全是老年病。从手术后到现在，我一共住了三次院，一直处于不健康的状态，经济压力也很大，毕竟现在没法上班。当时庆幸有条件做移植，是万幸；现在有点后悔了，最后都是死，不应该遭这罪。

　　46 岁的王先生术后已经两年，出现了较为严重的器官排异：

　　手术后我经常觉得特别乏力，一点力气都没有，感觉上楼梯都很辛苦。当时觉得毕竟是大手术，养一养就没问题了。然后按部就班去复查，刚开始一两次还行，后来医生说现在的肝脏功能也不好，也没什么特别好的办法。这就是排异反应吧！它不工作了，手术白做了。我现在身体一不舒服，就特别焦虑，一晚上一晚上睡不着觉。上有老下有小，所有的钱都给我看病了。本来想如果看好了，换了肝，我好好赚钱撑起这个家。

　　说完这些话，王先生掉眼泪了，很是伤心。他说自己从来没在家人面前哭过，积压了很久的情绪得以释放。

　　既往研究报道中多有肝移植术后的负性身体状态。例如，在一项涵盖 285 个样本的国内研究中，疲乏发生率为 87%，与患者性别、焦虑、抑郁和失眠相关（Lin et al.，2017）。在一项来自北京的回顾性研究中，113 例肝移植患者的术后感染发生率为 31%，术前使用抗菌药物、术后呼吸机使用时间、术后全胃肠外营养天数、术后空腹血糖、术后预防感染用药天数和胸腔积液是发生感染的危险因素（张莹等，2016）。术后排异是威胁肝移植患者生命的重要因素，包括超急性排斥反应、急性排斥反应和慢性排斥反应。一些患者在器官移植后数月至数年发生慢性排斥反应，出现进行性移植器官的功能减退直至丧失。一旦出现该种情况，则很难缓解，甚至需要二次移植。此外，部分患者出现外貌变化，与糖皮质激素运用有关。因此，患者的术后护理与后续治疗与手术本身同

---

　　①　胆瘘是肝移植后的主要并发症，指的是手术后胆汁没有完全从胆总管或胆肠吻合口流入肠腔，胆汁或含胆汁的液体持续从胆道破损处流入腹腔、腹膜。

样重要，应重视对患者术后长期随访与管理。

第二，患者面对心理排异。对于大部分肝癌肝移植患者，即使手术是成功的，患者仍然会出现负性心理即心理排异，如罪恶感、排斥感等。广义上的心理排异则泛指术后的负性心理状态，如抑郁、焦虑、病耻感、疾病不确定感、睡眠障碍等。

55 岁的田先生这样描述他术后至今（2 年后）的感受：

> 知道有肝脏可换肯定是欣喜的，但是做完手术心里就没踏实过。我是活体肝移植，总觉得对不起他（指捐献者），特别自责，毕竟为了我做大手术，遭罪呀。我也不知道癌症会不会复发，这个肝会不会一直工作，反正战战兢兢的，每天都很紧张。而且肝如果又坏了，不仅我自己得死，还对不起他。

40 岁的陈先生每天被死亡焦虑和睡眠障碍萦绕，他的状态也代表了研究中较多肝癌肝移植患者在某个阶段的状态：

> 我几乎每天早上睁开眼睛都会想，哦，还活着，没有死。我每天都会觉得自己状态很不好，离死越来越近。每天也都睡不着觉，很不踏实。本来移植手术是好事，但是我觉得因为癌症来移植和其他不一样。我现在经常吃安眠药，又担心会影响肝功能。而如果不睡觉，就会更难受，所以感觉怎么都不好。这些，我都没和家人说过，也会觉得心里堵得慌。

在心理状态方面，本次定性研究结果与既往定量研究结果相似。据统计，肝移植术后精神状态异常主要表现为认知障碍、幻觉、妄想、焦虑、抑郁、认知障碍、躁狂等，发生率为8%—47%，其中70%出现在术后两周内，部分患者较长时间存在异常精神状态（Benzing et al. , 2015；白玉春，2016）。在 Annema 等（2018）开展的 2 年前瞻性多中心队列研究中，出现持续焦虑和抑郁的肝移植患者分别占23%和29%。

分析导致患者的负性精神心理状态的因素，可考虑下述几点。第一，心理受术后用药影响。患者术后服用免疫抑制剂，如环孢素等对中枢神经有所影响。糖皮质激素的运用也会通过直接作用或诱导免疫抑制状态，影响神经系统，引发睡眠障碍等（孙海云等，2007）。第二，手术本身会带来短期内的一些精神症状。如术中失血、移植肝再灌注损伤等导致代谢紊乱；术后发热等导致脑供氧气不足；术后感染导致代谢障碍，影响了五羟色胺等激素分泌等。这些都会影响患者的神经系统，进而影响情绪（卢芳燕等，2018）。第三，从心理角度分析，患者的负担主要来自治疗带来的经济压力及术后劳动能力降低；术后的疼痛、排异反应和其他身体不适；对供体者的歉疚感和对家人的自责感；频繁检查、随访与对结果的担忧等；部分患者有较低的社会支持与社会资本（林晓鸿等，2016）。这些都会造成患者的焦虑和抑郁等负性情绪和睡眠障碍。研究针对肝癌肝移植患者，即因为癌症而行肝移植术，比因其他原因行肝移植术的患者有更强烈的死亡焦虑和不确定感。原因如下：第一，相比其他癌症，肝癌的五年生存率较低。我国行肝移植的肝癌患者往往是病情已到了中晚期，即使接受移植手术，也有较高的复发风险，因此患者存在更高的死亡焦虑和不确定感。第二，因为患者常出现各种身体和心理上的并发症，又缺乏相关的医学知识，加上之前的癌症诊断，使他们在遇到并发症时会不由自主地联想到癌症的复发与转移，因此不确定感更强。

躯体和心理的交互作用早已被证实。患者的负性情绪可影响其细胞免疫等生理指标，对疾病转归有负性影响，病情的加重则会为患者带来更重的心理负担（Yang et al.，2018a）。因此提示医务人员在疾病管理中要更加注重患者的情绪管理，通过叙事及问卷调查等方式了解肝癌肝移植患者术后的心理状态，联合心理医生及家属、社工和志愿者，对其提供有针对性的心理支持。

第三，患者面对社会排异。患者会因为生病而失去之前的社会地位和社会支持。例如，在职业方面，很多患者无法胜任之前的工作，也有患者担心单位知道其病情而将其调离之前的工作岗位，从而处处谨小慎微，隐瞒病情，甚至从事力所难及的工作。一些患者在职场被当成"患者"看待，被调离工作岗位，下调职级。这对患者的经济状况、社交往来和自我实现均有负性影响。

34 岁的张先生这样说：

我之前是在机关，偶尔会外出调研，但也都是集体开车去，工作强度并不大。现在单位领导说怕我太辛苦，让我在后勤做做收发工作，感觉很无聊。

40 岁的李先生在小型私企工作，他的经历更为典型。他面临生病和失业的双重打击，从而陷入更艰难的处境。他这样说：

单位知道我得癌症后，领导处处刁难我，请假也不愿意给，后来工资也发不出来，逼着我自己辞职。所以我唯一的经济来源就断了。

第四，患者面对文化排异。针对行器官移植术的患者，Joralemon（1995）从社会新角度提出"文化排异"的概念，与生理排异互为补充。在生理药理视域，环孢素是一种生物免疫抑制剂，用于器官移植患者生理上的抗排异。尽管解决或缓解了生理排异，患者仍然会出现文化上的不适应。因此他认为应该通过"文化的抑制免疫"（Cultural Immunosuppression）来帮助患者文化适应。患者及其所处的文化环境对器官移植表现出一定程度的不适应和不接受。器官移植受者在移植手术完成之后，会有他者感（Otherness）。卡塞尔对"他者感"的解释是："疾病能够改变（与一个人身体的）关系，致使身体不再被视为是一个朋友，相反，被视为一个不值得信赖的敌人。"肝移植患者往往会存在身体不属于自己、身体与自己对立的想法。器官移植手术在移入器官的同时亦移入身份，使患者遭受或多或少的身份困扰（李怀瑞等，2018）。如果不是活体捐赠，根据现行规定，患者往往不知道捐赠者的情况，因此患者常常会发挥想象，将自我和他者紧密联系起来。

46 岁的王先生这样描述：

有时候我总觉得自己身体里有另外一个人，那种感觉很奇怪。我会想象他（她）之前是做什么的，多大年纪，又是因为什么走了。反正我就觉得这个东西（肝脏）不是我的，在我身体里有些奇怪。我有时候也有负罪感，感觉夺走了别人的命一样。

另外，肝移植患者术后长期服用抗排异药，来"对抗"捐赠的肝脏，使患者的他者感更为强烈。

33 岁的郑先生这样说：

我要一直用这个药给这个新的肝，它才能工作，身体跟打仗一样，药停了估计就完了。所以说它不是我的，就是别人的东西。但是我又离不开它，就只能一辈子用药，而且希望这药能一直有用。

二、矛盾的身体：身体意识与新身体观的形成

疾病唤起了患者的身体意识。疾病会造成人们关注点的转移，使身体变成了注意的焦点甚至反复检查的对象。身体状况对自我有着重要的影响，这种影响往往在身体状态欠佳、影响到生活的时刻才凸显出来，对于癌症患者更是如此。癌症打破了患者对身体的假设，他们必须面对残缺的、无力的身体，而此

时他们还保存着自己健康时的自我认同与社会认同，这种落差导致了患者对于身体状况的焦虑与重视，身体意识更加突出。

45 岁的赵先生这样描述自己对身体的关注：

> 说实话，之前我都不知道肝脏具体在哪个位置，只了解个大概。直到它有问题了，特别是做完手术，我觉得每天都在小心翼翼盯着它。没病的时候没觉得好身体有多重要，觉得大家都一样，该上班上班，也没什么。现在有病了，发现哪儿都不方便了，一切都要根据身体状况来。可惜重视晚了。

通过患者叙事，医生能够理解疾病对于患者的多重意义，懂得癌症既是身体之疾，更是生命之痛。在从患者的叙述中了解患者对于自身身体和心里的想法后，医生能有针对性地加强引导，帮助患者调整认知系统，使之以更理性、更平和的心态接受患者身份，接受身体的改变，积极地配合治疗，重塑生活信心。

移植手术也让患者的身体观发生变化，从基于感性体验的身体，转化为科学化的、客观化的身体。例如，当接受了移植后，新器官及躯体成为患者最为关注的地方，其他都被弱化。在漫长的治疗期里，他们将器官和躯体视为研究对象，不断完善相关的知识，关注自己指标的变化。

57 岁的曹先生这样说：

> 我现在会看化验单，知道每一项大概什么意思。当患者之前，我没把身体拆成各个指标。现在不一样了，更专业了。（笑）

生病让患者的视角转换，他们学会了尽可能用科学的眼光，从生理学、病理学的角度诠释身体感受。在他们眼中，身体逐渐客观化、科学化。很多时候，他们对疾病和医学上的问题认识也会有所偏颇，所以医生护士要耐心解答患者的疑问，进行正确的健康教育，以减少患者作为外行的主观决策对治疗的影响。

第三节　乳腺癌患者：带瘤（癌）生存，乳房的多重意义

在乳腺癌患者的世界里，乳房被赋予多重意义，如医学化的乳房、功能化的乳房、美学化的乳房、社会化的乳房等。这些被类别化的乳房，也意味着患

者在不同维度里可能经历的创伤。

一、医学化的乳房：癌症带来的身心之痛

乳腺癌患者，根据自身的不同情况，多要经历手术、放化疗、内分泌治疗等过程。手术仅仅是第一步，随后漫长的治疗过程也会给身体造成不同程度的损伤。手术，特别是乳房全切术对身体的损伤是不可逆的。患者在术后经历伤口的剧痛，加上后期的化疗等导致身体的持续不适是患者痛苦的主要原因。如化疗期间，大约60%的患者会出现恶心、呕吐（夏丽，2012），80%的患者会感到身体持续疲乏，生活质量低下，身体负担过重（Hofman et al.，2007）。

笔者访谈的数十位患者中，几乎所有人都对治疗过程中的疼痛与不适有所表达。有部分患者认为这一疼痛是由治疗而来，并非乳腺癌本身，甚至有患者因为治疗痛苦难忍而希望放弃治疗。

25岁的方女士这样说：

手术后那个疼呀，真是想死的心都有。做完手术，切下去了，不知道为什么，过了很久还是感觉疼，不知道是不是精神作用，还是真的疼。之后化疗放疗的，感觉哪都不得劲，整个人都废了。

与身体上实实在在的痛苦体验相比，癌症带来的内心痛楚更加明显。癌症之于患者，是一种死亡的震颤。接到乳腺癌这个诊断时，意味着离死亡越来越近，自身不确定感变强。她们不知道什么时候肿瘤会复发，时刻背负巨大的心理压力。

49岁的陶女士这样说：

我做完了手术，在化疗期间，大概有两年多时间，其实心情一直不是那么特别特别好的。可能人家看着你挺好，但是自己待着的时候，还是郁闷的时候多。有时候就觉得呀，怎么就会得这病。还有这胸口老是堵得慌。后来我分析这病为什么老是集中在这一块儿？就是胸口经常性地闷得慌，就不能很开朗那种，好像是那种意思。我分析原因可能是心理上占了很大一块。

一些患者表现出对生死、疾苦态度的不断转变，出现求生欲和求死欲交织、希望与失望并存的状态。

51 岁的康女士这样说：

有时候想起来，哎呀，这什么时候是个头儿啊？然后再一想，还有父母呢，不能那么想。

37 岁的许女士这样说：

从知道得癌到现在，很多次想过，反正活着也没有什么意思，不如早点死了，特别是在身体虚弱的时候，就特别想死。后来一个化疗挺过来，好些了，看着孩子和老公，想想爸妈，看自己身体也还行，就觉得还是活着好。但是可能有时候稍微有点不舒服，就提心吊胆，觉得这样过，还遭罪，真不如就一死百了。

笔者访谈的多个患者，都出现类似的状态，求生与求死的想法反反复复，她们自身的很多说法是矛盾的。患者对自身有强烈的不确定感、不安全感，可能比其他人有更多无力感、失助感。

二、功能化的乳房：无法承担母亲责任之难

功能性的乳房体现的更多是在哺育婴儿上。乳房是孕育生命的源泉，母亲用乳汁哺育生命，使人类社会生生不息。乳房是神圣的。从公元前 8 世纪到公元前 6 世纪腓尼基文化中的哺育女神阿斯塔特，到埃及神话中生育和繁殖的母神伊希斯等，都以乳房哺育画面来传达着女性乳房哺乳的功能性和神圣性（玛丽莲·亚隆，2003）。笔者访谈的患者中，也有因为手术切除乳房而影响哺育孩子而苦恼的（该患者因乳腺癌切除一侧乳房，另一侧乳房做过纤维瘤手术）。

25 岁的乳腺癌患者方女士这样说：

我和老公在一块儿两年了，一直等着要小孩。这时候查出来这个病，医生让我全切。我想了很长时间才决定手术，我不知道是否会影响到以后奶孩子。本来那个（指乳房）就是要奶孩子的，没了，不是女人了，没法奶孩子了。

现代社会，虽然有了牛奶、奶粉等替代品来哺育婴儿，但母乳喂养仍然被认为是有助孩子健康的最佳选择，更是联系母子情感的纽带，是母性与责任的彰显。在笔者访谈的过程中，接触到已婚未育的年轻乳腺癌患者，她们很担心

乳房切除后对未来宝宝的影响。不能承担这部分的母亲责任是患者痛苦的原因。还有一位妊娠期被确诊为乳腺癌的患者，她表示"希望过了哺乳期再做手术"，但同时"又担心这样（指乳腺癌术前的治疗）会让孩子得病"。

三、美学化的乳房：女性性征顷刻丧失之忧

女性乳房是女性美的主要体现，女性美分为内视美和外视美两个方面。通过高耸的双峰形成人体的曲线美，是外视美最主要的方面（王先明，2013）。乳腺癌患者大多要经历手术（全切或部分切除），这样乳房的美感会在一定程度上被消减，大部分患乳腺癌的女性都会在这方面有不同程度的担忧。乳房手术还降低了其作为女性身份的自我认同。她们会用一些办法去填补这份缺失感。

53 岁的翟女士这样说：

手术对我现在来说没什么太大的影响，现在心态比较平和，没有过多的负担。但是刚刚做完手术的时候，也是在乎的，总想用什么去填补，于是买些更好的文胸之类的，再塞些东西之类的，让自己感觉它还在，别人也看不出来。病友用什么办法的都有，有人用谷子或是什么做成布袋，放在胸前，更像真的。

除此之外，很多患者把进一步的乳房再造术纳入治疗计划中，她们想尽一切办法去弥补乳腺癌引发的乳房外形上的改变。在很多患者眼里，乳房作为女性最重要的第二性征，是美丽的代名词，亦是女性的尊严。这种对女性美、女性尊严的在乎程度，对于很多乳腺癌患者，甚至是最核心的焦虑来源。

四、社会化的乳房：性与爱欲渐次消减之虑

乳房在行使其短暂的哺育孩子的功能后，更多体现其社会功能、女性功能，是性与爱的桥梁。乳房作为性器官，既可以把爱传递给伴侣，又可以得到对方的抚慰，增加对异性的吸引力，推动彼此的情爱，甚至加深彼此之间的感情。以下面案例作为代表，反映出一些女性患者在这方面的焦虑。在笔者看来，37岁的许女士夫妻关系很好，她也常说爱人对她精心照料，但她还是会对自己生病后的夫妻关系很敏感，认为比以前淡漠，而事实上也可能是她对未发生的事情的过度担心。她这样说：

我觉得我和老公的关系明显淡了，我总是怕他会嫌弃我，所以有时候会刻

意躲着他。身为女人，我也已经觉得自己不像一个女人了。就算有一天，他提出离婚，到时候我也一定不会反对，心态反而更轻松。

一些患者手术后担心婚姻破裂，个人魅力下降，而这种焦虑本身又引起了两性之间的疏远，形成一种恶性循环。特别是年轻女性，乳腺癌在两性关系中的影响，成为她们很主要的压力源。

本书这一部分体现了叙事的空间之维和关系之维。空间之维，如手术改变了身体体相，让患者因自我形象而焦虑；除了乳房的改变，绝大多数患者表示化疗导致的脱发是很大的压力源。关系之维更多体现在夫妻关系和亲子关系上，笔者认为乳腺癌对夫妻关系有一定的消极影响；对于年轻的妈妈，患乳腺癌影响到对孩子的哺育。这两个维度皆通过不同的患者叙事呈现出来。

第六章

社会关系叙事：生命的对话与人间冷暖

第一节　角色转换：多重社会角色的新体验

1982 年，英国著名社会学家迈克尔·伯里（Michael Bury）的论文《作为人生进程破坏的慢性病》发表。在研究中，他对 30 位关节炎患者进行了深度访谈，研究他们在疾病中的生命境遇。最终得出一个结论：慢性病具有破坏性，它打乱了患者的日常生活结构，给患者带来疼痛、疾苦，或是死亡（郇建立，2009）。从某种程度上讲，癌症本身就是一种慢性病，又比其他的慢性病让患者更早直面生死。患者的生命进程被疾病破坏，社会角色也有所转变。

一、家庭：面对角色转换

因为患病，身体受限，一些患者无法承担之前的家庭角色，从家庭的照顾者转换为被照顾者，身份的转变会引起他们的心理嬗变。

42 岁的王女士这样说：

我家先生做销售，经常出差，工作很忙，两个孩子都在读书。婆婆身体不好，跟我们一起住，一大家子人，所以在手术前我都是做全职妈妈的。现在我病了，先生不放心让我干活，家里请了小时工。我除了看着孩子写作业基本什么都不干，变成了全职患者。其实感觉自己挺没用的。我也是大学毕业，本来不工作照顾家里，就没有成就感。现在家务做的都少，彻底是废人了。

46 岁的王先生术后出现排异，身体每况愈下，他为不能尽到家庭责任陷入深深自责：

男人就应该赚钱养家呀，现在我却成了家里的累赘，赚不了钱，就花钱，每个月吃药都要花很多钱，偶尔再住一次院。爱人工作岗位也调整了，为了照顾我。我心里特别不好受。我妈，都快80的人了，还在为我操心，常常过来帮我做饭，本来这时候应该我去尽孝。这一病，所有计划都变了，觉得自己是个罪人。

二、社会：温暖与隔离

除去家庭身份，患者的社会角色也发生变化，他们可能会感受到自己从默默无闻的平淡到成为大家关注焦点的变化，并在这个过程中感受温暖与隔离。

60岁的张先生这样说：

我之前是公园暴走团的。后来确诊（癌症），做了手术，有一阵子没去公园，团里老同志就知道我有病了。之后他们到家里还看过我。现在我慢慢好起来，能去公园了，只能看他们快走了。上次老李怕我孤单，还特意跟我一起慢慢散步。我也很感激他们。

57岁的曹先生分享他所感受到的社区和邻里的关怀：

可能我之前去社区办理过与医药费报销相关的社区居民证明之类的东西吧，反正现在社区知道我病了。手术后不久，他们来家里看过我，之前我都不认识那些社区干部。我手术后就没上过班了，在家闷得慌，他们有活动也会主动问我参不参加，让我去凑凑热闹。老街坊经常来坐坐，跟我聊聊天。以前，像我们这种小区，关上门各过各的，顶多夏天在广场上坐的时候能遇到。现在觉得跟他们关系都更近了。

也有患者感受到了来自周遭的敌意与隔离。

44岁的谢女士乳腺癌术后重返工作岗位，她不仅被调离核心职位，还曾成为讨论热点，导致她更多的心理不适。她这样说：

他们知道我是这个病，回来工作后就把我从技术岗变成行政助理岗了，可能他们觉得我没能力继续做之前的岗位吧。这也还好。最难受的是，别人总把我当怪物一样看待。有次我回到工位，听见后面有个年轻的女同事说我少了个乳房，以后老公就会跑了怎么样。这种指指点点，就像是我犯错了一样。可是我愿意有病吗？住院加休养一共两个月没上班，回来后之前经常在一起的同事疏远了很多。

三、医院：逐渐深化的患者身份

从最初的肝癌诊断，到一系列内科治疗，再到移植手术和后续治疗，患者最常去的场所是医院，很多人最常检索的网页是医学或健康网站。无疑，患者身份已经根深蒂固。尽管移植最简单的解释是将病损的器官更换成健康的器官，虽然在移植后，患者的身体功能有所恢复，患者标签却从未抹去，反而被更多人所熟知。他们从术前外人眼中的"健康人"，变成了需要更多关注的罹患重疾的患者。

33 岁的郑先生这样说：

我之前身体好好的，其实直到诊断的时候都没有明显不适，是体检意外发现那个（指肿瘤），然后医生说早期也可以做手术。家里人吓坏了，都觉得无论如何也要找肝源做。手术前除了家里人没人知道我生病，我还打篮球呢，他们都觉得我身体很好。手术后就不行了，他们都知道了，单位把我当患者，朋友找我出去玩都小心翼翼。尽管术后快两年了，我感觉还可以，但是他们也还是这样，就认定我是患者了。

因为患者需要经常去医院复查，反复出入医院、看医生，都会不断深化患者身份。患者也因为其肝癌的病史更加敏感，稍有不适就会联想到肝脏出了问题，就会立刻就医。

55 岁的田先生这样说：

我现在两周去一次医院，比之前更像患者了，毕竟这个肝不是自己的，总得盯着它。除了复查，稍微有点风吹草动我就立刻去医院才放心。老病号呀！

因为患者住院期间或在门诊常常会结识病友，病友间无论寒暄还是日常沟通围绕的多是疾病，患者身份因此不断深化。

作为患者群体的组织者，40 岁的肝癌患者罗先生这样说：

肯定是患者呀，就算我现在生龙活虎，那也是病号呀。我们微信群里都是患者，每天都讨论看病的事。有时候会知道有的群友不在了，心里不好受。

即使患者的肝部问题得到缓解，术后并发症和持续用药的副作用也始终困扰着他们，使其处于亚健康状态，时刻提醒自己是个患者。

55 岁的田先生这样描述自己的健康状况：

我从之前的看专科（肝病），现在几乎变成看全科了：血脂血糖高，有时候血压也高，之前都没有。可能药用得太多了吧，反正哪有问题就看哪，经常去社区医院拿药，医生都跟我老相识了。

第二节　冷暖自知：重建社会关系，拓展社会资本

重疾使患者以往的社会关系和社会资本有所转变，他们在病后要重建社会关系，拓展社会资本。社会支持涵盖主客观两方面：一是客观的支持，比如物质上的帮助和社会网络；二是主观的感受，如感到被支持和理解等（肖水源等，1987）。社会支持对人们身心健康的影响被诸多研究所证实。社会资本这一概念最早于 1980 年由法国社会学家 Portes 提出，他将其定义为实际或潜在资源的集合，认为这些资源与由相互默认或承认的关系所组成的持久网络有关（Portes，1998）。1997 年 Lynch（1997）完善这个概念，认为社会资本是一种能够产生社会凝聚、信任、参与社区活动的意愿，是资源、投入和网络的集合。该定义被广泛应用于相关研究领域，其科学性得到证实（Harpham et al.，2004）。社会资本作为重要的社会学理论，对社会交流和社会机构参与情况的质与量进行阐释，体现了人所处的社会状态，同时对人的心理健康状况有所影响。社会资本在国内外医学领域已经有了一定的研究，其相关性已经被证实。下面从伴侣、亲友、病友、医患方面分析患者病后的社会支持与社会资本的转变。

一、伴侣关系：亲密与破裂

在婚恋状态方面，对于已婚者来说，其亲密关系受到疾病冲击。患者或其配偶因为担心影响身体健康而减少甚至放弃性生活，亦有配偶因患者手术及后续治疗的巨大经济负担选择终结婚姻关系。对于未婚者而言，器官移植手术与癌症诊断显然阻碍了其择偶的进程，部分患者的交往对象因为对方生病而选择离开。

谈及术后的夫妻亲密关系，48 岁的李先生这样说：

其实生病后，我们考虑的头等大事是活着，您刚提到的那方面（指性生活）几乎没有了。我们所有事情都小心翼翼。

45 岁的赵先生坦言疾病对其家庭关系的破坏：

手术后持续用药，不能上班，我们没多少积蓄，住院费都是借的，家里欠了很多钱。我知道她（指妻子）压力也大。后来她就走了，没再联系过我，也没办过手续。其实我们病友群里这种情况挺多的。有个男孩子还没结婚，知道他有病了，未婚妻就走了。其实也能理解，毕竟谁也不想活得太累。

亦有伴侣选择留下守候，这在给予患者支持的同时也加深了患者的内疚感。显然，无法按照计划组建或经营家庭为双方增加了更多的压力。

34 岁的肝移植患者张先生谈及妻子的不离不弃，热泪盈眶：

我们两个是中学同学，认识很多年了，去年我们刚有小孩，谁知道我就病了。我知道我爱人压力特别大，又要照顾我，还要看着小孩。有一次早上我先醒来，看见她眼睛湿的，夜里肯定哭过。我跟她提出过离婚，希望她能嫁个好人家，儿子我妈带，不拖累她。她不干，说不能丢下我不管，但是自那以后她更会掩饰自己情绪了，从来见她都是笑呵呵的。我知道她把委屈、难过都藏在心里，觉得很对不起她。

二、亲友关系：支持与疏远

患者的社会支持与社会资本减少的原因来源于自身与外界。一方面，因为生病，患者需要经常往返于医院或在家休息，与工作环境和社交场合相对脱离，社交面更窄。此外，因为患者的病耻感、疾病不确定感等负性情绪，使其主动与社交网络疏离，造成自身社会资本和社会支持减少。

40 岁的陈先生术后一年，他这样说：

术后我一直在家休息，不工作，也不怎么出门。同事们都上班，亲戚也不可能总过来看，慢慢就没什么社交了，顶多打个电话。我自己也总觉得这个没好，不敢出去折腾，也不想让老同学、同事知道我身体不好，他们约我出去我也不想去。

另一方面，患者治疗需要大量经济投入，甚至涉及债务问题，一些亲属和朋友因担心患者借钱等而回避患者。此外，因为了解到患者病情，他们担心过多来往会影响其身体。这些都导致了亲友关系的疏远。

45 岁的赵先生这样说：

我手术时候问亲戚朋友借过钱，现在也在积极想办法还，房子已经卖了。他们不愿意来看我，应该是知道我没彻底好，怕我继续借钱吧。我叔叔之前开玩笑说："以后我们都不敢见你了，怕帮不上你什么忙了。"我朋友不知道我有病了，叫过我出去喝酒，我跟他们说"身体不好"，肯定不能喝呀，他们就不再叫我了。

有些时候，患难见真情，生病时更检验人性，亲友关系在一个人的生命低谷中更显得紧密。

52 岁的李先生说：

我们哥仨平时不在一个城市，联系也不太多，毕竟都有自己的家庭。这次我生病，手术时候他们全部过来了，出钱出力，突然觉得一家人更亲了。

三、亲子关系：母子情深，坚强与成长

近年来，人们逐渐意识到母亲的乳腺癌对儿童的影响，学者们进行了大量的研究，这些研究在西方国家，如美国和欧洲的一些国家更为常见。他们专注于产妇乳腺癌对儿童的影响、乳腺癌患者的亲子沟通、儿童在得知母亲生病后的心理专题等。但在中国，这类研究却非常少见。在笔者及团队既往的定量研究中，结果显示乳腺癌患者子女存在心理健康问题，抑郁情绪筛查阳性率为32.28%，不同性别、不同家庭氛围的乳腺癌患者子女抑郁情绪有统计学意义。在母子沟通方面，对病情的沟通信息不对称。母子之间的良好沟通有助于提高整个家庭的生活质量，还可以使医疗决策更人性化。

在访谈过程中，多位母亲表示曾试图向孩子隐瞒病情，直到出现体相改变时，才被孩子察觉。她们这样做，初衷是对孩子的保护与疼爱，不希望孩子受到伤害。

46 岁的吴女士这样说：

我生病的时候，完全不敢告诉我的两个小孩。儿子还小，女儿正要高考，

我怎么跟他们说？

孩子在发现母亲生病后，对母亲的体相变化更加敏感，表现出焦虑、不安和失助状态，他们很希望得到更多关于母亲的信息，而母亲却极少提及病情。

45 岁的秦女士这样说：

> 我的孩子在部队。我逐步告诉他我的病情。他很担心，经常问我的健康状况。后来，他的教练告诉我，我的儿子有一次放声大哭。

尽管母亲生病是个负性事件，但经历这一重大生活变故，对孩子也是一种成长。而孩子的成长也促进了母亲的成长，母子之间互相鼓励，相扶相依，一起闯过生命难关。很多受访的母亲都有类似的描述。在谈及 5 岁的儿子和 18 岁的女儿时，46 岁的吴女士这样说：

> 我觉得我的儿子在过去的一年长大了不少。他现在睡觉从不敢靠近我，怕伤害我。他做了一切他能做的，让我少干活。我的女儿也很贴心，她知道我的病后就停止了校外补课，想为家庭节省金钱。实际上，她的成绩还不怎么好，但她为了高考很努力学习。高考后的整个暑假她都在医院照顾我。她变得更独立。

在访谈过程中，笔者注意到，无论在谈及疾病与死亡时情绪处于怎样的低沉状态，说到自己孩子的时候她们的眼睛里总是带着一抹母爱的柔软与温情。她们谈及担心照顾不到小孩虽然是一种对死亡的恐惧的折射，但也是最真实的母爱的表达。爱让母亲和孩子更加坚强，成为彼此的支撑，在面对苦难时，也更加豁达坦然。

四、病友关系：同病相怜，相扶相依

癌症患者常常有亲历病友去世的体验，他人的去世同时也成为自身的一种压力和负担，让其联想到自己，即便是一些自我评价豁达的患者也是如此。

47 岁的王女士在乳腺癌术后成为肿瘤医院的志愿者，常常参加各类活动。她这样说：

> 每次给人做完临终关怀，或者去医院看完病友的时候，我就会着急，我就

要去体检。会有一些负面的影响。当时就有人做培训，告诉我们怎么宣泄负面的影响。肿瘤医院有跳楼的，顺着窗就下去了，就是因为想不通。她的主治医生就很长时间做不了手术，她的那几个病友，都恢复得非常不好，因为眼看着她跳下去的。同期的病友都受影响，都恢复得特别不好，本来不应该。

生活中的王女士乐观爱笑，喜欢分享，也是个女强人。她有自己的公司，也做志愿服务。然而当提及病友去世的时候，她仍然表现出了不安全感，"要去体检"说明病友的去世对她是一种提醒，她因此更担心癌症的复发。

在访谈的过程中，亦有几位患者提到病友死亡。他们对死亡的字眼非常敏感，特别关注病友病程的发展和最终死亡的结局。他们在谈及他人的死亡时，总是眉头紧锁，神色凝重，甚至有位女患者无法掩饰身体的颤抖。尽管很多时候他们并没有直接说出"害怕"等字眼，但死亡焦虑溢于言表。除了由病友去世产生的负性情绪，病友之间也同舟共济，共同在疾病中探索益处发现。很多病友在线上互助小组中联系紧密，分享和分担。

40岁的肝癌患者罗先生在病友微信群中是活跃人物，他这样说：

我生病很多年了，很多治疗都做过，也了解很多名医，他们专攻什么，甚至京城大医院怎么挂号我都知道。群里有人问，我就都告诉他们，这时候都难，能帮一把算一把。我们群里还有病友经常分享康复过程和生活中的小事，大家互相加油打气。

癌症使患者站在人生的悬崖边上，平淡生活也成了奢望。患者常会有无法掌控身体和命运的孤独感，而这些病中感受是健康人无法理解的。直到认识更多病友，同病相怜，互相取暖，从彼此身上获取理解和力量。所以，患者之间希望更多的交流与对话，在情感、意志上相互搀扶。

五、医患关系：不同视角下的碰撞、依赖与支持

对疾病的看法，医生与患者的身份不同，视角自然不同。疾病之于患者，是对整个生活的破坏与重塑。而对于医生，患者是物化的对象，疾病是需要攻克的难关，治疗疾病是分内的职责。即使医生能够理解患者的疾苦，但理解不等同于亲历。40岁陈女士希望倾诉心声：

大夫总说："没事，你这病不算重。"他不知道我在想什么，我就觉得已经很重了，对于女人来说，乳腺癌难道还不算重吗？我希望他们也能听听我是怎么想的。

45 岁的秦女士说：

在北京住院时，我就特别羡慕收拾卫生的大姐。她能劳动，我都觉得能劳动都特别好，我都羡慕那些干活的工人。我更关注那些女人，觉得那些女人都能跟男的一样干活，虽然她们穿的也不是很好，都是劳动服之类的。但也特羡慕她们，觉得自己挺惨的。医生就特别理解不了这些，他们还总觉得，我这挺好的，和别的患者比，算轻的，所以没什么可矫情的。

52 岁的李先生这样说：

我每次去复诊，拿着单子去找医生，排了很久的队，医生瞄一眼，就说挺好，就让我回了。可是我感觉不好呀，吃不好睡不好，浑身不舒服。我跟医生说这些，医生就说，结果挺好呀。所以可能医生没法理解我这种状态吧，或许就是我太矫情了。

在访谈的过程中，几乎所有患者都觉得自己的感受是与众不同的，是他人无法理解的，"你不知道，我……"，后面每个人都有不同的内容，每个人都认为自己的病中体验是独一无二的。有人觉得由于体貌的改变带来的内心体验无法逾越，有人认为死亡恐惧与病中的高度敏感状态他人永远无法得知，更多人觉得无法得到医护人员的理解。对于癌症和生死，医患之间有着截然不同的认知。因此这个认知上的鸿沟，需要通过叙事来弥合。

重疾之下，尽管认为医生无法全面理解自己的感受，患者还是对医生有更多的依赖，特别是自己的手术医生或主治医生。医生只言片语的鼓励，都如雪中送炭一样，带给患者有力的支持。

38 岁的陈女士这样描述她与医生沟通时的心境：

我有我的主刀医生的微信。术后我一直按时去门诊复诊，但是有时候也会有比较突然的问题，先是自己查，百思不得其解，只能硬着头皮请教他。比如我上次在外地出差，咳嗽厉害，拍了胸片说肺炎。我还是心提着，怕是（癌细胞）转移到了肺。把片子拍下来发给了陈医生，他当天夜里很晚回了几个字

"没事，不会复发"，我一下子就放松了很多。

人在病中总是敏感且脆弱的，对医生也更加依赖。医生是患者病中的支撑，因此应更重视与患者的沟通，与患者建立情感共同体，在医治身体的同时疗愈心灵。

第七章

哲学叙事：生死爱痛的彻悟

本章聚焦患者疾病漫长治疗期和病情相对稳定期的生命境遇。从无措的身体和重塑的身体两个方面展现患者的灵性困境与需求，呈现生死观、疾苦观、医疗观的转变，直击生死爱痛的生命哲学母题。

第一节 无措的身体：精神困境与需求

关于灵性的定义，学者们有不同的观点。较为普遍的定义是指人与天、人、物、自我的关系，并在各种关系中寻求共融；体验生命的意义与价值、维系和谐的关系、超越当下的困境，并在不断超越的过程中获得平安的感受（黄彩辉，2015）。灵性健康是全人健康的重要部分，具体包括：（1）追寻生命的价值和意义，帮助人们感受生命的意义；（2）心理上富于应变能力，以积极应对生活中所出现的危机和不确定性；（3）建立和谐的联系，个体与他人、宇宙万物、环境和谐联系；（4）超越限制，能克服身体和精神不良状况的能力、意愿或经验，或是能实现幸福安适、自我愈疗的能力（高美玲等，2009）。即使患者已经进入康复期甚至临床治愈，他们也有较为强烈的灵性需求。根据癌症患者的具体情况，本研究从自我存在感的需求、与自己的关系的需求、与他人的关系的需求、追寻生命意义的需求、宗教与文化信仰的需求、爱与关怀的需求和希望的需求（胡文郁等，1999；Vivat et al.，2013；Vivat et al.，2015），对这一课题进行探讨。

研究发现，几乎所有患者都有自我存在感的迷失。疾病使他们的生活脱离了正轨，他们希望能像以前身体健康时一样独立处理问题，把握自己的生活，并能理想地规划未来。

55 岁的田先生这样分享他的感受：

得肝癌后觉得自己是个残疾人一样，不能正常工作和生活。我还是希望能回到工作岗位上，越快越好，并不是图钱，就是觉得自己还有用。

他们希望安宁和平和，没有痛苦；希望找到喜欢的事情作为寄托，祈祷未来美好的生活。

34 岁的张先生这样说：

常常觉得自己都没法控制自己的身体，有点悲观。不过既然还有口气，当然希望能找点爱好去做呀。我想生活再平静一些，不能总活在病态里。我现在在努力调整自己的心态，希望以后活着的每一天都没有痛苦，可以高高兴兴的吧。不好的日子应该已经过去了。

患者感知与自我之间的矛盾，存在深切的孤独感，无法接纳自我，对自己的担心过多。他们有与自己的关系的需求。

42 岁的张女士接受乳房全切手术后感受到较深的自我矛盾：

我觉得失去这个乳房，我不仅不是女人了，更重要的是，我也不是自己了。我觉得没人能理解我，有时候我也理解不了自己，没法接受自己现在这个样子。而且，关键是，切了就一定能健康吗？

40 岁的陈女士术后对自己担心过多，这种担心不仅局限于身体和疾病：

自从得了这个病，我就不停操心。我的工作怎么办，家庭怎么办，如果以后复发了怎么办。我觉得自己一无是处，就是个累赘。我都没法接受自己现在的状态，家人为什么要迁就我呢？

患者有与他人的关系的需求。疾病从某种程度上破坏了患者与他人之间的关系。他们渴望得到他人的接纳、认可、包容、理解；希望他人承认自己的价值；希望亲友倾听自己的心声和感受。

40 岁的李先生病后被公司要求主动辞职，这对他是疾病之外的另一个重创：

我的工作本身也不是体力劳动，但是就是不让我做了。我觉得现在身体还好，完全可以胜任。如今没有工作再重新找也麻烦。他们都把我当没用的人看，这让我很生气。还有一个心结就是，我生病后就很少去看我爸妈了，手术的事没敢告诉他们，怕他们担心。他们不知道我身体不好，常常抱怨我不经常过去。

我怕他们看出来我身体虚弱。哎，不过也不怪他们不理解，是我自己不说的，真是左右为难。

对于生命终末期的患者，他们希望能与生命中重要的人道歉、道爱、道谢、道别。

50 岁的孙先生术后身体状态一直欠佳，反复住院，他预知自己剩下的时间很有限，便向家人交代一些事情：

我跟我爱人说，对不起。我们结婚 20 多年了，之前穷，没能让她过上好日子。后来条件慢慢好了，我又病了，让她操心。儿子在外地，以后就只剩下她自己了，我很担心她。还有我的儿子，我很爱他，但是"爱"这个字我从来没说出口，觉得挺矫情的。但前几天他放寒假回来，没和同学出去玩，就在医院陪着我。我很认真地跟他说："老爸爱你，以后你要好好的，要照顾好妈妈。"

癌症让患者直面生死，他们会经常思考生命的意义，并因此彷徨。他们希望可以让余生更有价值，让生命意义升华。

40 岁的姜女士这样描述自己因生命意义缺失而陷入的困境：

感觉活着也没什么意思，班上的事总落下，也很难照顾家庭，又要拖累别人，真没什么意思。有时候觉得死了就一了百了了。

关于对生命意义的需求，40 岁的罗先生这样说：

我常常觉得活着一定要有意义，一定要有自我实现。就算现在不能像之前一样把事业做好，但是为人父，为人夫，为人子，也是生命意义的一部分呀，我希望自己可以做得好。我还有很多愿望没有实现，要尽可能去实现它们，让生命更充实。

部分患者表现出宗教与文化信仰的困境与需求。既往研究发现宗教生活，如祈祷、阅读宗教作品、参加宗教活动等对有宗教信仰的患者起到减轻躯体和心理痛苦的作用，可以帮助他们树立面对疾病的信心（Talor et al.，2002）。很多患者的宗教信仰是在生病后才建立起来的，以此作为精神寄托。

也有患者因为生病，价值观得以升华。

40 岁的罗先生生病后宗教生活更加丰富：

我觉得我生病并不是因为做了坏事。我不会抱怨，也不会一味去归因。我现在参加一些教堂的活动，是觉得自己的精神高度还需要提升，要付出爱。我认为我们并不是以得到为目的。我们去爱别人，为别人好，本身也是有意义的。

一些患者相信宿命论，并希望死后通达圆满的结局。
52 岁的李先生这样解释他的宿命观：

我觉得人生什么病，什么时候死，这都是命，也只能顺从。当然，我希望自己的命能再好一点，多活几年，看到孙子出生，然后死的时候别那么痛苦，下辈子别再有病了。

总之，适度的宗教文化信仰让患者多了份精神寄托与支撑，面对生死时更加超脱。但在现实中，要注意患者因为过度信仰而延误了治疗。
疾病让患者身心更加脆弱而敏感。病中的生活总是孤单的，他们需要医务人员、亲友的抚慰与陪伴，他们有更多的爱与关怀的需求。
34 岁的张先生这样表述：

我爸就跟我说，虽然你生病了，但是也还好呀，妻子尽心照顾，我们也都关心你，能帮你就帮你。确实，他们的关爱很重要，这段日子太难太苦了。

37 岁的许女士认为爱与被爱是生命的意义，这体现他们对爱与关怀的需求。

生命本身就是享受爱与被爱的过程。有那么多人关爱，有自己牵挂、关爱的人，这就是生命的意义。因为有他们在，所以不那么害怕了。

几乎所有受访患者都直接或间接地表达了对希望的需求。希望是一种积极、美好的情愫，让人相信未来会更美好。希望也是一种坚定的信念，确定一个目标，相信目标现实、可及（Herth, 1991）。哲学家萨特曾说："希望是人的一部分。"希望作为一个衡量指标，可以用在临床上衡量患者的心理和灵性健康（徐芸等，2013）。既往研究证明，具有较高希望水平的患者的依从性和自我效能更好，对疾病的转归和治疗有所帮助（高玲玲，2004）。

癌症患者最重要的希望是对健康生命的渴望。几乎所有患者都表现出较强的求生欲望。

40 岁的陈先生直言他对生命的希望：

> 好死不如赖活着，我觉得肯定是活着好呀，尽管遭罪。希望能再多给我一点时间。

40 岁的李先生这样说：

> 我希望可以和别人一样，从年轻到年老，子孙满堂，这些，只有活着才能看见。

患者对于生命的希望可以成为叙事的关注点和干预点，可以通过分享患者的叙事来给患者力量。但对于癌末患者，亦要引导其如何理性面对死亡。

患者的希望表现为对未来的憧憬与展望。尽管癌症可能会让患者余生道阻且艰，但一切都在未知之中。患者怀揣美好的憧憬，对实现某个愿望有所执念，这缓解了他们当下的痛苦，给予其在病中坚持的动力。

身为人父的 55 岁的田先生这样说：

> 我等着女儿嫁出去，有人像我一样照顾她，保护她。我就一直盼有这么一天，她遇上个喜欢她的臭小子，就行了。所以我要活下去，争取抱外孙。

度过了心理"激流期"，一些患者对死亡不再畏惧。他们会想象死亡的情形是安宁的、祥和的、温暖的，安生乐死成为一种希望。

49 岁的叶女士这样描绘她心中的善终。她在说这些话时，淡淡的笑容在脸上展开，没有一丝愁容。

> 从生病后，我对生活的期待就又多了一项——希望最后的死亡是安宁的。也许没有苦痛的离开就是圆满的。只有这样，生者才能心安，少一点恐惧，多一点憧憬。

活在当下，积极热爱生活也是希望的表达。一些患者希望当下安好，不念过去，也不过度期冀未来。

34 岁的黄先生积极开拓兴趣爱好。

我觉得新的肝脏就是新生，现在好好活着本来就是希望呀。医生说癌症是个慢性病，那就按医生说的去治疗。现在就想现在的事情，我最近很喜欢炒股票，不是为了赚钱，就是又找到了个生活的乐趣，挺好的。

患者的爱、关怀、陪伴、希望的困境与需求也启发了基于全人关怀的全新医疗观的建立。医学兼具科学性和社会属性，最终目标并非只是躯体上的救死扶伤、延年益寿，而是通过躯体治疗、心理支持、灵性抚慰来提高患者的整体健康，在其中得到心智成长（韩启德，2017）。这样，即使是生命终末期的患者，亦能从这种人文医疗中豁达面对疾病与死亡，向死而生，转身去爱（王一方，2015）。

第二节　重塑的身体：在疾苦中沉淀与彻悟

在疾病的康复期，经历了最初的彷徨无措，以及治疗开始后的苦难与艰辛，很多患者在疾苦中沉淀与成熟，能更正向地思考疾痛、苦难与死亡，更加理性地看待医疗，这是疾病的益处发现。正如阿瑟·克莱曼（2010）所说：如果疾病没有将人彻底打败，疾痛经验就为成长提供了一个窗口、一个转向更深刻美好的起点、一个善的模型。本节从癌症患者经历的三个历程，即正视现实、创伤后成长、感恩与传承等方面分析乳腺癌和肝癌患者蜕变的生命历程。

一、正视现实：身体的自我重塑

患者在术后康复期，新器官逐渐发挥其功能，身体状态在一定程度上变好，患者生活逐渐步入正轨，也有越来越多的正向思考。

44 岁的谢女士这样说：

我觉得自己不能一直活在抑郁里。手术时候是害怕、担心，怕死呀，但是最难的时候已经过去了，我不能总想着不高兴的事。现在比之前身子强了很多，我也适当锻炼身体，感觉很好。过段时间就出去工作，不能一直把自己当患者。

48 岁的苏先生感觉一切在好转，心态积极：

我觉得我身体在一天天变好。那个肝脏在我身体里运作得很好，我也更小心地保护它。我很快就能像正常人一样生活了，生活质量会比现在还好。很高兴能把这个肝脏在我的身体里传承下去。我相信那个供者一定知道，我很感谢他，也保护着这个肝脏呢。

他们也在积极改变自己的生活方式，行为习惯等。
33 岁的郑先生这样谈他的变化：

得癌症后我不喝酒了，烟也一口也不碰，每天都很早睡，过着老年人的生活，很健康的生活方式。我觉得自己之前确实太糟蹋身体了。

45 岁的秦女士不仅自己更注意锻炼身体，而且还积极带动身边人选择健康的生活方式，积极调整心态。

我之前一直忙工作，忽略了体检。这个肿块是洗澡时意外发现的。我想如果乳房自检或者体检，可能就会更早发现它。过了难熬的那段日子，我就觉得应该做点更有意义的事。我并没有跟亲友隐瞒得癌症的事实，反而建议她们去做身体检查和自检。真的有一个朋友因此发现了癌症，她很感谢我。说到心态，我现在不会垂头丧气了。只有我每天开开心心，家人才高兴。现在反而是我经常开导工作压力大的老公和要高考的儿子。

随着身体健康的改善，生活质量的提高，患者的生活逐渐向健康人贴近。尽管多数患者会逐渐走出低谷，但增强患者的自我效能，加强其自我管理能力，帮助患者身体重塑，则需要医务人员的更多关注。肿瘤的治疗不只是门诊、手术、放化疗、免疫治疗等技术手段，还是贯穿患者一生的，容涵患者躯体、心理、社会适应和灵性的多维度、全病程管理。

二、创伤后成长：生死观、疾苦观、医疗观的澄澈

在康复期，患者的生死观、疾苦观和医疗观有所变化。在叙事的过程中，他们重新建构生命故事，对身体、痛苦、疾病、医疗、生命和死亡有了全新理解。在中国的文化背景下，缺少死亡观教育。无论是学校教育或是大众传媒，都缺少死亡教育，因此国人自古忌讳谈论死亡。患者通过与医生的叙事，对疾

病和诊疗更加理解。他们的观念因此发生了变化。

患者们因为生病，才理解了生命无常。他们更能体验到生命的美好，更加珍惜生活。40岁的陈先生这样说：

刚知道是癌，就觉得日子不多了，肯定很快就死了。所以我特别消极，也害怕，上有老下有小，不知道怎么办。每天都慌慌张张的，特别怕死，把我爱人孩子都吓坏了，生活节奏都被打乱了。做完了手术，我觉得该振作起来，医生和家人为我付出这么多，我不能萎靡不振。现在我觉得，每个人早晚都会死，那是规律，不能每天都想着没用的，每一天都精彩活着就好。我现在每天辅导孩子写作业，尽量做家务，不会总想着死亡，死只是个人生的过程而已。我不会再天天想着了，顺其自然就好，过好现在。生命无常，要珍惜。

35岁的金女士经历了两次乳腺癌手术，对于死亡，她这样说：

我现在不去想自己什么时候癌症复发，什么时候会死。刚生病的时候，我每天一睁开眼睛就是考虑什么时候死，怎么死，会不会遭罪。因为有两次这样的经历，我发现活着有很多值得珍惜的东西，而死亡是每个人都必须面对的结局，每个人都一样。所以有贪生怕死的时间，不如好好享受生命，好好活着。我以前从来没觉得生活这么美好。我觉得有病这个事，让我觉悟更高了。（笑）

患者的疾苦观也与最初确诊时有点不同，从提问"为什么是我"的愤怒，到后来的温和、从容，坦然面对疾苦，甚至对坎坷的经历心怀感恩。

40岁的罗先生这样说：

我之前挺怨天尤人的，觉得不公平，怎么就我得病？现在发现，我也是挺幸运的，有人愿意帮我得到新生。我现在不觉得生病是特别坏的事情，反而感觉这段经历有它的意义。疾病让我重新调整了生命中很多东西的顺位，比如之前只顾赚钱，现在更在乎和家人之间互敬互爱，家庭关系也更好了。我现在心态很平和，不会再抱怨什么。

此外，随着诊疗周期的变长以及与医生护士的充分沟通，患者对医院、医生、医学也越来越理解。在与医生的叙事过程中，医患双方加深了理解，患者理清了自己对诊疗的看法，纠正了片面的医疗观。他们对医学技术的局限性有所理解，也能理解疾病的不可治愈性。在诊疗的过程中，他们的心态也更加从容和宽容，对医学抱有理性期待。

47 岁的吴先生描述：

我刚做完移植手术一个月的时候，身体哪都不舒服。我就觉得是医生的技术有问题，或者说判断有问题。如果手术后比术前还虚弱，那为什么要手术？或者就是我不适合做手术但是做了。现在看，我当时疑神疑鬼，有点不可理喻。随着和医生交流越来越多，自己也上网查知识，我觉得能做手术已经很荣幸了，医生也会竭尽全力。但是有些事情，比如并发症，确实是医学上不能完全控制的。我也觉得不能指望一次手术就全都好了。医生把能做的都做了，剩下的是我自己要锻炼身体。别的都是命，不能都要医生负责。

三、恩宠与勇气：自我超越与自我实现

很多患者在生病之后，尽管出现过哀怨、低沉的阶段，但是在时间的沉淀和与疾病的对峙中，他们逐渐克服消极心理，为人处事的方式也有所转变。

38 岁的周女士说：

性格方面，我不像之前那么较真了，对自己和别人也都更宽容了，这是生病后的变化。我觉得谁活着都不容易，不需要去苛求什么，差不多就好了。

47 岁的冯女士说：

我以前不是很喜欢交朋友，比较自闭，总觉得没什么可说的。生病后有些人来看我，我感受到了他们的关心。现在我变得比较热情了，也慢慢从最开始的厌世的状态里走出来。我很感激他们，现在我也变得更开朗更包容了。

一些患者自我效能更强了。经历了康复期的生死考验和情感颠簸，患者自我效能的增强在访谈中得到了证实。他们希望有更多的自我实现，创造更多的价值。

40 岁的陈先生说：

我刚生病那阵，觉得天塌了，什么都不想干。后来看太太为我付出那么多，我给家里带来这么多负担，于心不忍。我现在好多了，不做体力劳动，也可以

上网做很多事情，感觉自己还有用，还能给家庭做些贡献，否则当废人太憋屈了。

在与疾病从对抗到握手言和的过程中，患者变得更加柔和与善良，心怀感恩，这是苦难之外，生病带来的正向力量，让他们告别过去的消极的自己，以更开阔的格局和更好的心态直面生活。特别是对于器官移植患者，他们接受别人器官的捐赠，感受到了来自家人和社会的善意与温暖，更愿意将善良和爱心传递下去。

33 岁的王先生说：

确实很感激，这（指肝脏）是生命的礼物。我年轻时参加过无偿献血，现在估计血液不合格了。我想，等我以后不在了，也要把有用的部分捐出去。如果都不能用，就捐给学校，能给科学发展做些贡献也好。

46 岁的谢先生说：

刚确诊时我特别消极厌世，不想治了，觉得没意思。那时候我听人说话就烦，感觉就像他们都欠我的一样。他们都没病，就我得癌症。我特别嫉妒他们，心烦。后来我幸运地等到了肝源，觉得自己真是被命运眷顾。医生护士做了好几个小时的手术，他们为了我这个陌生人倾尽全力。我的妻子吓坏了，术后忙前忙后，之前我从来没发现她这么爱我。我觉得特别感谢这一切，觉得自己总是遇到好人。我也想做个好人，有时候我会上网逛逛论坛，遇到消极厌世的人，我就会用我自己的经历鼓励他们好好活着。

以上质性研究结果均体现了患者的疾病获益感，即益处发现。患者均体现出创伤后成长，出现价值观改变、人生观改变、思维方式、自我评价与定位等改变，也更懂得珍惜和感恩，注重互助和自我价值实现。既往研究也证实了器官移植患者的益处发现等积极心理，且受多种因素影响，并改善了患者的生活质量。如 Pérez－San－Gregorio 等（2017a）证实肝移植患者的创伤后成长与疾病应对策略、工具性支持和情感性支持有关。在 Pérez－San－Gregorio 等（2017b）的另一项研究中，肝移植患者的整体生活质量低于常模，但创伤后成长分数高的患者的身体健康、心理健康与常模无异。侯言彬（2013）发现肾移植患者存在感恩、成长、人际交往态度向更加积极转变、同理心和利他意识增强、创造更多社会价值等积极心理。关于癌症患者的益处发现研究则更多。一般认为影响因素包括医患沟通、医学应对、乐观、社会支持、抑郁、性格等（刘谆谆等，2017）。多数情况下，益处发现受认知情绪调节影响，有助于患者更加适应带病的躯体，进而以更乐观的心态带病生存，增强生理功能，提高生命质量（王瑜萍，2014）。所以，医务人员应通过多种干预方法，以提升患者的益处发现，并注重在临床实践中与患者建立情感共同体（杨柠溪等，2018b）。

第八章

平行病历：在叙事中与患者身心相遇

第一节　平行病历中的叙事特征

平行病历，即与标准病历相对应的人文病历。医生通过书写平行病历，加深对患者的理解，对自身的诊疗进行批判性反思，提高医疗服务的质量。笔者通过1例医生口述，以及1例笔者书写患者平行病历的感受，分析叙事的主体间性及伦理性特征。

一、主体间性：共情让医患走得更近

标准病历：

患者王女士，48岁。2015年1月因右乳房胀痛发现右乳房内下方有一肿物，花生米大小，固定，无乳头溢液，表面皮肤无红肿及破溃，未诊治。肿物逐渐长至鸡蛋黄大小。2015年4月1日就诊鞍山市妇儿医院，行乳腺钼靶检查提示双侧乳腺肿物。2015年4月2日在全麻下行右乳腺癌改良根治术，左乳腺囊肿切除术。术后病理回报右乳腺浸润导管癌Ⅲ级；左乳腺增生，部分腺上皮轻度非典型增生。淋巴结未见转移，术后恢复可。2015年4月20日入我院化疗一周期，表柔比星80mgd1ivgtt，70mgd2ivgtt，环磷酰胺0.9d1Ⅳ，无胃肠反应。Ⅲ°骨髓抑制。为化疗入院，病来无发热，无头痛，无咳嗽，无恶心呕吐，无腹痛，饮食睡眠可，大小便正常，无体重下降。

平行病历：

我觉得她有些奇怪，她是朋友介绍给我的，说是读过书的，素质也很好，不会惹什么麻烦，但是我发现她说话骂骂咧咧，没什么素质可言。虽然她确诊时恶性程度较重，但是恢复很好，精神状态也很好，却总是怨天尤人的样子。也正因此，我和她也没什么过多的交流。直到有一天，下班时间，办公室就我

一个人，她说想跟我聊聊天。我很意外，但也欣然接受了。她在我面前坐下，谈到她读高一的儿子时，泪如雨下。她说她喜欢看他写作业时抓耳挠腮的样子，喜欢他聊班级的女孩子，想象过他两年后考上大学时神气十足的小脸。我觉得，她讲这些，好像都是一种临终前的愿景吧。她也许能活过两年，也许更长，但也许更短。这些念叨背后的意义我没有说，也没问她怕不怕，是不是需要更多的心理疏导。但是此刻的感受，我和她都懂，这是一种默契。让她说说，念念她的儿子，我就在这默默听着。我们都知道，这种爱与不舍就是最重要的意义吧。有时候觉得，对于晚期癌症患者，医生可以做得很少，那就多听听，让他们宣泄出来也好。

——王医生，女，36 岁

在这一部分，体现了叙事的主体间性。传统的医患关系是一种主体与客体之间的关系，医生把患者物化，当作工作的对象，或是需要治疗的身体。而叙事，则建立了一种主体—主体模式的视角。

叙事需要双方的交流与碰撞，如讲述者与倾听者、作者与读者，二者处于一种主体间性的状态。在医患之间，医生倾听患者的故事，医患双方就进入一种主体间性的状态中。这两个主体把彼此看作是主体，达到"共在"，这两个主体存在交互性，互相理解，达到共情。

亚当·斯密曾这样描述人性中的一种特点：人类或许真的非常自私，但是，他的天性里明显还存在另一些特质，让他去关注他人命运，甚至为别人的幸福感到满足——哪怕自己除了观者的快感一无所得。从某种意义上讲，这就是一种共情的表现。以笔者的访谈为例，在访谈中，很多患者说到"不敢想以后""不知道该怎么办"类似语句的时候，或是表现出痛苦与恐惧的表情时，都是共情的机会（Suchman，1997）。在这种时刻，医生更容易与患者共情，对患者的苦难感同身受（姚婷等，2012）。优秀的医生需要有更强的共情能力，和对主体间性的理解，才能更好地走进患者的生命，帮助患者以及自身建构意义。

主体间性赋予主体以意义。对于主体来说，没有意义的存在是没有理解的存在，这样的存在不是主体的存在。意义不是由主体自身形成的，而是在主体和主体间形成的（郭湛，2002）。医患之间通过叙事建立起联系，医生在叙事中与患者相遇，通过医患共情，医生能更好地发现患者的世界发生了什么，达到一种视界融合。同时医生发现疾病对于患者的意义，知道对于患者而言什么是最重要的，最终帮助彼此建构意义。这种两个主体的相遇与发现，让医患之间的关系更紧密；叙事，就是搭建这种相遇的桥梁。

二、伦理性：理解是为了做得更多

董女士标准病历如下。

患者董女士，已婚，35 岁。主诉：右乳腺癌保乳术后 3 年余，化放疗后纵隔淋巴结转移至脑 5 月余，放化疗后 3 周余。第一次入院记录（部分）：主因右乳腺癌保乳术后半个月，于 2011 年 10 月 27 日就诊于我院肿瘤内科。入院半月前患者就诊于白求恩和平医院，查双乳钼靶回报：双侧乳腺腺体呈边缘模糊的斑片状影及条索状影，右乳腺外下方可见近圆形结节影，边界模糊，肿块表面未见典型毛刺样改变，周围未见泥沙样改变。查无明显手术禁忌后，于 2011 年 10 月 12 日于该院行右乳肿物切除术，术中冰冻活检，右乳腺癌区段切除、腋窝淋巴结清扫术。术后恢复可。病理检查为浸润性导管癌。

以下为笔者撰写的平行病历。

初见董女士，我竟然有一丝莫名的紧张，因为得知她才 30 多岁，且癌症已经脑转移，我觉得和这样的受访对象去讨论疾苦甚至死亡，是件很残忍的事情。交流过程中，她看起来很轻松，她似乎从患病到现在一直都很冷静。我印象很深的是，诊断后医生建议她办住院，她的反应是让同事把保单送过来。我想，她是个坚强乐观的人。她一直觉得乳腺癌没什么可怕的，手术后就正常上班了，一边化疗，一边工作。谈到这些时她都云淡风轻，直到提到癌细胞已经转移到头部时，她说那时候有些害怕了。她的眼神逐渐黯淡下来，开始将她的担心娓娓道来。她觉得孩子还小，不过可以有丈夫照顾，主要是比较担心自己的妈妈。现在她妈妈陪着她看病，帮她带孩子，而作为独生女，自己一旦病情恶化，不得不离开后，妈妈就只剩下一个人了。这个问题，她重复了几遍。

我一直沉陷在她的故事中，她的家庭、她可爱的儿子、爱她的母亲，这些是她生命中的第一顺位。而我，又能帮助她什么呢？这是一个女儿对自己无法赡养母亲的担心，她对此的焦虑，我甚至可以感同身受。她在对我这个陌生人分享她的心事，我却不知道能帮她做些什么。

临别的时候，她问我是不是搞心理学专业的，我说不是，但是如果可以，我希望尽我所能，为她提供帮助。她低声说："我不用什么，日后我妈妈压力大的时候，可能会请你帮忙。"告别她后，我竟然不自觉地泪如雨下。后来，在与其他患者交往的过程中，很多时候笔者也会融入患者的故事中，不自觉地想为她们做些什么。也曾在术前等候的片刻，拉着年轻姑娘的手，安静不说话；也曾听一位离休的老奶奶，讲她和癌症十多年抗争的经历，陪着她笑，陪着她哭，最后给她一个大大的拥抱，看她笑得像个孩子；也曾深夜接到过一位患者电话，她说很想此刻有人陪，于是两个人在夜里，聊了很久很久……我能做的事情很有限，但是我愿意尽力去帮助，如果她们需要和愿意。

从这个案例可以看出，叙事具备伦理性。一个人对另外一个人的叙事承担一定的责任，讲故事这一行为向所有的参与者提出要求，包括倾听者。在获得对方的叙事之后，倾听者对讲述者需要有所回馈，即通向叙事伦理的主体间性（卡蓉，2015）。

身为研究者，笔者在与患者的接触中对这一点感触颇深。患者与我交谈后，常常会保持联系；而我也总是觉得既然知道了故事，既然她们如此信任我并愿意与我分享故事，我这个陌生人可以被她们允许走入她们的世界，那么理所当然要帮助她们缓解痛苦，哪怕力量微薄。而这种感触，这种叙事伦理学的体现，在医患之间应该更明显。

当前的病历书写已经步入电子化时代，写病历变成了复制与粘贴的简单操作，患者丰富的个人疾病史被简单地用数据、指标来描述，却缺少了对患者疾苦的关注。平行病历让医生在叙事中与患者身心相遇，患者的个人史、家族史、社会生活史等都成为关注的内容，使医生对患者有更深的理解。在临床实践中，医生理解患者叙事的意义在于承担更多的责任，有更多的利于患者的行为。叙事不是目的，而是手段。医生通过患者叙事，与患者一同去经历。在患者的叙事中，医生感同身受，意识到感知叙事的同时自己也在经历与患者相同的苦难，认识到这是自己的使命与担当，进而更好地站在患者的立场去帮助患者。

平行病历是对医学现代性困境的反思，医生也可在人文病历书写的过程中形成临床医学的批判性思维，推动医学超越生物学意义上的疾病与身体，向心灵维度延伸（王一方，2012）。

第二节　疾病叙事，走进他者的生命故事

疾病对于患者，是一种痛苦的体验，但疾病与苦难，也自有其意义，存在着由单一的"身体事件"到多元的"生活事件"的转变。对医生而言，疾病是

身体机制出了问题的客观事实；对患者而言，在身体痛苦之外，疾病有更多的主观意义，对于乳腺癌这一特定病种，更是如此。

以下的叙事文本从一定程度反映患者从确诊到逐渐康复的过程中的心路历程。

一、英雄患者，与癌共舞

王女士47岁，是一位热情爽朗、知性的职业女性。她自己经商，事业有成，看起来很有气质，外貌比实际年龄要年轻很多。从诊断为癌症到现在已经5年了，现在的她完全看不出是一位患者。第一次见面，她对我完全没有陌生感，敞开心扉，将自己的经历娓娓道来。在我的眼里，她的阳光心态与平和的生活态度，为我们树立起了一个英雄患者形象。她能达到今天的乐观豁达，亦经过艰难的漫漫长路。以下是她的心路历程。

第一阶段，得知病情：从果断到否认。

在诊断初期，她采取不回避、积极治疗的态度，诊断后第二天就入院手术。做完手术之后，她的心态发生了变化，出现了对疾病否认的心理状态。

我首先把我要安排的事情都安排了，因为不知道结果是什么，然后找一个很专业的医院去做这个事情（指治疗）。

在做完手术之后，我就会想，一定是医生弄错了，我不应该是这种病。一定是医生诊断错了，我觉得挺好的呀，我没毛病啊！

第二阶段，面对病情：从愤怒到质疑。

当最初的否认变得苍白无力，愤怒、哀怨的情感便展现出来，患者常会自问：为什么会是我。愤怒的根源是疾病带来的身心苦痛，如曾经自在的身体变成"被管理的身体"，必须定期地接受漫长而痛苦的治疗等。患者根据自身的体验，对治疗做出评价，甚至会质疑治疗的意义与质量。

做完手术我就想，怎么我那么倒霉。实际上之前就不会想这种问题，一定是做完手术后病情平稳了才想，怎么就我这么倒霉啊。然后再隔了两年或三年之后，我就会想，我当时不应该去做化疗，不该去做什么什么，就有个后悔的过程。（笔者问：当时为什么觉得做这些化疗之类没必要？）因为恢复得不好，才觉得化疗没必要，因为化疗会有很多损伤。个人感觉中国医院的过度治疗很厉害，所以我在那里头（指她参与的病友组织）鼓励大家如果没什么特殊情况，年龄到了一定程度，能不放疗尽量不放疗，能不化疗尽量不化疗，但是手术要做。因为不手术可能会扩散的，但是放疗、化疗未必一定要做。我当时是按标准做的，21天1次，做了半年，做了7次。换了三种药。

她也曾是"学习型"患者，查阅了大量的资料，希望更了解自己的病情，甚至对医生的治疗方案有很多的质疑：

那时候还是拨号上网，我就在网上把资料都查出来了，针对我的病情一条一条地谈，那帮医生烦死我了。他们主任还说，你不要为难我们这些小朋友（指年轻医生）。

第三阶段，接纳病情：从悲观到接受。

从悲观到接受，大部分乳腺癌患者都会有这样一个过渡，只是需要的时间不同，这种心绪转变的程度不同。在这个案例中，还夹杂着愤怒的情绪。患者接受患病这个事实，需要迈过这个"坎儿"。对于她来说，义工的帮助在这一阶段起着非常重要的作用：

怎么说呢，觉得已经是这种结果了，我们尽量往好上过吧。一开始是走不出来，就会想我怎么那么倒霉啊，我没干过缺德事啊，也没干过害人的事啊，怎么就我得这种病啊？刚做完手术那个时候，我就特别郁闷，就想凭什么我得这种病啊？义工能帮你更快地走出来，很多人自己走不出来。

即使患者可以逐渐接受生病的事实，但是仍然会有阴影，且生活仍然会受到持续的影响。患者在很多方面会经历痛苦，并且在日常小事中体现出来，比如手术与治疗始终对身体有一定的负面影响，康复的效果并不尽如人意等：

康复会出现一些问题，比如我这胳膊水肿，提重的东西了，或者是压到了，就不舒服。我这手肿的时候鼠标都拿不了。

心理上的负担也一直在延续：

会对很多事情有阴影，比如现在游泳我就不舒服。尽管我有游泳衣，但是我会觉得还是不舒服。很多事情会觉得不舒服。所以这东西，你说完全能走出来，一点阴影没有不可能。像你能看见的是乳腺癌，但别的癌你看不到的，它也一样，而且随时有一种会担心复发的恐惧。别的癌也恐惧，但是乳腺癌又多了一层，有女人担心失去美的那种心理。

患者接受生病的事实与病中的自己需要一个过程，需要自己去慢慢疗愈伤口，社会支持也加速了其接受病情的进程：

只能买一些东西弥补，像我的（指看起来比较丰满的文胸）你看不出来吧，就买一些东西，买一些衣服，但是这种心理很难走出来。别人虽然会告诉你怎么做，但是只是听人家一说，你会觉得很不现实。但是如果也是乳腺癌的病友做义工，沟通就会好很多。

第四阶段，积极乐观，回馈社会。

生病对患者的性格、生活方式都会有影响。尽管这种影响因人而异、有好有坏，但结合访谈以及相关的文献和文学文本，笔者认为生病后经历病痛折磨且病情处于稳定期的患者对功利看得更淡，患者积极参加志愿活动——从受助到助人，变得更懂生活，更热爱生活：

生病后我的性格改了，我原来属于脾气特别急的。我原来会特别考虑别人，顾及别人会怎么想。生病之后考虑自己多了，就是我自己该怎么活着。然后很多事情放慢了，不像以前那么急了，而且功利心淡了。以前总想着要是去这个行业干怎么怎么样，生病后就不会了，觉得活着就好，能健康活着就好。这个冬天我没感冒，就觉得很快乐。

在访谈过程中，受访者详细介绍了她从事社会工作的经历。她承担了大量的关于乳腺癌的社会工作，以切身经历帮助患者战胜病魔，以此回馈社会。患者在经历这一生命重创后，获得成长，与癌共舞，塑造新的精彩人生。她在访谈过程中讲述了大量的义工经历与专业方面的经验，以下为节选。

我是2003年参加的义工活动。我们自己有网站，和医院没有联系，但是会请医生朋友做一些咨询。我们的义工有很多乳腺癌患者和家属。我们还加入美国癌症协会在大中华地区的组织，他们引进了美国的义工理念对我们进行培训。

我们还做临终关怀。我们去跟患者聊天，跟她们聊后顾之忧，尽量去帮助她们。因为很多时候患者就是宣泄呀，有这个渠道，她们就特别舒服，没有痛苦。我还在网站做了很久的版主。大家做一切都是没有报酬的，一直坚持到现在。

她也提及对医生、医疗的期许，以及对现在一些现象的失望，这也是她做义工的原因，亦是叙事医学希望改变的当前医学的现状。

不能说中国医生不好，只能说部分中国医生不会看病，他们只是看这个病，而不是针对患者。一些医生没有换位思考，如果自己是患者会怎么做。中国医生不会沟通，患者也不知道怎样看医生。所以我们做小册子教人们怎么去看医生，怎么跟医生表述。比如你跟医生说"我不舒服"，那你怎么去表述你的不舒服。

癌症患者在身体状态变化的同时，心理状态与社会适应能力也在经历不同的变化，这些变化着的感受与体验，构成了与患者临床病历相平行的"人文病历"。王女士作为高知女性，在最初得知罹患癌症时仍然是抱着科学和理性的态度，并没有过多地纠结，而是在第一时间选择手术。患者在面临癌症时，最先想到的迅速治疗，是解决肿瘤本身。在这一阶段，医生在患者叙事过程中应侧重听疾病对于患者的心理冲击，甚至引导患者叙事，以了解患者的诉求（术式选择）——是更重视身体完整希望保乳还是更担心生命而切除乳房？医生了解患者的诉求后，再结合科学的循证医学的观点，与患者共同商讨诊疗方案并根据患者反应告知预后。这样有利于缓解患者治疗后的否认心态，了解越多，其面对疾病越从容。

当最初的否认无济于事的时候，患者就会出现愤怒、嫉妒的状态，其根源在于疾病让人离死神更近，生活秩序被打乱，无法继续描绘理想蓝图，无法更好地享受生活。很多患者在这一阶段把愤怒撒在别人身上，需要心理减压，王女士对治疗的质疑也是愤怒的表现之一。因此在叙事的过程中，医生应该认真聆听患者内心的痛苦，让其释放出来。医生应该走进患者的苦痛，与之"共情"，共同探寻解决方法，特别是在心理与社会支持层面，为患者寻求更多的支持。

接下来大部分患者会面临一个较长的悲观与妥协的阶段。癌症对人的侵袭是一个漫长的过程，患者会充分体会到术后的种种身体不适以及对生活的影响。在患者叙事的过程中，医生应该将叙事循证化，不仅起到理解、共情后的安慰作用，更多是根据患者的叙事内容，结合循证证据，制定针对患者的个性化的诊疗方式，帮助患者达到身、心、社、灵四个层次的康复。

最后，当患者明白生病成为既定事实，已经无法完全治愈的时候，会陷入焦虑，也有遥望死亡的悲伤与不安全感。患者在这一阶段最需要有人与之共情，形成情感稀释，医务人员作为患者疾病治疗的主要参与者与技术权威，是最好的共情对象。在这一阶段，医生应该更加敏感，察觉患者一举一动包括眼神等细微表情传达的意义，仔细分析患者的叙事文本，进入患者体会疾痛的规定情境中去，并且在理解的基础上准确地回应患者的故事，引发患者更多的哲学层面的思考。在经历诸多曲折的心理过程后，患者最终会接受疾病，并且带病生存。医生在患者叙事中需要关注患者对于医疗的期许，结合实际情况，给予患者希望得到的医疗，帮助其重新找回生命最初的平静与安宁，树立正确的生死观、疾苦观、医疗观。

医生通过不同阶段患者叙事，对患者心理变化进行分析，有助于在整个病程中让患者得到适当的心理宣泄，并且在这个过程中不断调整治疗方案，给予患者更有温度的医疗。这就是叙事医学在临床上的实践意义。

二、耄耋老人的焦虑与不安

薛女士84岁，是笔者母亲的患者，因为骨关节病在康复科住院治疗。她非常健谈，听说笔者在做乳腺癌患者的访谈，非常愿意"聊一聊"自己的经历。在访谈的过程中，笔者觉得她的思路是有些跳跃的，也许是因为年事已高，也许是因为她仍然处于一种焦虑的状态中。因为受访者年龄较大，身体状态不是很好，所以笔者将访谈控制在40分钟。以下是转录的访谈文本，尽管是碎片化的，仍能看出她面对疾病与死亡的内心波澜。

笔者：您好，和之前跟您介绍的一样，想和您聊聊您生病的这段经历。您可以先谈谈您的基本情况，或者您有什么想对我说的都可以聊聊。

薛女士：我今年84了。我家是河北的，离唐山近。我一直是当兵的，十五六岁就在河北当兵，当个四五年兵就转业了，来东北了。当时不让女孩子上学。你读到现在真是太羡慕你了。

笔者：您离休前是做什么工作的？

薛女士：当兵时是陆军。我转业很早，1950年就转业了。1960年从本溪到沈阳，就是我现在的单位。

笔者：公务员吗？

薛女士：嗯。

笔者：一点都看不出您这么大年纪，更别说生病，您不说我们都看不出的。您最开始是怎么发现生病的呢？

薛女士：做了两次手术呢。我对这个病的想法，在医学上和生理上来说，就是人吧不生气不得病。因为人的生活就是有喜怒，我觉得就是有这个关系。我性格比较直，比较爱生气。我是65岁时第一次手术的。我当时在老干部大学，专家给讲课，说老同志退下去之后如何保健，要经常摸一摸，说老了容易得肿瘤。我就经常注意这个事，但是不知道自己得了。那天我看电视，就突然一摸，这地方怎么有个小包呢，一摸来回滚动，我就往这上面想了。我就跟我姑娘说，完了我姑娘就说，那你去医院看下呗。辽宁不是有个金秋医院吗，我就去外科。医生摸不出来，就我能摸出来。他说这也没有啊。我说不对，他说那就倒下看，倒下摸有，那个包还动弹呢。他说不要紧，现在天气热，等天凉了到门诊就给我做下去，是粉瘤。你看，这个东西是发展的，这检查是5月份。到8月份中央广电系统在北京台搞个老年人擂台赛，有个类似《夕阳红》的节目，大家就说，那老薛太太去吧。我看也没什么事，然后就去了，就把这个事忽视了。5月到8月，我们搞完那个擂台赛就回来了。那天我突然一摸，这个瘤子就不动了，还挺硬。这时候我就往肿瘤上想了。我说可能就得恶性的了，要不怎么不动弹，因为教授都讲过肿瘤是什么样的，怎么形成的，我就觉得是恶性的。然后我就又去医院了。这个瘤子倒不大，还是早期发现的。我就住院了，人家就说这得观察、手术，这就11月份了。那是哪年我忘了，是我65岁时候。待了不几天，变化非常大。我不得不知道，得了就知道，怪了，发展那么快。住院待了十多天，就长出个硬的尖，跟肉皮不一样，就比碘酒浅一点的颜色。因为老师讲过，我就往上怀疑了，然后就请教授给我动手术。这个东西变得很大，变化可快了，一看这情况不动手术不行。这就请了个省医院的专家，来看了好几次，然后说肯定得动手术了，不动不行了，然后他主刀动的手术。动手术拿出来不大，当时化验没有（癌细胞）。但是他们医院是新成立的，没法化验病理，说本院培养不出来，后来就到了陆军总院培养，一化验说瘤子抽出来是（恶性的），但是表面没癌细胞。当时就保守治疗，（乳房）没都全切除，只把淋巴拿下来。然后说是癌，就去肿瘤医院放疗。但是我不适应，反应大，到最后要死要活的，白细胞才20了。

笔者：刚做手术时候心理负担重吗？

薛女士：没有。我这个人可能是当过兵的，我根本就没想，觉得就那回事儿呗。别说早期发现的，就是晚期发现你也没办法，我就这么想的。当过兵的人不一样，我也没负担。但是一放疗就不行了，白细胞低，厌食，水都不想喝。

后来到医院一检查，肝炎，说别给放疗了。因为关于恶性瘤放疗和化疗有什么好处，不放不化有什么坏处，他们讨论时我听见了，然后他们跟我家里人商量。

笔者：那您当时孩子多大了？

薛女士：（孩子）都结婚了，我都有孙子了。我孩子今年都60多了。我就一个孩子。我是红军遗属。我19岁结婚，怀孕七八个月的时候孩子爸爸就死了。我们是进军大西南解放的。我怀孕以后，孩子她爸被土匪打死了。我就要求回东北了，之后就一直在东北。后来专家就说这个老同志不要给放疗了，肿瘤死不了，放疗化疗就死了。我就听到他们说，原来我不适应这些，我还挺高兴。原来我不知道肿瘤医院有中医，我那时候快到春节了。那时候白细胞都没有了，就抢救，之后才稍微好点。然后就说这老太太怎么处理，就说吃中药。我认为肿瘤医院没有专科，就提要转到中医院。我就找了个主任，后来吃了些中药，好了点。他们给我配的中药都是虫子，以毒攻毒。那个大虫子，一打开看，都麻人啊。后来就说这个药你拿过去以后自己研了，我说我弄不了，后来他们就给我做成药丸我吃了两个半月，那时候就快到5月份了。我是过完春节吃的。吃完以后吐痰都有血，鼻涕也有血，火大，以毒攻毒，天还热。后来人家说那就别吃了，这个毒性大。后来就是每年检查检查，检查了就四五年吧。我就是特别大意那种，不像人家多害怕啊，我不像别人合计这个事，也不怎么害怕。过了5年我就不管它了，感觉过了5年都没什么事了，人家说过了10年就更不容易有事。65岁那年头一次手术，去年8月份在医大体检，又发现了。这个就比那个厉害了，就在乳房这块，跟原来不是一个地方，原来是在上面。医大就说你得手术，人家检查时候就说你这地方有肿瘤。那和18年前的思想又不一样了，我就不准备做，想80多岁死了能怎么样，够本了，然后我就合计兴许不是恶性的。后来我就去肿瘤医院看专科了，因为我第一次在肿瘤医院看的。然后肿瘤医院也说得做，我说不想做行不行。医生说不行，如果不做顶多活二三年；如果做了就不是二三年了，你现在80多了，不用多说，你再活个五年十年，还是做了合适吧。我一看两个医院说的一样，那就做吧。我到现在的思想都是，不怕死，就是怕遭罪。因为我看了好多肿瘤患者，因为在肿瘤医院待过嘛！那啥样的都有。我就说，既然这样那就做吧，死了活了都无所谓，不遭罪就行。我就回医大住院手术。可能因为年龄关系，手术人家也没给全麻，我头一次是全麻，这回连半麻都没给下，就是局部麻醉。那什么都知道，遭老罪了。因为他在瘤子周围打麻药，就是一点点做，往下拿，然后化验，做了三个半小时。就是拿下去一块，去化验。瘤子拿出去了，肯定是癌了，但是怕周围有癌细胞，就再拿一块，再去化验那种，就遭罪呗。我还高血压，一进手术室血压就上去，紧张。

我年龄也大了，手术以后，一直体质也跟不上。我原来可胖了。因为年龄大了，可能就不爱吃饭啥的，后来就过了一年了。我们单位对我挺好，因为我是红军遗属，又单独一个老太太，又是新中国成立前参加革命的，我就要求去疗养。我以前就疗养过，以前胃溃疡，还有关节病。我就听说我们又多了个医疗定点单位，我就合计去看看。我不是怕死，但是我有心理病，就是心情不好，就是觉得别这么个劲，就觉得在家待着待着还能得两次肿瘤呢，就自己不怎么愉快。手术以后体力又跟不上，心理就有点障碍，就觉得人老了老了真倒霉，80多岁还动手术。但是有一阶段，自己经常看书，就看《老同志之友》之类，还有保健书，有些话也挺好，就告诉你怎么想之类的。你看我拿了很多书过来住院。

笔者：您觉得还是生病对自己有打击？

薛女士：那当然有了，因为不像别的病。我总去看病，总去肿瘤医院，看见别的患者，回来自己就考虑，我可别像她，太遭罪了，化疗也吐，放疗也吐，厌食。虽然我不像他们，但是也想。大夫也说我这瘤子长皮上，不是肉上，为什么没都切，一是因为年龄大了，二是这瘤子在皮上贴着，没必要都切。大夫也挺高兴，但是我不懂医学。我估计还是年龄关系，或者是心理有障碍。再一个就是我神经不好，晚上睡觉不好，反正闭眼睛就做噩梦。

笔者：那是从什么时候开始的？跟这个病有关系吗？

薛女士：有年头了，有一点事就这样，就得病了。我觉得人老了身体、心理都在衰退。我去沈阳看心理大夫，主任给我拿了一些药。她说你这么想不对，还是有心理障碍。

笔者：您说心理方面有障碍，之前又说自己当过兵挺看得开的。那您觉得为什么现在心理还会有障碍？

薛女士：到这来还有个什么事呢，因为转诊这个事。我们离休干部有十多个定点医院，我们去市一级都不给报销，得省一级的，然后办完手续还得卫生局批，还得专家会诊判定需要来这治病，因为这是专科医院嘛。然后我们单位给我送来了，单位人就走了。然后你妈妈就说了，那你这恶性肿瘤，到这边康复疗养还不太适合。那你已经来了，我们就注意一点，尽量不用这个水。然后你妈妈就告诉我不要用热的温泉水，不要在水里泡时间长，不要热的。但是我心里也膈应，我合计泥料什么也是温泉水做的。然后我就回沈阳办事了，还去了心理科。

笔者：那心理科怎么说的呢？

薛女士：她就说你也不用想太多，你看哪种对你好，就做什么疗。所以我这次回来了就和你妈妈说怎么弄，你妈就说那没事，就跟我解释很多。完了我心里就敞亮点了，之前医院又给我拿了抗抑郁的药。基本就是这些了，这个过程。现在我还吃药呢。你还有别的问题吗？

笔者：基本也就是这些。打扰您休息了，谢谢。

薛女士只有一个女儿，她自己在外地住院，比较孤独，非常喜欢和人聊天。她看起来十分健谈，也很乐观开朗，然而在言谈中笔者仍然能感受到癌症带给她的不安与焦虑。

她多次提到自己是军人出身，所以并不怕死，也不那么在乎生病这件事情。但同时又坦承自己深陷焦虑，在接受抗焦虑治疗，甚至已经服药。也许正如她所说，她的心理疾病并不是因为乳腺癌，而是癌症让她越来越敏感，越来越没有安全感，因此像做水疗康复可能会对身体有影响这类事情会成为她的焦虑源，也因此去看心理医生。在生病之前她对自己身体也比较重视，常常根据专家讲座去自查，乳腺癌最初也是自查出来的。本来就对身体十分重视，又被确诊癌症，显然对她是一次重创。她也一直因为生病觉得委屈，常会纠结于为什么那么大年纪了还要生病做手术。在生病的几年里，她表面上不在乎，实际上却一直生活在癌症的恐惧与焦虑中。老年患者虽然生活阅历更加丰富，本身年龄也离自然死亡越来越近，但是他们有时反而会更脆弱，更需要关爱。叙事帮助我们认识到患者的焦虑与不安，并能有针对性地干预。

三、启发患者叙事，做最好的倾听者

在笔者访谈的患者中，并非每位患者都能对亲友之外的陌生人去谈及自己的病情，甚至有些患者不会有情感外露，因而并非所有患者都愿意参与叙事。叙事医学要求医护人员具备叙事能力，能启发患者叙事，与患者形成情感共同体，进而从患者的叙事文本中理解他们的苦痛，最终达到有针对性的干预。笔者在访谈过程中尝试性地归纳出下述方法与技巧。

首先，由开放性问题引入。在最初与患者交流时，可问开放性问题，如"你想对我说什么，你最关心的是什么"等，借此了解患者的关注点，也是对患者初步了解的过程。在这个过程中，记录下患者的表情、动作，结合文本，尝试走入患者所处的情境。如患者在面对医生时不知道该说什么，可抓住以下几个信息点，启发患者叙事。如：这位患者是什么样的人（细化的人口学特征、性格等方面）？在生病前他的生活是怎样的？疾病对于他的意义是什么？他的家

庭给予他怎样的支持？生病后他最主要的改变是什么？他的痛苦来源在哪？在患者叙事的过程中，医方不要打断患者的话，患者的每一点表达都是他们最关注的点，是人文病历重要的一部分，都有其意义。医护人员将这些形成文本，从中挖掘患者的潜在诉求，并在能力范围内帮助患者解决问题。

其次，要关注患者的叙事，通过关注与描述，最终建立起信任。卡蓉团队认为叙事医学在临床实践中的原则为关注、描述、信任。深度关注是将自己清空（Cameron，2003），关注的基础是真诚。在与患者见面之前，要了解患者的历史，从疾病史到生活史；在见面后要敏锐地观察患者的一言一行，将言语、表情、动作甚至短暂的沉默与循证医学提供的报告结合起来，拼接出意义。

描述是医生要用简单易懂的语言来描述他眼中患者的疾痛，能理解并且阐释这种痛苦，理解痛苦的内涵与意义。这种描述搭建了医患之间沟通的桥梁，从此患者的疾病是与医生共同面对的。信任是在整个叙事过程中逐渐建立起来的，随着信任的不断深入，最终达到共情。

再次，请患者写下自己生病后的切身感受，并与之分享这些感受。同时医生也根据患者的描述记录下患者的感受以及医生自身的感触，医生可以用文学化的、个性化的语言。在循证医学病历中，疾痛被片面地定义成了疾病，主诉人被加上了患者身份，医生把患者由主体变成了客体。而叙事的过程、撰写平行病历的过程，就是还患者为主体行动的开始。

最后，分析患者的叙事。精读叙事文本，理解故事背后的意象、隐喻，从患者的语气与表情中理解患者对某个片段的态度，发现患者身体、心灵和自我之间的关系，发现患者的症状与对医疗的需求。

疾病推开了患者自我认识之门，只有在生病的情境中，人们才会思考谁是自己最信任的人，自己能承受多少痛苦，生命与疾病的意义（卡蓉，2015）。只有很好地启发患者叙事，这些才能被理解、被分享，患者才能感受到医者的关注，同时理清自己的思维，找到属于自己的意义，进而更理性地面对疾病与生死。

第九章

童年不良经历：癌症心理研究的新视角

第一节　ACE 对身心健康影响的相关研究

童年不良经历（Adverse Childhood Experience，ACE）指个体在 18 岁之前所遭受的心理或生理上的伤害和威胁，这些遭遇给个体的健康、生存带来了不良的影响（Dube et al.，2003）。ACE 主要包括情感忽视、情感虐待、躯体忽视、躯体虐待、性虐待、家庭功能不良（如父母分居或离异、家庭有吸毒者、有精神异常者、家庭成员有自杀者、有犯罪记录者）等（Hardt et al.，2004）。

在一般人群中，ACE 有较高的暴露率。美国一项涵盖 1.4 万 50 岁以上的人群研究证实 53.2% 的女性和 50% 的男性有 ACE 暴露史（Choi et al.，2017）。我国一项调查证实大学生中有 ACE 史者占 41.95%，女生的总分和各维度平均分低于男生。涉及 ACE 最多的情况依次为家庭功能失调、忽视、虐待和性虐待（季善玲，2018）。因此，与 ACE 相关的身心健康问题需要得到更多关注。

既往研究认为，个体的躯体和心理健康以及行为问题与童年期经历慢性而长期的应激有关。首先，ACE 暴露与日后的精神、心理问题密切相关。一方面，ACE 经历更容易导致日后的抑郁症、精神分裂症、注意缺陷多动障碍（ADHD）、强迫症、恐怖症等疾病。例如，一项病例对照研究证实 ACE 增加成年阶段精神分裂症患病的可能性（马全瑞等，2018）。研究发现 ACE 是恐怖症和强迫症患病的危险因素，强迫症与家庭贫困无法满足日常生活有关，恐怖症与父母物质剥夺有关（刘云涛等，2014）。国外一项研究发现城市幼儿 5 岁之前以及 5 岁到 9 岁之间发生的 ACE 与 9 岁时的 ADHD 相关。即使幼儿在 5 岁时控制了 ACE 和 ADHD，在儿童中期，ADHD 与 ACE 仍然有显著关联（Jimenez et al.，2017）。另一方面，ACE 暴露也对人们的心理和生活状态有所影响，如引发失眠，影响自尊与抗逆力，增加冲动和孤独情绪等（Bader et al.，2007；Han et al.，2018）。研究发现，既往经历越多的情感虐待，呈现出越多的冲动倾向；既往经历越多的情感忽视和情感虐待，呈现出越多的孤独倾向（张敏，2007）。此外，当出现创伤性事件后，既往 ACE 暴露者更容易发生创伤后应激障碍（Scha-linski et al.，2016）。此外，个体早期因为相关创伤性事件等多种因素而形成的不安全依恋模式与精神障碍之间有显著关联（周世杰，1997）。

其次，ACE 暴露与日后的躯体健康有关，容易引发哮喘和 Ⅱ 型糖尿病等慢性病。例如一项涵盖 9 万例儿童样本的研究显示，哮喘总患病率为 14.6%，而 ACE 暴露的儿童患病率高达 29.2%。经历 ACE 次数与哮喘发病率呈正相关（Wing et al.，2015）。ACE 亦影响到躯体状态，如增加日后发生慢性疼痛、肥胖和躯体炎症反应的概率（Nelson et al.，2017；王伟等，2019）。这启示医生和护士在治疗身心疾病时，将患者的既往 ACE 暴露史纳入考虑范畴，并与社会工作者和心理治疗师等共同进行有针对性的干预，以缓解他们的病情。

此外，ACE 暴露与行为问题相关。ACE 经历可能增加日后吸毒、酗酒、药物成瘾、网络成瘾、危险性和高攻击性、自杀或谋害他人的意念及行为等出现的概率（周世杰、姚树桥，2000）。美国的一项研究发现大学生样本中有药物滥用的学生中有50%—75% 有 ACE 暴露史（Forster et al.，2018）。另一项研究证实 ACE 暴露，尤其是早年经历身体虐待、性虐待和家庭暴力者出现自杀意念和行为的比例更高（Fuller–Thomson et al.，2016）。这些影响会延续到成年阶段，甚至终生。站在癌症心理社会研究的角度，基于上述研究基础，ACE 与癌症患者的病因及身心健康的关系值得进一步探讨。

在 ACE 与癌症病因方面，既往研究认为，ACE 可能是癌症的致病因素之一。一方面在于既往 ACE 暴露导致健康危险行为，在该类行为的长期作用下，诱发癌症。美国的一篇综述总结了 2005 年至 2015 年间发表的 155 篇探索 ACE 与美国成年人的癌症风险因素之间关系的定量研究论文，认为风险因素包括酒精、环境致癌物、慢性炎症、性激素、免疫抑制、传染病病原体、肥胖、辐射、紫外线辐射和烟草等，特别是酒精、肥胖和烟草，这些文章涉及的研究显示 ACE 可能通过改变人们的行为方式，而导致癌症的发生（Katie et al.，2019）。另外一项关于肺癌风险的前瞻性队列研究发现，与未曾有 ACE 暴露的患者相比，ACE 评分大于 6 分的患者患肺癌的风险增加约 3 倍，且较其他肺癌患者早确诊13 年，ACE 导致人们吸烟可能是引发肺癌的原因之一（Brown et al.，2010）。另一方面，ACE 作为长期慢性应激可能会使人们处于长期的负性情绪中，而情绪健康与免疫功能和内分泌系统的正常运作等密切相关，甚至影响 DNA 解读和转录的方式，因此 ACE 暴露会在一定程度上提升罹患癌症的风险（娜丁·伯克·哈里斯，2020）。

尽管这些研究并未在大样本中得到充分验证，但提示研究人员在进行癌症风险和预防的研究时将 ACE 考虑在内。医疗卫生从业者可对患者进行 ACE 筛查并制定与之对应的预防策略。

第二节　ACE 对癌症患者心理健康及行为的影响机制

一、ACE 影响癌症患者健康的生理机制

在我们对癌症患者的 ACE 及相关心理健康调查中，发现既往 ACE 暴露的患者容易出现更多的心理健康问题，如睡眠障碍、心理痛苦、焦虑情绪、抑郁情绪甚至自杀意念等。具体原因如下。

ACE 影响患者心理可以用 Beck 抑郁认知理论解释。该理论认为功能失调性态度和自动思维对抑郁的形成和发展有着重要的影响。抑郁具有认知易感性，它的外在表现是一种深层次的功能失调态度，而这种表现往往与患者的童年经历紧密相连。既往 ACE 暴露的患者往往渴望别人的过度赞美，对内在的自我以及外在的客观世界都有着刻板生硬的要求。这种功能性失调的态度往往会长久性地存在患者的意识之中，表现在日常生活中的方方面面，特别是在经历一些随机的负性事件之后，这种功能失调性态度更容易全方位暴露出来。患者在面对生活事件时，往往会以悲观消极甚至极端的态度来面对，不自觉地采用负性思维，而这种负性思维往往又是随机的，无意识的（崔丽霞等，2012）。用这一理论解释 ACE 对癌症患者心理的影响，可能的机制为：如果一位患者从小遭遇不良经历，例如父母离异且某一方或双方对子女情感忽视，或对子女冷暴力或肢体暴力，那么这个小孩可能会形成一种自动思维，即每次面对一些情况或冲突时，都会认为自己做错了。当患者在未来生活中如若遇到此类相关情景，比如与家属，医护人员等发生冲突矛盾时，就会不自觉地认为是自己的过错，不敢与他人沟通，从而形成一定的负面情绪，长期累积将会大大增加患抑郁症的风险。

社会认同理论亦可以解释 ACE 对心理健康的影响。根据该理论，群体认同会影响个体自我系统中群体属性内化的程度（Tajfel & Turner, 1979）。群体分为内外两种不同的群体，人们如果对内群体的认同高于外群体，则更能够感受到个体与群体的紧密结合（Benjamin et al. , 2010）。有研究结果发现，群体认同者在群体中会面临不同的评价，而低群体认同者很容易受到群体内部的消极评价，此时低群体会采取一定的行为措施以改变心理状态，如脱离原来的群体找寻新

的群体建立新的社会认同等（Tausch et al., 2015）。由此说明，在低群体认同个体中，不论他们身处内群体还是外群体，都会因为群体的评价而改变自身行为，而评价的性质则决定了他们对于群体的疏离还是亲近。ACE 经历可能会造成个体童年期的群体认同的崩溃，变成低群体认同者。在社会认同威胁（social identity threat）相关事件中，低群体认同者从自己的角度出发，根据自己对事件的思考和理解做出相应的决策。而个体一旦脱离集体的支持只能寄希望于家庭，但是并不是每个家庭都会让个体在童年期塑造出独立坚强乐观的人格特质，当个体从集体、家庭均得不到支持的时候，个体势必会孤独挫败，产生不同程度的心理障碍，同时做出疏离集体的行为。

二、ACE 影响癌症患者健康的生理机制

ACE 作为慢性应激，可能影响躯体炎症状态。慢性应激对炎症因子的影响已经被研究证实。在人类和动物模型中，很多研究证实了长期暴露于心理社会压力下的样本外周血促炎因子水平增加。神经内分泌对压力的反应可以通过增强促炎症基因，如白细胞介素 1β（IL-1β）、白细胞介素 6（IL-6）、白细胞介素 8（IL-8）、环氧化酶 2（COX2/PTGS2）和肿瘤坏死因子 α（TNFα）的转录进行（Cole, 2013；Irwin & Cole, 2011）。原因是慢性应激可能会引起机体的应激反应的改变，即使面对相似环境，有过 ACE 或者有一定强度 ACE 暴露的人群在面对应激时有更多敏感反应，反复刺激下炎症基因转录增强（Levine et al., 2015）。在 ACE 与炎症的相关实证研究中，Levine 等（2015）发现童年不良经历显著增强老年期促炎症基因的表达，例如 PTGS2、IL-1β 和 IL-8 这类促炎基因的表达水平。王伟等（2019）在 911 例中学生样本中发现童年期经历躯体虐待、情感虐待和总虐待与 IL-6 水平均呈正相关。

第三节   ACE 对癌症患者身心健康影响的实证研究[①]

ACE 直接对脑功能甚至脑结构的影响已被既往研究证实。研究发现更多的 ACE 暴露水平导致杏仁核和海马体的反应减少，并增加前额叶皮质（PFC）和前扣带回皮质（ACC）的反应。ACE 得分较高的样本，PFC 和 ACC 中区域灰质

---

① 本部分曾发表于 *Risk Management and Healthcare Policy* 2020 年第 13 卷，通讯作者为杨柠溪。

（GM）含量的越高（Benedetti et al.，2011）。脑功能与自杀意念有关联，亦被证实。例如，谢歆昕（2017）发现右侧尾状核及左侧中央后回、顶下缘角回局部脑区自发活动的时间同步性与低频振幅与自杀危险程度相关。陈彦弛等（2019）发现自杀意念与右侧中央沟盖，左侧颞中回和左侧颞上回的动态功能连接值呈正相关。

为了进一步分析 ACE 对癌症患者身心健康的影响及机制，课题组抽取年轻癌症患者样本，研究 ACE 对自杀意念的影响及机制。纳入的患者均为 18—40 岁，癌症早期，已经过治疗，现阶段未进行放化疗、内分泌治疗和免疫治疗等，处于康复期。他们未同时患有其他严重疾病，特别是感染性疾病、自身免疫性疾病、消化系统疾病和精神疾病。

本研究共邀请 240 位患者，其中 197 位同意参加，参与率为 82.08%。其中，男性 89 例，女性 108 例，平均年龄 36.5 岁。

为验证 ACE 对患者自杀意念的影响及机制，提出两个假设：（1）ACE 直接影响自杀意念；（2）ACE 通过影响患者睡眠、焦虑和炎症因子影响自杀意念。本研究是横断面研究，患者自填量表并进行血液检测。量表包括基本人口社会学问卷、童年不良经历问卷（美国应用于联邦疾病控制中心和凯萨医疗机构的问卷，Adverse Childhood Experience，ACE，范围：0 – 10）、焦虑自评量表（Self – rating Anxiety Scale，SAS，范围：25 – 100）、匹兹堡睡眠量表（Pittsburgh Sleep Quality Index，PSQI，范围 0 – 21）和 Beck 自杀意念量表（Beck Suicide Ideation Scale，BSI，范围：0 – 38）。选用 C 反应蛋白（C – Reactive Protein，CRP，参考值：0 – 10.0mg/L）作为炎症状态的评价指标。

数据收集后，课题组运用相关分析和路径分析探索这几者之间的关系。根据问卷计分规则，即 ACE、焦虑、CRP、自杀意念均为正向计分，分数越高说明其水平和程度越高，而睡眠质量为反向计分，PSQI 分数越高，睡眠质量越差。分析结果表明 ACE 与焦虑症状、CRP、自杀意念呈正相关，与睡眠质量呈负相关。焦虑症状与 CRP、自杀意念呈正相关，与睡眠质量呈负相关。患者的各指标均分及相关分析结果如表 9 – 1 所示。

表 9 - 1　ACE、PSQI、SAS、CRP、BSI 的相关关系

指标	Mean	SD	ACE	PSQI	SAS	CRP	BSI
ACE	3.883	2.580	1	—	—	—	—
PSQI	8.426	4.511	0.422*	1	—	—	—
SAS	55.487	13.966	0.386*	0.459*	1	—	—
CRP	4.445	3.909	0.475*	0.385*	0.523*	1	—
BSI	8.609	7.799	0.509*	0.506*	0.578*	0.512*	1

说明：* 表示 $P < 0.01$。

通过结构方程模型进行路径分析，拟合指数理想：$\chi^2/df = 1.892$，RMSEA = 0.067，GFI = 0.996，TLI = 0.971，CFI = 0.997，IFI = 0.997，AGFI = 0.943，NFI = 0.995。图 9 - 1 为中介效应模型。

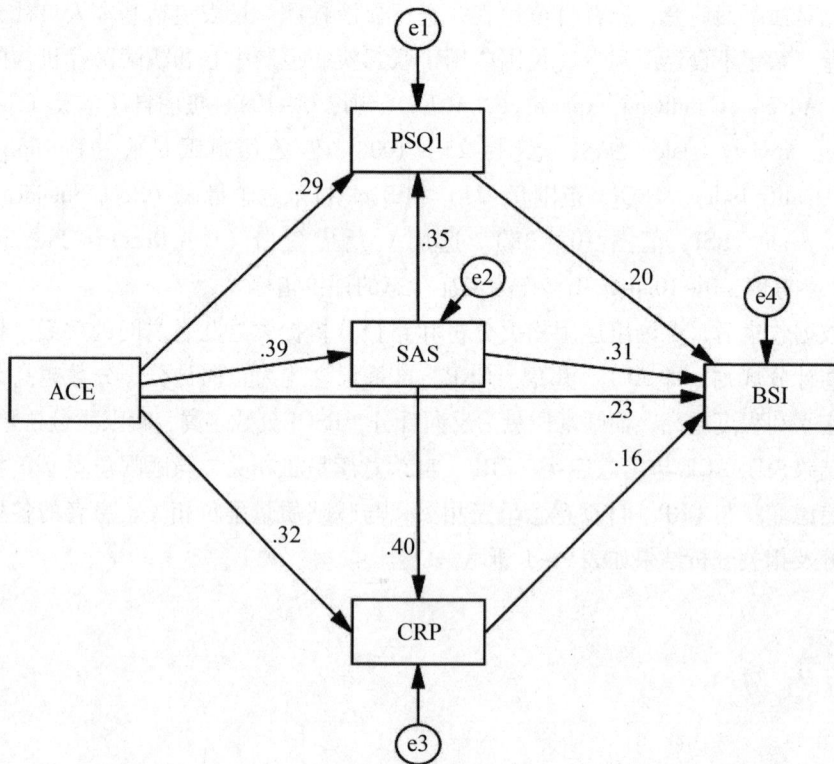

图 9 - 1　PSQI、SAS、CRP 在 ACE 对 BSI 影响中的中介效应模型

路径分析结果揭示，ACE 得分对 SAS 存在显著的正向影响；对 PSQI 存在显著的正向影响，即对睡眠质量存在显著负向影响；对 CRP 存在显著的正向影响；对 BSI 存在显著的正向影响。SAS 对 CRP 存在显著的正向影响，对 PSQI 存在显著的正向影响，即对睡眠质量存在显著的负向影响；对 BSI 存在显著的正向影响。CRP 对 BSI 存在显著的正向影响；PSQI 对 BSI 存在显著的正向影响，即睡眠质量对 BSI 存在显著的负向影响。上述结果说明 ACE 可直接影响 BSI，假设 1 成立。具体结果见表 9 - 2。

表 9 - 2　ACE、PSQI、SAS、CRP、BSI 的标准化通径系数

路径			标准化系数	非标准化系数	S. E.	C. R.	P
SAS	←	ACE	0. 386	2. 088	0. 357	5. 852	＊＊＊
CRP	←	ACE	0. 322	0. 487	0. 094	5. 199	＊＊＊
PSQI	←	ACE	0. 288	0. 504	0. 115	4. 389	＊＊＊
CRP	←	SAS	0. 399	0. 112	0. 017	6. 445	＊＊＊
PSQI	←	SAS	0. 348	0. 112	0. 021	5. 296	＊＊＊
BSI	←	SAS	0. 313	0. 174	0. 036	4. 81	＊＊＊
BSI	←	CRP	0. 164	0. 326	0. 128	2. 544	0. 011
BSI	←	ACE	0. 226	0. 681	0. 187	3. 634	＊＊＊
BSI	←	PSQI	0. 205	0. 353	0. 105	3. 372	＊＊＊

说明：＊＊＊表示 $P < 0.001$。

之后运用 AMOS21.0 对中介效应检验。将 BSI 作为因变量，PSQI、SAS、CRP 作为中间变量，ACE 作为自变量。设置 Bootstrap 次数为 5000，采用偏差校正的非参数百分位 Bootstrap 法估计具体中介效应的显著性。结果发现 ACE→SAS→BSI 这条路径中，置信区间不包含 0（0.065，0.188），说明 SAS 在 ACE 与 BSI 中存在显著的中介效应（$\beta = 0.121$，$P < 0.001$）；ACE→PSQI→BSI 因子这条路径中，置信区间不包含 0（0.021，0.112），说明 PSQI 在 ACE 与 BSI 中存在显著的中介效应（$\beta = 0.059$，$P < 0.01$）；ACE→CRP→BSI 这条路径中，置信区间不包含 0（0.012，0.109），说明 CRP 在 ACE 与 BSI 中存在显著的中介效应（$\beta = 0.053$，$P < 0.05$）；ACE→SAS→PSQI→BSI 这条路径中，置信区间不包含 0（0.009，0.057），说明 SAS 和 PSQI 在 ACE 与 BSI 中存在显著的链式中介

效应（β = 0.027，P < 0.01）；ACE→SAS→CRP→BSI 这条路径中，置信区间不包含 0（0.005，0.057），说明 SAS 和 CRP 能在 ACE 与 BSI 中存在显著的链式中介效应（β = 0.025，P < 0.05）。上述结果证明假设 2 成立。SAS、CRP、PSQI 在 ACE 对 BSI 的影响中的中介效应分析结果见表 9 - 3。

表 9 - 3　SAS、CRP、PSQI 在 ACE 对 BSI 的影响中的中介效应

中介路径	标准化系数	非标准化系数	S. E.	95% CI		P
				下限	上限	
ACE→SAS→BSI	0.121	0.364	0.031	0.065	0.188	0.000
ACE→PSQI→BSI	0.059	0.178	0.022	0.021	0.112	0.003
ACE→CRP→BSI	0.053	0.159	0.025	0.012	0.109	0.011
ACE→SAS→PSQI→BSI	0.027	0.083	0.012	0.009	0.057	0.003
ACE→SAS→CRP→BSI	0.025	0.076	0.013	0.005	0.057	0.011

　　这项研究表明，年轻癌症患者表现出较高的焦虑症状和自杀意念，以及较低的睡眠质量。与以往的研究相似，在急性传染病流行期，人们会表现出不良的心理健康状况（Kumar & Nayar，2020），更容易引起恐慌和其他负面情绪。此外，癌症患者本身容易产生负面情绪。由于罹患癌症，患者往往很关注自己的身体和疾病，对身体变化敏感，因此对疾病的不确定性感受更深刻；同时他们也需要定期复查和体检（Parker et al.，2016），传染病流行使他们的日常医疗活动变得困难，这可能会诱发他们更多的负面情绪。

　　本研究证实了 ACE 对自杀意念的影响。研究结果表明 ACE 不仅直接影响自杀意念，而且通过睡眠质量、焦虑症状和 CRP 水平间接影响自杀意念。参与者经历的 ACE 越多，他们的自杀意念就越严重。这可能是因为经历过 ACE 的人已经形成了认知偏差和消极思维模式，并将这些延续到了成年（Strine et al.，2012）。由于他们对负面事件更为敏感，这些人在传染病流行和癌症的双重压力下更容易产生或增加自杀意念。

　　ACE 还通过影响睡眠质量、焦虑症状和 CRP 水平影响自杀意念。与以往的研究相似，我们的研究结果表明 ACE 影响焦虑症状和睡眠质量（Sareen et al.，2013；Chapman et al.，2011）。既往 ACE 暴露的癌症患者容易产生压力和不安全感，这反过来又使他们容易出现焦虑症状或睡眠问题（Bader et al.，2007）。此外，ACE 影响大脑发育和认知，甚至引起大脑结构的改变。它可能改变大脑中

参与情绪调节和决策的区域，如缩小颞下回的大小（Luby et al.，2017），这对情绪调节有负面影响，容易引发焦虑症状和其他负面情绪，并导致睡眠问题。

睡眠质量、焦虑症状和 CRP 水平影响自杀意念。既往研究已经证实睡眠与自杀意念有关（Liu et al.，2019）。这是因为睡眠不足会导致恍惚和绝望的状态，从而可能导致自杀意念（Winsler et al.，2015）。此外，睡眠不良会通过多种生理机制增加自杀风险，包括引发下丘脑—垂体—肾上腺（HPA）轴功能障碍和5－羟色胺（5－HT）功能障碍等（Woznica et al.，2015）。

我们的研究结果证实了既往研究的结果，即焦虑症状会导致自杀意念（Rønnstad et al.，2018）。处于焦虑状态的人倾向于消极思考，并可能对生命的意义产生更消极的想法。此外，焦虑可能引起生理活动的改变，如降低了睡眠质量，这也可能引发自杀意念。

炎症状态，如 CRP 水平升高，也可能影响自杀意念（Chang et al.，2017）。炎症因子影响多巴胺系统的代谢、神经递质、神经内分泌功能和局部大脑活动，使人感到沮丧（Zunszain et al.，2013），这些因素可能深化自杀意念。

本研究得出如下结论：在年轻癌症患者中，ACE 不仅直接影响自杀意念，而且通过影响睡眠质量、焦虑症状和躯体炎症状态来影响自杀意念。因此，当面对癌症患者的消极心理状态时，医务人员、心理治疗师和医务社会工作者可以考虑从 ACE 的角度对患者进行针对性的干预和帮助。

当然，研究有一些局限性。本研究为横断面设计，样本量较小，变量间的因果关系难以确定；有必要进行队列研究，以深入探讨；本次测量的变量基于自评量表，因此需要客观的测量结果。例如，睡眠质量可以通过多导睡眠图来评估。

下 篇 03

"我" VS "我们"：让共情沉入临床

第十章

临床共情的相关理论与测量工具

第一节　共情的相关概念及理论基础

美国心理学家 Titchener 最早提出了共情（Empathy）这一概念。共情是一种动态的心理过程，是指个体在面对其他个体所感受的情绪与经历时，与其产生了情感上的某种相通，之后个体在意识到主体与客体的区别后，试图站在对方的角度去理解和分析其所经历的情境与情绪，这样的行为过程可以是外显的，也可以是内隐的，但经历了共情的个体仍保持着其主观的独立性（刘聪慧等，2009）。概括而言，共情是一种能够站在他人的角度思考和感受其情绪与问题的能力与过程。

共情能力在临床领域的应用被称为临床共情（Clinical Empathy），是指医务人员在对患者进行治疗的过程中，能够及时识别患者个人的情绪，并对其情绪感受产生理解，进而对其提供恰当的心理支持的过程，这属于医务人员的一种心理能力（姚婷等，2012）。临床共情既可产生于情感层面，如医务人员对患者的处境产生了理解与同情；也可以产生于认知与行为层面，即医务人员在对病患的处境产生了某种类似同情的情绪体验后，运用自身的专业技术能力思考如何为病患提供帮助，并将其转化为实际行动，以语言或非语言的方式帮助病患的过程（邱杰，2009）。

一、罗杰斯（Rogers）的共情理论

罗杰斯作为人本主义理论的创始人，对共情这一概念做出了如下解释："辅导者能够了解到求助者蕴含着其主观个人意义的世界与感受，并能在这一过程中向受访者传达其所需要的信息。"（徐慧等，2011）具体而言，其对共情的解释可以从以下几方面概括。一、辅导者若想实现共情，应从求助者的角度理解与感受其内心世界及所蕴含的个人独特意义。个体对世界的感受与理解都有其

特有的视角与价值，而辅导者与求助者也有其各自的思维方式、价值体系等。因此辅导者必须站在求助者的角度，充分理解求助者的内心感受，这在一定程度上需要辅导者对自身的价值体系进行让渡。二、辅导者对求助者进行共情时，不应带有某种价值判断，而是要从客观的角度去感受求助者的内心世界。三、共情的过程也是辅导者与求助者双方沟通的过程，因此辅导者应时刻澄清求助者某些尚不清晰的想法与意识，以便更好地与求助者共情。四、辅导者应对求助者保持尊重的态度，这样可以使其了解到自身感受与存在的意义与价值，使求助者以积极的心态面对自身；五、辅导者即使在共情的过程中也应保持自身的独立性，不能过多地将个人感受融入对求助者处境的理解中。

二、巴雷莱约（Barrett‑Lenard）的共情理论

Barrett 认为，共情是一个复杂的过程，在这一过程中，辅导者与求助者经历了多次的交流。因此共情存在一个完整的循环过程，主要包括三个阶段：首先是辅导者对求助者个人感受与情绪的理解；接着是双方对彼此感受的交流与表达，以此获得更深入了解的体会；最后是辅导者实现对求助者的共情（陈小芸，2013）。

三、格莱德斯坦（Gladstein）的共情理论

Gladstein 认为只有超越心理咨询与心理治疗的视域，才能以更开阔的视野理解共情的本质，并获得对共情研究的新思路，因此 Gladstein 试图从社会心理学与发展心理学的视角来理解共情，拓展了共情研究的新视角（郑日昌、李占宏，2006）。另外，Gladstein 提出了共情的两成分理论，认为共情可分为"认知共情"和"情感共情"两个成分，分别代表个体对他人心理状态的情绪感知与反应，这一划分也被后来的研究结果所支持。

四、科赫特（Kohut）的共情理论

科赫特认为共情就是个体思考和感受他人内心世界的能力。心理学家在研究个体复杂的心理世界的过程中，必须运用共情的方式对其心理状态进行一手研究资料的捕捉，之后才能进行合理的分析与解释，因此在科赫特看来，共情能力是心理学家开展研究的一种重要工具（科赫特，2010）。

五、情绪共享理论

根据情绪共享理论的观点，共情产生的基础是个体间情绪的共享，即个体自觉地感知到他人的动作、声音等外部表征，从而产生相似的表征共享。其中，情绪感染是情绪共享的一种典型现象，例如新生儿听到其他婴儿的哭声时也会哭泣，这是生活中常见的情绪感染现象。另外生活中悲伤的气氛与喜悦的气氛都具有感染作用。然而，情绪共享的过程只是个体感受到了他人的情绪表达，而非能动地进行反馈，因此，情绪感染现象难以对共情的产生机制做出充分的解释（崔芳等，2008）。

六、雅思贝尔斯（Karl Theodor Jaspers）的共情理论

雅思贝尔斯认为共情是个体将自身心理状态与他人的心理状态进行类比的过程。雅思贝尔斯对于共情的定义阐述了心理现象的独特之处，并提出了具有人文色彩的觉知他人心理状态的方法，具体包括通过来访者的肢体动作、言语表达与书面描述三种方式。而雅思贝尔斯所主张的三种方式，也代表了该理论所蕴含的观点之一——共情的现象学（徐献军，2021）。随着科学界对人脑神经科学研究的不断深入，一些学者理所应当地将人脑进程视为心理进程，然而心理治疗是深入探索来访者内心过程，当咨询师深刻感受到来访者的内心世界，才能实现对心灵的疗愈与内在的成长。因此在当下的心理学研究领域，即使神经科学研究已占据统治性地位，共情仍然有着非比寻常的重要作用。

七、共情的神经生物学基础：镜像神经元

在以往的研究中，心理学家往往将共情的概念放在心理或人际交往的领域来讨论，将共情视为一种能够理解和感知他人心理状态的能力。在 20 世纪 90 年代，意大利研究者发现灵长类动物的共情行为存在神经科学的基础，这一发现成了神经学领域的重大突破。研究者先是发现了猴脑运动前区存在着脑部镜像神经元（Mirror Neurons，MNs），之后又发现在人类中也存在着类似的神经元。通过这一神经元，研究者可以观察到被实验者头脑中对于他人情绪、感受、动作等一系列行为的特殊映射；在人类进行模仿、共情、理解等一系列社会活动中，这一神经元都有参与（姚婷等，2011）。

第二节　临床共情的作用

一、创造和谐的医患关系

医患接触的过程离不开时刻的沟通，而医患沟通的不畅会对就医环境造成影响，进而损害社会的和谐发展。临床共情可使患者就诊过程中的舒适度明显提升，从而避免产生不必要的医患纠纷，为创造和谐的医患关系提供保障（曲辉等，2020）。

二、提升临床医务人员的治疗效率

临床共情可以促进医患双方的信任，使医务人员更全面地了解患者的情况，从而做出更适合的治疗方案。这不仅可以明显提升治疗效率，还能促进患者的恢复，并提升患者在治疗过程中的主动性，使其从被动接受治疗转变为主动配合、积极康复（石卫晨等，2015）。

三、提升患者的治疗舒适度与满意度

在临床医务人员开展治疗的过程中，不仅要以言语问询的方式了解患者的情况，还要通过观察行为举止、精神状态等发现患者的真实感受。如果医务人员能发挥好临床共情的能力，则可使患者感受到更大程度的理解和支持，从而提升患者治疗过程中的自我效能感与满意度，使患者更好地配合治疗（邓文华、胡荣，2017）。

四、为医务人员带来更多职业成就感与个人认同感

研究者发现，医务人员在临床治疗中对患者进行共情，可以使患者更配合治疗，医生也会产生更多的成就感与个人认同感（蔡楠等，2018）。长期看来，临床共情产生的良好医患关系与治疗效果可以明显增强医务人员的专业自信，对提升医务人员的职业成就感有重要作用。

第三节　临床共情的测量工具

运用量表测量共情相关指标是临床共情研究的重要方法，下面介绍几个常用的共情测量量表。

人际反应指针问卷（Interpersonal Reactivity Index，IRI）：涵盖观点采择、个人痛苦、想象力、同情关注 4 个维度 22 个条目。答案选项分为不恰当、有一点恰当、还算恰当、恰当、很恰当 5 个层面，依次计为 0—4 分。反向题则相反计分，分数越高提示共情能力越强（张凤凤等，2010）。

杰斐逊共情量表（The Jefferson Scale of Empathy，JSE）：该量表可用来测量医生和护士的共情能力。该量表于 2001 年在杰斐逊医学院首次开发，以评估在护理和医学教育背景下医务人员的共情能力。该量表由三个维度组成（情感关怀、观点采择、换位思考）。评估包括 20 个项目，每个条目赋分为 1—7 分，1 表示"强烈不同意"，7 表示"强烈同意"。因此，JSE 评分范围从 20 分到 140 分，分数越高表示共情能力越强（Hojat et al.，2001）。该量表在临床研究中具有良好的信度和效度，在我国已得到广泛应用（Wen et al.，2013）。

诊疗关系共情量表（The Consultation and Relational Empathy Measure，CARE）：共情是一种双向互动，与测量共情能力相对应与互补，运用 CARE 量表可测量患者感知医患共情得分。该量表由格拉斯哥大学和爱丁堡大学研发，用于测量治疗结束后患者感知医生与自己的共情程度。问卷共有 10 个条目，每个条目赋分为 1—5 分。该量表总分范围为 10—50 分，分数越高，说明患者感知医患共情越多（Mercer et al.，2004）。

第十一章

家庭成员如何与癌症患者沟通

第一节　家庭成员与癌症患者沟通的方式与意义

一、家庭成员与患者沟通的方式

　　谈生论死，特别是在自己亲人罹患癌症的情境下，从来都是艰难的话题。而家庭成员承担着护理患者的重要角色，他们必须直接面对患者，与其沟通。如何与家庭成员探讨病情，讨论生死等主题，需要最真挚的基于亲情的沟通，需要运用一些技巧，让沟通更有益于患者的心理建设。在沟通时如果谈论到有关死亡的话题，不要刻意回避，也不要过于委婉。只有家属首先拥有了良好的生死观，才能对患者起到积极正向的作用。

　　家属可以以具象的形式对孩子进行有关生死的解释，比如小狗小猫为什么有一天不再活泼地跳来跳去，是因为它们的身体能量不足，无法再运转下去，而我们人也一样，世间万物都是这样的，终有一天能量耗尽，不过或早或晚。例如，当患者为儿童，对患病死亡充满恐惧时，家属可以和孩子这样沟通解释死亡的意义："宝贝，不用害怕，死亡并不是一件让人害怕的事情。我们每个人都会有这样的一天，妈妈有，爸爸有，你也有。世间万物都会有这一天，就像花朵到了冬天会枯萎，河流会结冰，小兔子也会有不蹦蹦跳跳的一天，但是它们都将会重新以另一种形式继续存在着。所以宝贝，你不用害怕，因为你不会消失，而是换了一种方式存在。"当家庭成员向儿童解释死亡及其意义时，可以选择一些儿童更易接受的形式，比如童话故事、动画作品等。丹麦作家金·弗珀兹·艾克松的绘本作品《爷爷变成了幽灵》，就讲述了一个小男孩在爷爷去世后成长的心路历程。作品以朴实、温馨的口吻向儿童传达了死亡的概念以及如何面对生命逝去。家庭成员应以坦然、积极的态度与儿童沟通，并及时观察儿童的心理变化，与其一起面对疾病带来的心理压力。

对待中老年人则不同，大部分中老年人对生死已经有了自己的看法，懂得其中的道理，却可能无法接受现实。家属可以对这部分中老年患者进行正确的引导，使他们感受到人终将有这一天，既然来了，我们就要坦然接受，而不是一味地逃避。当患者是中老年人，对患病与死亡感到焦虑时，家属可以这样与老人沟通："您看，我们都在这儿陪着您呢，现在就是人生圆满呀。其他的事情你都不必操心，我们每天吃吃水果聊聊天，已经很久都没有像现在一样可以每天在一起待这么久了。孩子们也都大了独立了，都可以很好地照顾自己了，您还有什么不放心的呢，我们就每天开开心心的就好了。谁都会老的，谁都会有那一天，我们就好好珍惜在一起的每一天。"

二、家庭成员与患者沟通的意义

研究显示，家属与患者在治疗时进行及时、充分的沟通对缓解双方的焦虑有很好的助益。另外，对于某些重病患者、癌症晚期患者，常常面临着生命即将结束的死亡焦虑，或是对自身病情过于乐观、大意，而失去了最佳的治疗时机，此时，家庭成员与患者沟通的重要性不言而喻。家庭成员与患者的沟通能使双方对病情有更清晰的了解，以正确的态度看待病情与后续的治疗，并缓解病患的死亡焦虑感，以积极的心态接受治疗、面对未来的生活。

总之，家属与患者的沟通对于患者非常重要。沟通时要根据患者性格特点等具体情况，与患者换位思考，深度理解患者，让患者感受到温情与支持，帮助他们理性地认识和接纳疾病甚至死亡。沟通作为家庭成员交流的重要形式，能使患者与家属之间达成合意，化解患者治疗期间产生的焦虑、消极情绪，还可以增强患者的社会支持网络强度，提升患者自信。

第二节 家庭成员与癌症患者的沟通技巧

一、意义疗法理念的融入

癌症患者由于长期的治疗以及社会对于癌症的误解，往往会产生自卑心理，进而产生对生命意义的怀疑。某些患者会认为自己一无是处，甚至自己的存在对家人是累赘，其自我效能感极低；同时具有强烈的负罪感，长期这样就会形成心理疾病，不利于病情的恢复甚至会导致病情的进一步恶化。因此家人在与患者沟通时，需注意言语以及肢体动作，不要让患者觉得自己是一个无用的人。对于有行动能力的且有康复机会的病患，家属可以鼓励其做一些力所能及的活动，比如手工劳动、强度较低的家务劳动等。患者在完成活动的过程中，不仅可以暂时缓解生理的痛苦，还会产生"我不是一无是处"的积极暗示，满足其自我成就感，觉得自己并不是一个只会给他人添麻烦的存在，这有利于提升自我效能感，恢复心理健康，也会对病情的恢复产生助益。

二、叙事疗法理念的融入

叙事疗法作为心理学、社会工作领域的经典治疗方法，可以帮助患者在叙事的过程中重新建构过去经验的意义，并通过回溯生命历程获得价值感与满足感，减轻患者对于死亡的焦虑感与恐惧感。家属可以在专业心理咨询师、社工的指导下与患者进行深度叙事，帮助患者回忆过去经历，重新发掘生命中愉快的、有价值的事件。如果患者对死亡十分抗拒、恐惧，家属应该了解患者无法接受死亡的真正原因，对其进行疏导。如果患者担心自己生病甚至去世后对家属日后的生活不放心，家属可以表现出自己已经可以独当一面的能力。如果患者是对自己还不够满意，之前并没有做到最好，家属则可以肯定患者以前存在的价值与意义，让患者尽量没有遗憾，满足其自我成就的需要。对于癌症晚期和没有行动能力的临终患者，家属更应注意与其沟通的方式，用恰当的语言保证患者情绪的稳定。

三、与医护人员协同合作

家属说服自己接受亲人即将离世的事实，同样要承担巨大的痛苦，因此患者、家属、医院之间的沟通显得更为重要。家属应该协同医院对患者进行必要的临终关怀。家属应该在患者与医院之间起到一个良好的中介协调作用。患者可能会对医院的工作人员产生排斥心理以及恐惧感，或无法面对自己病危的事实，这时，家属就成了一个必不可少的角色。家属一面要积极配合医院工作人员的治疗安排，一面要安抚好患者的情绪，并以一个患者可接受的方式与其沟通病情。家庭成员只有和医护人员协同合作，共同为患者提供治疗与心理上的陪伴，才能了解患者的深度需求，保证患者得到最恰当的诊治。

四、直面死亡焦虑与遗憾情绪

当患者因对死亡的恐惧产生焦虑情绪时，家属首先要做的不是否定事实或是无视患者的负面情绪，一味回避只会使患者的心理压力更加无法释放。家属应做的是关注患者的负面情绪，为其留出一定的空间发泄；之后家属应对患者表示充分的理解与支持，"我懂你的感受，不管怎样我都会陪在你身边。"在家属表达了充分的陪伴意愿后，患者恐惧不安的情绪会在一定程度上得到缓解。对于患者来说，家人最重要的意义就是提供精神上的陪伴。家庭支持作为患者社会支持网络的重要一环，其价值是不可替代的。

当患者认为自己是家里的累赘而产生自责的情绪时，家属可以这样跟患者沟通："我们每个人都是这个家庭的一分子，您不必觉得自责或者难受。如果今天是我生病，难道您不会照顾我吗？我相信您一定会好好照顾我，那我也是同样的呀。我们一起努力！我相信您一定会好起来的。"

当患者觉得自己无法接受死亡是因为觉得自己还没有成为想成为的人，还想继续提升完善自己，但是已经时日无多，所以对死亡充满焦虑抱有遗憾的时候，家属可以这样与患者沟通："您在我心里其实一直都是一个很伟大的人。是您教我做人的道理，让我一生受益。其实您身边的好多人都跟我赞扬过您，说您做事有条理，只要想做就一定会成功。您是我一生的榜样，我这辈子要是能活到像您一样，也是知足了。"生命即将结束，但许多心愿尚未完成，患者和家属难免产生深深的遗憾，但家属应避免让患者因沉溺于遗憾而过于悲伤。恰当的方法是将视角转向患者的成就与人生幸事，唤起患者美好的回忆，使其以积极、坦然的心态面对生活。

五、真诚、陪伴、安抚

在沟通时，家属应真诚地倾听患者的想法。患者在患病期间常常觉得孤独脆弱，会觉得没有人与他们感同身受，内心十分痛苦，可能会产生一定程度的焦虑。作为患者的家属，应该关注患者的内心世界，让他们觉得并不是自己一个人在战斗；要倾听患者的想法，使之发泄内心压抑的情感；要包容患者不同的想法。同时，家属应多站在患者的角度思考问题，注重体会患者内心的无助与痛苦，对患者进行一定的疏导安抚，注重陪伴，发挥亲情的力量，从而促进患者病情的恢复。对于癌症晚期的患者，家属可以通过陪伴患者，共同回忆美好的事情，尽量满足患者合理的需求，以达到临终关怀的目的。

例如，当患者内心孤独脆弱想获得精神慰藉时，家属可以这样和患者沟通："你最近怎么了，心情不好吗？你可以跟我说呀，有事情我们一起解决，不要自己憋着。"在家属与患者的实际沟通中应明白患者真正的需求是什么。例如，有的患者只想得到生命的延续而不在意其他的附属条件，比如金钱；有的患者则是更加注重生活质量和生命意义本身，不希望无意义地延续生命。如果患者抗拒与医护人员沟通，导致医生无法选择最优最合适的治疗方案时，家属可以和患者沟通，启发患者说出其真实的想法，如："我们可以聊一下吗？希望你可以告诉我你最真实的想法。我们共同努力，我们也会一直陪着你的。"

六、家庭会议

对于癌症患者的临终问题，家属可以通过家庭会议的方式进行深入探讨。许多患者由于在医院接受治疗，没有合适的时间与环境和家人讨论临终问题，加上社会风俗习惯的影响，患者家属也不愿直接面对这样的问题，因此，医院可以通过特定的形式为患者及其家属创造机会。另外家庭会议的主题和形式也要符合我国文化特点，可以由专业心理治疗师、社会工作者进行指导，并吸收国外相关经验，发展出符合我国患者及其家属身心特点的沟通模式。另外，在构建临终沟通模式时也应将医护人员纳入沟通的范畴之中，提升医患双方的沟通意识与沟通能力，减少双方沟通过程中产生的误解，使患者可以充分表达自身意愿，从而为患者创设安全、温馨的沟通环境。

第十二章

叙事护理：在故事中建立护患情感共同体

叙事护理是由叙事医学所衍生出的一种心理护理的新模式，该模式已经在临床工作和医学教育中开展（张鲁敏等，2019）。叙事，即"讲故事"，讲述的是患者疾病故事（岑珏等，2019）。叙事护理指的是在治疗患者的过程中，医护人员倾听患者现实生活中的故事，体会患者的心情以及对于疾病治疗的态度，将自己的情感与患者情感相融，建立护患情感共同体，重新解读构建原有故事，引导患者转变对原故事的认识，以帮助患者治疗（朱春艳等，2020）。通过叙事护理，患者能充分地倾诉自身的感受，表达需求，建立面向疾病的正向心理防御，进而在一定程度上促进自身躯体、心理和社会适应方面的全面康复（李玉梅等，2018）。

第一节　叙事护理介入临床的方法

一、将叙事护理纳入责任制护理范畴

叙事护理与责任制护理是密不可分的。叙事护理应由患者的责任护士开展，这样有利于保持延续性。每一位医护人员需对自己特定的病患进行情感共情，拉近与患者之间的关系，建立病患共同体，这不仅有助于叙事护理的落实与深入，提升患者的身心健康水平，而且有利于稳固和谐的护患关系的构建。

二、采用心理咨询的方法和技巧与患者定期沟通

医护人员需与患者定期进行情感交流，听患者讲述他们在患病前后所发生的故事，留意患者讲故事的角度以及情绪，体会他们对于故事内容的情感。

有些患者倾向于与人沟通，讲述自己的故事，诉说心中的苦闷情绪；还有一部分患者，不愿意与他人分享自己的情绪和自身的故事。对于愿意进行沟通的病患，可以采用人本主义心理学的咨询方法，关注人本身，把注意力

更多地集中在患者对于他所讲述的故事的个人态度以及思考方式上，引导他讲出更多与自身病情相关的故事，让医护人员掌握更多有关患者的信息，从而可以有针对性地制定治疗方案，尽可能地满足患者对于治疗的需要，使得叙事护理顺利开展。而对于那些不愿意与医护人员轻易诉说自己内心真实想法的患者，可以采用精神分析的方法对其进行引导，了解患者问题的所在。在进行初步沟通时，要尽量避免与患者直接沟通病情，而是以一种闲聊的方式来进行引导。如："大爷，您最近睡得怎么样啊？看起来精神状态不错，有没有做什么梦呀？"这类似于精神分析主义心理治疗手段中的释梦法，通过让患者讲述自己的梦境，来反映到现实生活中的具体事例，然后判断患者最近的情绪状况，深度分析推理，找出影响其心情的问题所在。也可以采用自我披露的技巧，先对患者讲述跟自己有关的故事，让患者觉得自己并不是一个被边缘化的人，以此拉近关系，建立信任。这样做有利于患者更好地倾诉自己的情绪，使医护人员更加了解患者的状况，发现问题所在。

三、问题外化，重构故事意义

患者此阶段的情绪往往与家属有着密不可分的关系，所以在进行沟通以及问题外化阶段（罗文催等，2020），可以让其家属参与进来以促进此阶段任务的完成，这也方便家属了解患者内心所想，可以有针对性地进行安慰工作。医护人员鼓励患者尽可能地表达出自己内心感受以及目前对于自身患有疾病的看法。当医护人员准确把握了患者所担忧的具体事情，便可以将这些事情进行部分重组，赋予它们积极的意义，引导患者改变消极看法，使患者转变思考方式，对自己、对家人、对医护人员抱有信心，相信一切都向着好的方向不断发展。一个好的故事意义重构有利于患者心理状态稳定和病情的恢复。

四、组成共情共同体

医护人员应通过叙事护理得到患者本人及家属的信任。患者通过与医护人员以讲故事的形式宣泄自己内心情绪，医护人员给予一定的安慰指导以及可以适当解决其烦恼的方法拉近与患者之间的关系，感受患者内心的痛苦与孤独，以便更好地共情，在情感上产生共鸣，成为情感共同体（姜安丽，2018）。

五、改变认知方向，重塑健康自我

在重构故事意义后，医护人员可以采取鼓励式的语言，使患者不断发现和挖掘自身的潜在能量，相信自己可以成为有能力解决问题、将自己从不良情绪中拯救出来的人（李书麟等，2017）。秉承着助人自助的工作理念，医护人员采取与患者共情的工作方法，使患者缓解不良情绪，促进病情恢复。

第二节 叙事护理的意义

一、有利于建立护患情感共同体，提供患者情感寄托

患者在患病的过程中，会产生不同程度的情绪问题，严重者则可能发展成为心理疾病。部分患者由于家属不在身边无人照顾导致情感空虚；部分患者不愿意与家属诉说自己心中的不良情绪，怕带给家属不良情绪，这几类人的不良情绪无处宣泄，不利于医院有针对性地提出治疗方法从而阻碍病情的恢复。叙事护理通过医护人员采用一定的沟通技巧了解患者真正的内心所想，将其问题外化，赋予其现实问题新的积极的含义与方向；同时可以感受患者内心的孤独、无助、焦虑等不良情绪（黄辉等，2016）。患者有了精神寄托，认为有人理解他、关怀他，有适当的地方可以宣泄自己内心的情绪，从而有利于其病情的恢复以及情感满足需要（王一方，2013a）。

二、使医护人员成为患者与医院、家属之间的桥梁

患者可能会因为自身的不良情绪而对医生等治疗人员产生阻抗，不愿意与医护人员表达真实的想法与需求。通过叙事护理，护理人员可以通过一系列的沟通技巧与手段了解到患者真正的需求，将其得到的资料进行如实整理，与医生沟通，与家属沟通，成为一个连接医院、家属与患者的桥梁，共同促进患者病情的恢复。

三、创造出缓解患者不良情绪的新方法

在叙事护理的过程中可以结合有关心理学的咨询方法，对患者的问题进行更深层次的了解和探讨，挖掘患者潜在的内心需求，不断对患者的故事进行解构重构，赋予其积极的含义，扭转患者消极的心态，引导其采取积极的态度面对和解决问题。叙事护理改变了传统的医护人员与患者的对立关系，通过建立共情共同体的方法将医护人员与患者的关系拉近，成为"一条战线"上的人（Aloi，2009）。

第三节　叙事护理在临床应用示例

当患者愿意与他人进行沟通，医护人员便可以直接进行引导。以下是模拟护患沟通的场景。

护：大爷，最近看您不怎么开心呢，发生什么事了吗？

患：小张啊，大爷心里苦啊。

护：发生什么事儿了？大爷，您愿意跟我分享一下吗？或许我们可以一起解决呢！

患：觉得自己老了呗，每天都在医院待着，花着儿女的钱，心里过意不去啊！好像自己就是一个没用的人，感觉自己好像是这个家庭的累赘，甚至有点想放弃治疗了。

护：是这样啊，那您跟儿女们说了吗？

患：没有啊，不知道怎么开口。

护：可是每天我看他们都轮流来照顾你呀，并且很关心您呀。

患：是啊，儿女工作都忙，但是也都请假来轮流看我，所以我才内心愧疚啊！觉得耽误了他们的事儿。

护：那您的儿女们有没有总安慰您呀？

患：有啊，经常跟我说真希望我快点好起来，我的孙子孙女都很想念我，还让我不要为了别的事情操心，说一切都是小问题。哎，我的孩子们都还是很孝顺的。

护：是啊，孩子们的事情都不用您操心，孩子们也并没有说您什么，是什么让您觉得自己是拖累呢？

患：我觉得要牺牲别人的时间来照顾我，我就会很内疚。

护：但是您有没有觉得您是全家的希望呀！或者说您的儿女们平时就很想陪伴您，但也一直没有时间，反倒是现在给了他们机会和时间。我看他们每次来看您的时候都很开心呀！是您的存在让他们觉得自己很幸福，您的存在对于他们来讲是很有价值的呀！

患：真的吗？以前我从来没有这样想过。

护：您可以跟他们沟通一下呀，看看他们是不是这样想的。以前您可能总是站在自己的角度去想这件事，没有站在他们的角度。您对于他们来讲是很重要的啊！而且您觉得您自己什么都做不了吗？起码您还有行动能力呀，不至于说连累到别人呀！

患：我真的很重要吗？如果我对于他们来说很重要，那我不就不是拖累了吗？对呀，我也有行动能力呀，也不用做什么都需要人帮呀。我一定要尽快好起来，像原来一样！

护：对的大爷。期待您的恢复哟！

第十三章

癌症社会工作

第一节　临床社会工作概述

一、临床社会工作的定义

随着社会工作专业化的逐渐发展，临床社会工作这一概念出现在人们视野中。"临床"最早属于医学概念，专指医生对患者进行诊断和治疗的过程（郑宁，2008）。临床社会工作的英文为 Clinical Social Work，是指社会工作者在其相关的工作领域，如社区、医院、企业、学校中，对社会弱势群体及特殊群体等服务对象开展直接性的实务性服务，即社会工作者直接接触服务对象开展的一系列社会工作实践。与社会工作中政策研究、社会问题调查等宏观领域不同，临床社会工作更注重微观层面。

二、临床社会工作的内容

因为临床社会工作要求工作者直接接触服务对象并为其提供服务，因此工作内容应视服务对象的需求、实践的具体情境等多种因素而定。美国的医院通常有临床社会工作者提供服务。根据这些工作者的服务内容，可将临床社会工作的服务内容概括如下：（1）为有需求的服务对象提供心理援助与调适；（2）帮助面临经济与社会压力的服务对象摆脱困境，减轻其经济压力；（3）为服务对象链接社会资源，尽可能提供多种渠道帮助服务对象摆脱困境，如政府补助、保险、慈善机构援助、再就业培训等；（4）介入服务对象的社会关系网，帮助其重建社会支持网络，获得社会支持；（5）为有需求的服务对象提供日常生活照料（李娟等，2014）。

三、临床社会工作的方法

临床社会工作的基本方法为个案工作方法、小组工作方法、社区工作方法、科研工作方法。但应注意的是，社会工作者在开展临床社会工作实践时，如果仅是割裂地使用这些基本方法，而忽视了服务对象所处的整体社会环境与自身的价值，便会陷入"头痛医头、脚痛医脚"的误区，更无法从根本上改变服务对象的困境，长此以往只会使工作者陷入自我能力的怀疑（张和清，2011）。因此在开展临床社会工作实践时，社会工作者可以在专业方法的选择上有所侧重，也应以整体的视角看待服务对象所处的社会环境，遵循对象自决的原则，综合运用多种方法进行社会工作介入。

四、临床社会工作的价值和意义

临床社会工作服务在我国发展的时间并不长，社会工作分布的地区也呈现出不均衡的态势，且我国对临床社会工作存在巨大的需求。临床社会工作的主要价值在于：（1）从多角度多维度介入医疗过程，优化患者的治疗效果；（2）医务社会工作者肩负着促进医患沟通的任务，可以大大减轻医护人员的工作压力，使其将更多的精力放在救治患者上；（3）通过专业的社工服务，可以减少患者在治疗及康复过程中的心理压力，提升其社会适应能力。社工可为患者链接社会资源，帮助其获得心理、社会与经济的支持；（4）为医疗分担部分事务性工作，如科研管理、教育培训、基金募集管理、开拓社会资源，推进卫生机构拓宽公共关系，提升社会影响力；（5）优化卫生机构的社会功能。例如开展生命终末期患者的临终关怀、艾滋病的预防与干预等；（6）推进医疗卫生服务延伸到社区，助力于使普通百姓更充分地享受医疗资源，促进医疗资源的优化配置；帮助医院与疾控部门开展专业的健康教育，使社区居民得到疾病预防与保健的专业知识与优质服务。

由于临床社会工作微观化的特点，可以最直接地接触到有需求的服务对象，切实地帮助他们调动所需资源，摆脱困境。因此，临床社会工作在我国有着迫切的需求和广阔的发展空间。

第二节　我国癌症社会工作开拓的可能路径

一、将癌症社会工作融入安宁缓和医疗（临终关怀）

癌症患者所面对的不仅是生理上的病痛，还有对死亡的恐惧、对家人的眷恋等多种复杂情绪，因此癌症不仅是医学上的问题，也是社会性问题。医护工作者在疾病诊治方面有较高的权威性，但癌症晚期患者需要的是多元化的支持，因此社会工作有必要介入安宁缓和医疗。这意味着社会工作者要与医护人员协同合作，为癌症患者提供多方面的支持，使其以平和稳定的心态面对未来的生活，有尊严地度过生命最后的时光，并尽可能减少患者的痛苦。

在安宁缓和医疗团队中，社会工作者可以发挥如下作用。

首先，社会工作者能为患者及其家人提供心理支持。工作者可以运用个案工作的谈话技巧及相关的心理学方法，帮助患者宣泄紧张情绪，减缓心理压力，尽可能以坦然心态面对未来的人生（邹然等，2019）。例如，某社工机构为肿瘤医院患者开展安宁疗护小组活动，在了解癌症患者的需求后，鼓励患者说出内心的愿望与需求，帮助其获得相似群体的支持，使患者携手并进，从容优雅地面对疾病，理性地面对死亡。小组工作介入癌症晚期患者临终关怀服务有较强的可操作性，可获得较为显著的提升患者心理健康水平的积极效果。

其次，社会工作者可以整合患者及其家庭所需的资源。癌症患者不仅需要医疗救治，也需要社会支持，疾病破坏了患者原有的正常生活，使其社会支持网络受到一定影响。社会工作者需要调动社会各方资源，为患者搭建家庭、医院、社区、社会的支持网络，为癌症患者提供多方面的社会支持。

最后，社会工作者作为医护人员的同行者，能够为其进行心理状态评估。医护人员在面临患者生命垂危时，不可避免会产生巨大的心理压力（孟德祺等，2020），社会工作者可以为其提供心理支持，使其以较好的心理状态为患者提供治疗，促进安宁缓和医疗团队的正常运行。

二、将癌症患者的临床社会工作纳入医保支付

将临床社会工作服务纳入我国医疗保险，如纳入长期护理保险，有利于让更多癌症患者在治疗过程中接受专业社会工作服务。医保相关部门可制定癌症

康复等医疗服务价格政策。临床社会工作对癌症患者的心理调适、社会支持有着不可替代的作用，因此将其纳入医保有助于减轻患者经济负担，让患者享受具有人文关怀的诊疗过程，提升患者治疗过程的生命质量。

三、为癌症患者提供整合的社会工作服务

癌症患者所面临的问题不仅是生理上的病痛，还有心理上的压力、经济的拮据等多方面的困境，因此社会工作应以更为丰富的视角和方法协助服务对象。工作者可以综合运用社会工作三大方法（即个案工作、小组工作、社区工作）为癌症患者提供专业服务，发展以患者需求为导向，多元化的整合的社会工作服务（季庆英等，2019）。

个案工作方法是：社会工作者为服务对象提供个案辅导，主要体现在对服务对象与照顾者的心理支持上。癌症患者在经历病痛折磨时，不可避免地会产生强烈的绝望与恐惧，工作者可通过个案访谈的方式帮助其进行心理调适，给患者足够的鼓励，关注其心理状态的发展与成长，使他们以较为正面的心态面对未来的人生（张雪，2019）。

小组工作方法是：在我国，癌症病患的照顾者多为其家庭成员。照顾者长期面对患者的病痛，不仅要承担病患治疗过程中的生活起居，还要经受亲人身患重病的挫折，这会使其产生压抑、悲观的情绪，因此社会工作可以为照顾者开展支持性小组活动，通过小组互动的方式帮助服务对象与相似经历者，让他们彼此支持，增强其心理联结（程秀仙，2019）。

社区工作方法是：癌症患者的治疗过程往往十分艰辛，长期的治疗也使患者脱离了原有的生活环境，工作者应帮助其重建社会支持网络，链接社会各方资源。一方面，工作者从癌症患者的日常生活出发，为其组织一些能力范围内的社会活动，帮助其恢复社会化水平；另一方面，工作者应致力于营造一个和谐的社会氛围，例如通过网络宣传等方式，使癌症患者及其家人、社会公众正确地看待癌症，帮助患者以积极的心态接受治疗。

四、提供有针对性的社会工作服务

不同的病患群体具有不同的生理、心理特点，可以根据其特点与需求提供有针对性的社会工作服务。例如，当服务对象为儿童、青少年癌症病患时，工作者认识到该年龄段是人类社会化的重要时期，而身患疾病意味着他们的人际交流受到阻碍，因此为其开展成长性小组活动是适宜的，具体通过以下几个方

面提供专业服务。

首先，通过小组活动的方式促进癌症患儿交流沟通，增强其社会联结。其次，通过小组活动的互动过程提升癌症患儿的自我效能感。再次，儿童年龄较小，生活独立性较差，情感需求度更高，更需要获得外界的精神支持与心理抚慰，因此工作者为这一群体提供服务时更应关注其心理的良好状态与未来发展，以便为其治疗过程提供保障。

五、建立医院—社工站—社会的支持系统

癌症社会工作作为社会工作的领域之一，除了为癌症患者提供直接性的服务（心理援助、小组活动）之外，还应为癌症病患家庭提供间接性的支持，例如与医护人员配合，促进医患双方的沟通。另外，社会工作者应立足于实务经验，将癌症患者的生活现状、困境与需求进行整理，反映给相关的医疗卫生机构，积极扮演协调者和政策影响人的角色，形成由微观到宏观的支持系统，为癌症患者的治疗创造良好的外部环境。

第三节　癌症社会工作实务案例

某社会工作专业学生在天津市肿瘤医院儿童肿瘤科开展工作。在与这些儿童逐渐建立关系的过程中，工作者发现这些儿童由于接受治疗，不得不脱离原有的生活环境，长期居住于医院。医院相比外界具有一定的封闭性，日常生活要受到医护人员的管理。这些癌症患儿在社会化的关键时期，无法在正常的生活环境中与同辈群体交流，这对其身心正常发展造成了一定的影响。长期接受化疗，身体外形的憔悴给癌症患儿的自尊心造成了很大打击，因此这些儿童多内向、孤僻，在日常生活中不愿与他人交流。被动接受治疗的过程使得他们对生活产生了较为强烈的无力感。当工作者与之交谈时，他们常表现出消极的态度。

因此工作者希望利用专业优势，为所接触的癌症患儿提供社会工作专业服务，帮助其实现自身的积极发展。工作者首先以定向访谈的方式对其进行了需求评估，在了解其基本情况后，工作者认为该群体存在的问题主要为环境适应能力不足、心理压力较大、社会支持网络受到影响、日常生活过于单调、与照顾者（其父母）沟通不畅、亲子关系紧张等。

根据服务对象的多方面需求，工作者为其设计了 5 次小组活动，持续时间

近两个月。之所以选择小组工作作为此次服务的基本方法，一是由于以往临床社会工作针对癌症患儿的实务多采取个案访谈的形式，而以这些患儿为服务对象的小组工作实践尚不丰富。二是儿童时期是社会化的关键期，要形成健全的人格和正常的心智水平，离不开社会性的交流活动。通过同辈互动，儿童可以从中进行替代性学习。三是该群体住院期间的日常生活过于单一，许多患儿对住院生活还不能完全适应，因此参与小组活动也能在一定程度上丰富日常生活，促进患儿对住院生活的适应。综合以上多方面因素，工作者决定以小组工作的形式介入服务对象的治疗过程。

社会工作者于 2019 年 3—5 月于天津市肿瘤医院为儿童肿瘤科的患者开展了小组社会工作服务，小组性质为儿童成长性小组，参与小组活动的服务对象为 6—10 岁的癌症患儿，每次参加活动的儿童为 6—8 名。5 次活动的主题和目标分别为：（1）提升癌症患儿治疗期间的生活适应能力；（2）排解服务对象因疾病产生的心理压力，帮助其适当排解负面情绪，提升面对未来的信心；（3）促进服务对象的人际交往，从而发展和谐、积极的人际关系；（4）通过小组任务的达成，帮助服务对象提升自我效能感；（5）促进病患家庭中亲子双方的沟通与理解，使亲子关系朝着和谐有益的方向发展。

小组的具体活动有工作者讲故事、手工制作、成员交流分享想法等。在小组活动实际开展时，工作者以讲述童话故事的方式引入主题，并请组员根据故事寓意进行思考，并交流分享感受。根据小组主题的不同，工作者设计了不同内容的童话故事，同时引入了游戏疗法。游戏是一种更符合儿童身心特点的活动形式，考虑到癌症患儿身体素质的局限性，工作者没有选择活动量较大的游戏，而是选择了手工制作，请小组成员制作与主题相关的手工作品。手工制品色彩明快，形态各异，更符合儿童的年龄和喜好。制作手工作品不仅丰富了癌症患儿的日常生活，也帮助其建立起对自身能力的认同感。在制作完成后，工作者就治疗过程中的问题引导组员进行思考与自我表达，并不断进行鼓励与支持。

在 5 次小组活动结束后，工作者对小组活动的效果进行了评估。从参与度来看，小组成员都以较为积极的态度参与了每次活动，并对小组活动的认同度较高。通过几次小组活动，小组成员建立了较为亲密的联系，彼此形成了一定的支持。小组成员通过进行手工制作等活动，逐步建立起了对自我能力的肯定。参与小组活动的癌症患儿都对该种形式的活动表现出了较强的喜爱，并明显变得更加开朗，工作者也与癌症患儿建立了较为和谐友好的关系。

工作者认为本次专业服务还存在可改进之处，主要集中在以下几方面。

　　首先，小组结构还有待进一步改进。由于服务对象身体的特殊性，造成小组成员的流动性较大，活动开展过程中一些癌症患儿不得不中途换液或接受治疗，因此每次活动无法做到小组成员完全一致，这对活动效果造成了一定影响。其次，在活动过程中癌症患儿基本由父母陪同，一些父母会在活动时越俎代庖，这会导致癌症患儿无法完全参与到小组活动中去，这也是工作者需要时刻注意的，应尽量以这些癌症患儿为活动的主体。再次，小组活动的开展对工作者的协调应变能力提出了较高的要求。因为服务对象是癌症患儿，因此在活动流程的把控上要做到灵活机动，若一些患儿出现了疲惫、沉默、不愿互动的情况，工作者要及时做出回应，保证每一位服务对象都能参与活动并从中获益。

　　该小组是社会工作为促进癌症患儿积极发展而展开的实践，对于其他类型的癌症患者，社会工作者也应根据其身心特点，在对其进行需求评估的基础上开展有针对性的临床社会工作服务。

第十四章

癌症患者心理健康干预的常用疗法

心理学上有些疗法在癌症诊疗及患者康复过程中的运用，可以提升患者的心理健康水平。下面对这些疗法进行介绍。

第一节　文学治疗和戏剧治疗

一、文学治疗和戏剧治疗概述

1. 文学治疗

文学治疗作为艺术治疗的重要组成部分，是指以文学创作、欣赏、交流的各种形式为治疗方法，使被治疗者通过此类文学实践活动，排解心理压力，缓和内心不良情绪，学习正确的行为方式，与内在自我对话，寻求自身困境的解决，使被治疗者的心理系统达到平衡的状态（唐秋燕，2013）。文学的治疗功能是文学最初始、最基本的功能之一，而过去文学的社会性功能被放大，其心理学层面的治疗功能处于被忽视的状态（曾宏伟，2009）。近年来，许多学者逐渐关注到了文学的治疗功能，而文学治疗也逐渐成为一种独特的心理学治疗方法。随着社会科技、经济水平的不断发展，文学治疗不仅限于纸质书籍，还可借助多媒体技术，以更多元化的方式，使受治疗者了解到文学作品。治疗形式更加具有针对性和灵活性。

2. 戏剧治疗

戏剧治疗是指被治疗者以观看、学习、演出戏剧等一系列艺术方式，感受戏剧中人物的情绪与行为观念，不断加强自身、戏剧角色、人际关系间的认知与理解，达到移情、投射、模仿与替代性学习的作用（黄海燕等，2020）。被治疗者从戏剧作品中实现观念的改变，掌握解决自己所面临的困境的方法，重新审视自己的处境与问题，以更成熟的心态面对生活，实现自我心理状态的转化。

二、文学治疗和戏剧治疗的原理

1. 文学治疗的原理

文学治疗的精神分析原理：精神分析理论的代表人物弗洛伊德认为人的心理具有意识、前意识、潜意识三个层次，其中潜意识是个体精神活动中最原始的部分，而文学的治疗功能也与个体潜意识有着密不可分的联系。当被治疗者进行文学创作、文学作品阅读、欣赏、交流等一系列活动时，会受到自身潜意识的推动和影响。无论是被治疗者创作出的文学作品，还是其在欣赏文学作品时所产生的感受，都反映出被治疗者内心深处被压抑的欲望、忽视的感受与深藏的回忆。这些本能的冲动与欲望如果被一味压制，会造成心理上的疾病。文学治疗的方式使被治疗者压抑的情绪得到释放，与内心对话，实现个体欲望的替代性满足，使其心理状态达到良好的平衡，这有助于被治疗者的心理健康。

根据弗洛伊德的精神分析理论，文学治疗可以从个体的本我、自我、超我三个层面分别达到排解负面情绪、适应社会环境、提升个人审美的要求。弗洛伊德认为，通过文学创作的过程，个体将内心深处的潜意识植入文学作品，创作者的本能欲望得到替代性满足（武淑莲，2004）。

文学治疗的人本主义原理：人本主义心理学的关注对象是个体的价值与潜能，注重人的创造性与尊严，促进个体的自我实现（黄静，2018）。

文学治疗的方法也折射出对人性的关怀和个体生存环境的思考。被治疗者借助文学的形式，用语言或文字抒发自己内心的情感，这是一种为压抑情绪找到宣泄口的方式，也是个体进行自我心理疗愈的过程。

2. 戏剧治疗原理

人类具有喜爱模仿的天性。个体从幼年期开始，便尝试模仿他人的行为与言语。模仿的过程是个体成长与学习的过程，也是个体适应社会环境、调适自我的方法之一。被治疗者在演出戏剧的过程中需要对戏剧角色进行模仿。在这一过程中，被治疗者通过感受戏剧角色的处境与心态，实现替代性学习。

被治疗者在戏剧演出的过程中，扮演着"非我"的角色，这会使被治疗者暂时忘记现实生活的境遇，感受虚拟世界中角色的经验。这是一种类似于"面具"的情感体验，被治疗者在面具之后，可以寻求并尝试解决困境的方法，从而为新生活做准备（周显宝等，2013）。

在被治疗者观看戏剧的过程中，其情感将会投射于戏剧角色之中，这一过程是虚拟戏剧与现实生活的结合过程，被治疗者的幻想与期待得以投射于戏剧演出之中。这会使被治疗者心中压抑的不良情绪得以释放，美好的期待得以满足，这是戏剧治疗作用的体现。

三、文学治疗和戏剧治疗在癌症患者中的应用

1. 应用路径

将文学治疗和戏剧治疗与社会工作专业方法相结合。社会工作的服务对象既可以是个人，也包括群体乃至整个社区。将社会工作模式融入文学治疗与戏剧治疗的方法中，可以对个体进行治疗，也可以组织有类似经历的癌症患者，开展文学治疗小组、戏剧治疗小组等活动，使患者们在群体互动中感知他人经验，获得群体支持，共同发现文学与戏剧的疗愈性作用。

使用写作疗法，鼓励癌症患者进行命题写作。写作模式主要包括：日记写作、信件写作、自传写作。写作疗法属于文学治疗的方法之一。通过写作的方式，被治疗者可以倾听自己内心的感受，并在写作的过程中对自己过往经验进行建构性的整理与回顾（叶舒宪，1998）。

例如：成立癌症患者小组，开展文学治疗。小组成员为大龄癌症患者（如平均年龄在60周岁以上的癌症患者），有一定的文化基础，可以进行基本的阅读与写作活动。小组以文学写作的方式，帮助这些癌症患者进行生命回顾。如：写生平自传、给人生中最难忘的一个人写一封信。

举办读书或观影交流会。这类活动应选取有意向与阅读能力的癌症患者，在一起共同阅读书籍。该小组模式类似于社会工作中的治疗性小组活动。社会工作者在该活动中应注重对服务对象的引导，帮助其感受活动氛围，抒发内心感受。观影会与此同理。

例如：组织癌症患者阅读史铁生《我与地坛》。这部作品是作家史铁生在经历双腿残疾的重大打击后，写下的关于生命、亲情的种种思考。作者在人生的艰难时刻，依然保持着淡定、豁达的心态，他的经历对于身患癌症的患者来说，更能引发他们的共鸣。

在戏剧治疗方面，可组织患者赏析一些戏剧，或者亲自参与一些戏剧活动。在丰富患者文化生活的同时，使其从中得到启示和心灵慰藉，激发其面对疾病的能动性。

再例如：征集少年儿童癌症患者进行戏剧演出，治疗者策划剧本，为每位患者分配角色，进行戏剧编排与演出。剧情设计应考虑到癌症患者的生理特点，尽量避免设置活动量过大的情节。

2. 应用领域

文学治疗与戏剧治疗可根据癌症患者面临的心理、社会问题进行有针对性

的介入，具体可应用于以下几个领域。

一是癌症患者的心理调适。癌症患者往往面临着社会角色的变化。一些患者曾经是能力卓越的社会人士，但因疾病不得不脱离自己原有的社会角色而接受治疗。许多患者会出现巨大的心理落差，同时也承受着对疾病发展的恐惧以及生理层面的痛苦，这些因素都会对其心理造成极大的压力。许多癌症患者的病情加速恶化，往往是由于心情长期抑郁低沉，从而对病情造成了不利的影响。文学治疗与戏剧治疗可以暂时转移疾病的痛苦，帮助患者排解心理压力。患者通过一系列相关活动学习正确的心理调适方法，保证其在接受治疗期间拥有平和、积极的心理状态。

二是癌症患者的环境适应问题。身患癌症意味着患者要改变原有的生活环境。许多患者确诊癌症后，由于身体的限制不得不辞去工作在家中或医院修养。许多患者会出现对生活环境转变的不适应，其原有的社会支持网络也会受到破坏。通过文学治疗与戏剧治疗的方式，癌症患者可以接触到许多拥有共同爱好、相似经历的病友，并在与治疗者、同伴互动的过程中逐渐适应新的生活状态，获得群体支持。这一过程对患者自我效能感的提升与社会支持网络的恢复有着积极助益。

三是终末期癌症患者的临终关怀服务。一些晚期的癌症患者不得不面对死亡这一沉重议题。如何让这些患者坦然接受死亡、尽可能减少他们生理与心理的双重痛苦、有尊严地走完人生最后一程，也是文学治疗与戏剧治疗可以介入的路径。通过文学治疗与戏剧治疗方法，可以使患者通过艺术性的活动感受人类对于死亡的种种思考，从而探索人生的价值，回顾自己的人生历程，发现生命中充满价值与美好的时刻，使患者逐渐接受身患癌症的事实，以积极的心态接受治疗，并坦然面对死亡。

四、意义

文学治疗和戏剧治疗方法的出现，意味着心理治疗与社会工作服务范式的转变，即改变了原有的诊断被治疗者的问题视角，以优势视角看待被治疗者的潜能与创造性。被治疗者能动地参与到治疗过程中。

文学与戏剧作为最广为人知的艺术形式，对人的心灵有着良好的滋养作用。被治疗者通过感受语言、文字、戏剧这样的活动，感受艺术世界中人物的心路历程，并通过自己的实践感受生命的丰富与价值。这样能动性的活动可以提升被治疗者的自我效能感。

我国目前的文学治疗与戏剧治疗研究还处于起步阶段，相关的研究成果尚不丰富，文学治疗与戏剧治疗方法对于癌症患者的应用还有很大的探索空间。癌症患者往往承受着常人难以想象的生理痛苦与心理压力，社会工作者、心理治疗师可以利用文学治疗方法为这一群体提供相关的服务，缓解他们心理上的痛苦与无助，协助他们了解自我疗愈的方法，让他们借助文学和戏剧的力量抚慰心灵。

第二节　绘画疗法

一、绘画疗法的操作原理

绘画疗法是一种新兴的心理艺术治疗方法，它以绘画为途径，对患者进行治疗。其操作原理是：由患者根据治疗者给出的提示进行绘画，这种绘画是随意的、无限制的、充满想象的；绘画能够表现出患者内心的潜意识状态、对自己的认知以及对当下生活的理解和对未来的渴望，治疗者可以根据画上的内容对患者进行初步的心理状态及相关因素的评估，如患者的人格特点、实际操作能力、情绪状态、人际关系能力等等；因画中呈现的内容可能在现实世界中找到原型，治疗者可以根据绘画的内容与患者展开对话，了解画中各个部分所代表的含义，以此了解患者内心真正的情结病症所在。

绘画疗法独特的地方在于治疗师的不同，采用这个方法进行心理治疗的治疗者称为"艺术治疗师"这个群体在进行治疗的时候往往要身兼"多职"，他们同时扮演艺术者、老师、治疗者。作为艺术者他们要能够掌握整幅画所表达的具体意义所在，用艺术者的审美将整幅画所代表的意义进行升华；作为治疗者，他们需要通过专业的咨询技术引导患者发现自己内心的矛盾与冲突；作为老师，他们要使用恰当的方法引导患者找到适合自己的可以解决问题的方法，以此来帮助患者成长。

由于绘画疗法属于心理治疗方法的一种，所以其实施步骤与心理咨询大致相似，大致分为3个阶段：诊断阶段、治疗阶段，结束阶段。在诊断阶段，治疗师要事先搜集患者生活的资料，明确需要解决问题的大致方向。搜集资料有两种方法，第一种是治疗师可以给出一定的情境，让患者按照指引进行作画；第二种是治疗师让患者自由作画，不按照任何的设定规则，随心所欲地进行作画。在作画前，尽量要使患者保持一个放松不防御的状态。在作画时，尽量要使患者处于不被打扰的状态，让患者保持专注，从而让患者的真实情感表现在画中。在患者作画结束后，治疗师应对患者所创造出来的作品保持中立的态度，不赞赏也不批评。在治疗阶段，治疗师应通过与患者进行沟通，了解画中各个部分所代表的深刻含义，引导患者说出每一部分所代表的背后故事，引导患者看清自己内心真正的问题所在，缓和其内心矛盾，帮助其实现自我同一。在最后的治疗阶段，患者最重要的任务就是回顾之前和巩固现在的心境以及对与治疗者之间的依恋关系进行断舍离。

二、绘画疗法在癌症患者中应用的示例

绘画疗法可以帮助绝大部分癌症患者清楚自己的内心状况，缓解个人内心压力和抑郁情绪，实现自我成长。下面以女性乳腺癌患者为例进行阐述。

在进行绘画治疗之前，治疗师可以先对患者进行放松训练，以此使患者放下心里防备、重现自我，拉近治疗者与患者之间的关系。治疗师应尽可能地获得患者的信任，以方便在下个阶段患者可以进行更多的自我披露，并全心全意进行绘画创作。在准备阶段结束后，治疗者可以引导患者进行作画，例如，"现在请大家使用手中的画纸与各种颜色的笔画出自己的身体轮廓并对每一个部位进行填色。"在患者进行创作时，治疗者应注意保持周围环境安静，使患者可以全身心投入创作。当患者结束创作后，治疗者可以对其作品进行观察。不同患者所呈现的作品内容是不同的，反映了患者对于自身状况的认知以及情绪状态。治疗师可以对患者所画且填色的身体部位的轮廓进行初步的有效分析，如呈现黑色等暗颜色的身体部位，可能会代表患者对于那一处身体部位的不满，而呈现粉色等温暖亮色的身体部位，可能会代表患者对那一处身体部位满意或无感。对于身体部位大小程度的绘画也表达了患者对于身体各部位状况的相关情绪。如乳腺癌患者可能会对于乳房等部位进行着重的描绘，来表达自己的情绪。因此，治疗者可以抓住适当机会与患者进行沟通，使患者敞开心扉，诉说其心中的苦闷、焦虑。绘画疗法可以以团体辅导的形式开展。在每一次的团体辅导中，患者都为同一类人群，她们可以在治疗的某个环节中进行交流沟通，互相诉说自己的内心情感，正因为是同一类人群，所以可以做到感同身受，可以做到相互理解，且安慰的话语也更加温暖有力量，可以相互支撑。这样形式的绘画疗法不仅可以使患者找到自身问题所在，缓解其内心矛盾与冲突，还可以使乳腺癌患者找到属于自己的群体，通过绘画艺术作品以及相互倾诉来达到减轻自身焦虑抑郁情绪的目的，使个人的心理向着积极健康的方向发展，从而促进患者身体的康复。

第三节　音乐疗法

音乐疗法作为心理治疗方法之一，近些年来有被广泛应用在不同领域的趋势。它涉及心理学、医学、音乐等多个领域。利用音乐被人们广泛喜爱和使用的特点，可将其作为一种独特的心理疗法应用在临床癌症患者的心理治疗中。

一、音乐疗法的历史、分类及与应用

1. 音乐疗法的历史

从 17 世纪开始，医生以及从医行业者就有意识地从生理学和心理学的角度发掘了音乐的治疗作用。音乐最初被视为一种放松和减压的手段，它能给患者以慰藉，使患者摆脱生活中的烦恼、对事物的恐惧与面对压力时的焦虑（史琼等，2007）。

将音乐疗法作为干预手段进行应用可追溯到 18 世纪。I. M. 阿路特秀拉氏被认为是首位应用音乐疗法进行心理治疗的学者。他将其应用于精神疾病患者的治疗，并证实了音乐疗法的积极作用（周鹏生等，2002）。

19 世纪中后期，对音乐治疗有经验的音乐治疗者出现。20 世纪初，美国许多医院的精神科会根据医生要求，广播外放一些音乐，用实验证明了音乐对精神疾病患者的康复有着非常好的效果（Bunt，1994）。

第二次世界大战后，美国陆军将音乐疗法作为辅助疗法应用于伤残军人的治疗（Cook，1986）。

1950 年，美国国家音乐治疗协会成立，这一协会的成立标志着音乐治疗学作为一门新兴的学科诞生。

2. 音乐疗法的分类

根据以往的分类，音乐疗法被分成主动音乐疗法和被动音乐疗法两大类别。

主动音乐疗法是现场交互式的积极音乐疗法，患者参与其中，可以作为音乐的创造者，也可以作为音乐的表演者，描述音乐带给自己的感受，借助音乐抒发自己的情感。如患者创作表演的是欢快的音乐，则可以促进其体内多巴胺的分泌，激发患者愉悦的情绪；如创作表演的为悲伤的音乐，则可以使患者借助音乐发泄内心的不良情绪，清除内心"垃圾"，从而促进身心健康。

被动音乐疗法是接受式的音乐疗法，由他人播放音乐，患者作为倾听者，将注意力集中放在感受音乐上。患者将自身与音乐融为一体，借助音乐抒发调节自己的情绪，从而达到促进身心健康发展的效果。

二、音乐疗法的心理学机制

1. 音乐疗法与行为主义

行为主义心理学派认为，一切人的行为都是通过学习而形成的。一些负面的反应，如焦虑、惊恐、紧张、抑郁，也是如此。音乐疗法如果被纳入焦虑、惊恐、紧张、抑郁这些负面条件反射的图示中，那么，这些负面反应在作用途中可能由于音乐疗法的介入而获得缓解。

2. 音乐疗法与积极心理学

Menon 与 Levitind（2005）发现，音乐会刺激多巴胺的分泌，多巴胺的分泌会促进大脑产生愉快经验，愉快的经验会进一步引导个体保持积极的心理状态。

Fava（1999）和同事针对积极心态对抑郁与疾病复发做了相应的研究。研究内容为选择一群接受完乳腺癌手术的患者开展了一个"健康治疗"，治疗重点是增加患者对积极方面的认识。两年的治疗结果显示，参加健康治疗的人比接受正常医学治疗的人表现出了更低的复发率。

由此看来，音乐疗法既可以从激素水平上引起积极情绪的产生，也可以直接促进积极情绪的保持。

3. 音乐疗法与注意转移

音乐通过影响大脑的网状结构，调节中枢神经系统的活动，进而调节人体的觉醒和注意力分配（牟倩倩、李俊英，2017）。

注意转移是指由于人受外界的干扰等因素不自觉地将注意力从一事件转移到其他事件上的过程，这个过程是不受自己意识控制且被动产生的。

患者在疼痛状态下对于疼痛的紧张程度大，如果要将患者的注意转移到音乐上，需要音乐本身符合其需求与兴趣；如果患者没有鉴赏音乐的兴趣，需要培养其音乐兴趣。

三、音乐疗法在癌症领域的应用

音乐疗法作为一种辅助疗法，多应用于癌症患者的全程健康管理，以提升其身心健康水平。

1. 音乐疗法在镇痛中的应用

Wang 等（2015）研究音乐疗法对患者术后疼痛的影响。60 例肺癌晚期患者被纳入研究。干预组在术前进行 15 分钟的音乐干预。手术结束后患者进入重症监护病房，于术后 3 小时、7 小时、15 小时、19 小时这 4 个时间点给予两组患者舒芬太尼镇痛治疗，对干预组患者额外给予持续 1 小时的音乐治疗。研究结果表明，相较于单独使用药物镇痛治疗，音乐疗法联合药物镇痛治疗表现出了更理想的效果。音乐疗法不仅有助于稳定患者的血压和心率，而且能减轻患者术后的焦虑情绪。接受音乐治疗的患者，镇痛药的使用频率和剂量都有所减少。

Gutgsell 等（2013）设计了一个随机对照试验，200 位癌症患者作为被试。患者被随机分为对照组和干预组，对照组只接受常规治疗，干预组在常规治疗的基础上，每天进行 20 分钟的单疗程音乐治疗。干预前后运用数字疼痛评定量表（范围为 0—10 分）测量患者的疼痛程度。结果发现，干预组数字疼痛量表评分较对照组低 1.4 分，两组评分的差异具有统计学意义（$P < 0.001$）。

2. 音乐疗法在抗焦虑和抗抑郁中的应用

Sabo 等（1996）研究音乐疗法对化疗产生的焦虑程度的影响。他们对 97 例癌症患者进行随机分组，对照组予以常规医疗，干预组在常规治疗基础上增加音乐治疗。结果显示，与对照组相比，干预组焦虑情绪分数更低（$P < 0.01$），但两组患者的化疗副反应比较，差异无统计学意义（$P > 0.05$）。Lesiuk（2015）对乳腺癌患者进行了为期 1 个月的基于正念的音乐干预，每周 1 次，每次 60 分钟。结果证实音乐干预在缓解疲劳情绪等方面均起到积极作用。李佩文等（2001）将 182 例临床确诊为恶性肿瘤的患者，随机按 2∶1 的比例分为治疗组与对照组。治疗组进行音乐治疗和常规抗肿瘤治疗，对照组只进行常规抗肿瘤治疗。两组被试的情绪情况均选用汉密顿抑郁量表（HAMD）进行测量。结果显示，治疗组患者的早醒、全身症状、疑病等症状均有改善（$P < 0.05$），抑郁情绪、入睡困难、精神和躯体性焦虑等有显著改善（$P < 0.01$）。

3. 音乐疗法在癌症患者家属中的应用

Burns 等（2015）将音乐疗法用于临终关怀患者的家属，观察音乐疗法能否影响患者家属的心理健康。结果显示，接受音乐疗法的患者更容易与家属和医护人员讨论自己的身心情况，且认为音乐疗法可以为他们提供正面的精神支持。

第四节　心理剧疗法

一、心理剧疗法的作用原理

心理剧疗法最初由精神病理学家莫瑞努提出，是指在事先规定好的情境中，采用一定的技术手段，引导患者以外在行为表达内心情感，以便直接观察患者的病情。

心理剧疗法是一种团体心理治疗的技术，患者可以利用演剧的形式，通过扮演角色感受他人情绪，进而宣泄自己的情绪，使自己内心难以言语的情绪得以表达，解开心结，治愈自己。在剧中，有关专家会设置一定的情景，让剧中的角色按照其所设定的剧情发展。患者在剧中可以扮演自己、朋友、家人、甚至是陌生人，表演的故事大多是生活中发生过的事情，比如家庭矛盾、人际关系等，也可是患者身边曾经发生过的事情。通过演绎他人的故事，可以使患者站在他人的角度上去体会他人的思想与处境，感同身受，进而发现自己的不足及问题所在。在表演过程中，相关专家会不断引导剧情的发展且对患者的行为及其情绪进行观察、指导，发现其问题所在，同时可以适时对患者提出建议，让患者进行行为模仿，改变其以前面对问题时的思考及行为模式，进而帮助患者解决问题。其中值得注意的是，专家和观众都是很重要的辅助角色，所以他们必须要事先明确本次心理剧所要解决的问题；专家和观众要鼓励患者，配合其顺利完成演出，不要进行批评与排斥，不然，效果适得其反。

在演绎故事的过程中，可以加入独白戏份。在患者的独白中，患者可以对自己内心的想法畅所欲言，不必考虑他人的看法，不考虑自己所说是否被认同。患者在自我披露、借此抒发内心情感的同时，可以进一步使患者的主治医生清楚患者的核心问题，以便更好地对患者进行治疗。

二、心理剧疗法在癌症患者中的应用

心理剧作为短期心理治疗的有效方法之一，同样可以应用在癌症患者的心理治疗中，从心理影响生理，进而促进患者身心健康的恢复。

心理剧疗法作为一种表演型的心理治疗方法，其技术方法如下所述。

1. 角色互换技术

角色互换技术是心理剧疗法最常用的核心技术之一,其宗旨是使患者站在他人的角度思考问题,以此解决生活中遇到的问题。当事人为情景剧中的配角,主角由他人扮演。当事人口述曾经发生的具体事件,由主角扮演当事人,将情景重现,而当事人则扮演当时情景中的其他人。例如,当癌症患者与家属沟通困难,认为家属不够关心自己时,可以采取心理剧疗法。在剧中,患者扮演自己的家属,情景再现家属的日常行为,其他人则扮演患者,由患者与家属共同情景再现。在演绎情景的过程中,患者发现,若要照顾患者,家属需要跟自己的老板请假才能有时间照顾患者。在照顾的过程中,家属还要时刻小心翼翼,以免伤害到患者脆弱的内心;每天起很早去买饭,深夜陪护上卫生间。患者发现家属照顾自己的过程十分辛苦,而自己却是一副理所应当的样子。通过这样的角色互换的扮演,患者感受到了家属照顾自己的不容易,并由此反思自己从没有体会到他人的不容易,只是考虑了自己,感受到家人原来为自己付出了那么多,而自己从没有意识到。在心理剧的最后部分,可请出患者与家属真诚沟通,互相诉说内心的感受,由此缓和他们之间的矛盾,进而缓解患者不良情绪,促进其健康的恢复。

2. 镜观技术

镜观技术也是心理剧疗法的治疗方法之一。它与角色互换技术的不同在于,角色互换中有患者本人参演在情景剧中,而在镜观技术中,患者本人并不参演任何角色,而是以一个旁观者的身份看其他人将当时所发生的事情重现进而重新思考问题的所在。例如,当癌症患者住在一起时,因为晚上休息时间不同而产生矛盾,患者们各自说出自己当时的做法,表演者进行情景再现。A 晚上在正常的时间关了灯。B 说时间不够用,抱怨难道不能等他把事情做完再关灯吗? C 在关灯之后,跟别人打视频电话十分大声并吐槽 A。A 十分不满,于是对 B 与 C 大打出手。在情景剧表演中,B 与 C 发现 A 是履行了正常的医院规定并没有针对任何人,也看到了自己的行为确实影响到了他人休息;而 A 也发现自己当时的行为过于冲动。于是每个人都进行了自我反思,明白其实都有做得不对的地方,从而解决了他们之间的矛盾。

3. 空椅子技术

空椅子技术是患者在舞台上对着一个椅子畅所欲言,自我独白。

例如,患者最近情绪低落,心中苦闷不知道对谁去说时,患者可以在舞台上将椅子想象成任何一个客体,尽可能地沉浸在自己的世界里,倾诉最近的情绪与想法。

第五节　现实疗法

现实疗法是美国加州精神科医生威廉·格拉瑟于 20 世纪 60 年代创立的。它是一种人本主义理论取向的、又归于认知行为治疗体系的心理治疗方法，认为心理行为问题是由于人不能负责任所导致，其中心任务是帮助来访者承担起个人的责任，积极解决现实的问题（Glasser，1965）。

一、现实疗法的基本理论

1. 心理问题的实质

现实疗法观点认为，这个世界本来就没有心理疾病，只有心理统合感建立失败导致的心理问题。20 世纪 60 年代，传统心理学流派普遍认为个体的心理疾病是由过去的心理创伤导致的，这种理念忽视了个体的因素，把心理失衡全部归结于外部效应。格拉瑟在实践中发现，传统观念会让当事人有一种"我的不幸全来自外因，我自己没有责任"的想法，他们会放弃对生活的自我调控，也很难做出改变。因此，格拉瑟提出："我们不是过去的受害者，除非我们选择成为受害者"（Glasser，1965）。如何通过一些方法，提升我们自己的统合感、掌控感，让人们对自己的行为负责，这是格拉瑟提出现实疗法时想解决的问题。

2. 现实疗法的治疗目的

现实疗法的目的，是协助来访者挖掘自身的核心需求，帮助"失败认同"者分析自身行为，进而帮助他们为以后的所作所为负责任，以实现自身需求。咨询师会和来访者一起制定以后的行为计划，帮助来访者做出改变。来访者通过改变控制自己的行为模式，为自己负责。现实疗法最重要的目标是让来访者学会负责任的行为（Glasser，2004）。

3. 现实疗法的步骤

（1）建立共融关系。咨询师可以先通过与患者的沟通建立信任关系，拉近双方距离，这有利于后续工作任务的开展。

（2）现在你在做什么。咨询师将注意力集中在当事人的日常活动上，问他们"现在在做什么？"，将当事人渐渐地导向面对自己所做的事，接受至少做什么事是自己的选择。

（3）你所做的对你有帮助吗？咨询师问当事人"你现在做的事对你有帮助

吗?"一旦当事人接受他的行为是他自己选择的,就得准备回答这个问题。这个步骤是让当事人判断他现在所做的事是否有效。

(4)拟定计划。咨询师帮当事人制定一个可以做得更好的计划。制定计划有时很像在教学,人不会学到他不想学的东西,至于计划是谁订的,并不重要,重要的是当事人去执行这个他相信会有帮助的计划。

(5)承诺。指的是对计划的承诺,咨询师帮助当事人了解"我不仅对自己负责,还要对治疗师和其他关心我的人负责"。承诺也意味着"我不再孤单。我所做的不仅是为我,也是为别人",给予患者一种力量感和目的感。

(6)没有借口。显然,在一个可接受借口的世界里,很多人会迟疑着而不竭尽全力去做;在现实治疗里,承诺了一个计划,就没有借口不去完成它,因为接受借口就等于是对那个人说:我接受你的无能。

(7)不处罚。

(8)永不放弃。不要想着"如果行不通,我们就放弃",要心存"挑战才刚开始"的念头;要帮助一个沮丧、甚至是消沉到极点的人;光明面或希望面是唯一值得呈现的一面。

二、现实疗法的心理学机制

1. 现实疗法的认知行为疗法机制

在实践中,现实疗法理论通常把行为分为四个维度:思维、行动、生理反应和情感体验。比较易于控制且控制效率高的维度是行动,居于第二的是思维。因此多数现实治疗流派的咨询师通常把治疗的重点放在控制行为上。通常来讲,随着个人成功地控制一个又一个行动,情感上的改善也会随之而来。而且,过去是不可改变的,但是随着行为的控制,现在和未来是可以改变的。

2. 现实疗法与人本主义机制

现实疗法的基本假设是:控制好自己的行为,才能控制好自己的生活,进而产生很好的统合感。类似于人本主义理论,格拉瑟也认为人有生存、归属、力量感、乐趣和自由这五种基本需要,做出合适的选择才能控制自己做出合适的行为,个体才有可能为自己负责。

3. 现实疗法与认知心理学结合的最终产物:选择理论

选择理论认为自己选择的行为,产生的结果也必定是由自己负责。他人的因素只能传达信息,却左右不了自己真正的选择。同理,自己也只能向他人传递信息,并不能对他人的行为做出真正的控制。信息本身并不具备让人产生情绪的条件。但是,大脑接收到信息后,会处理并加工信息,之后信息才会转化为行动和思维（Glasser，1998）。选择行为和思想是个人的自由，自己选择的行为和思想又会进一步影响感觉和生理反应。

内部控制是选择理论强调的内容，外部控制是选择理论反对的内容。外部控制是指一个人做错了，就要受到惩罚，这样他就会按照他人说的去做；然后表扬他一番，以促使他继续遵照他人的意志行事（Glasser，1998）。外部控制的运用，就是利用奖惩制度使他人服从。这显然是有弊端的，会导致实施者与被实施者的关系变得非常恶劣。而且，人的主观能动性会在这段关系中被消磨殆尽，被实施者觉得自己被别人控制但是无法改变现状，会很痛苦。

格拉瑟曾说："我们所做的没有一样是外界发生的事情引起的。如果相信我们的所作所为是外界力量引起的，那么我们就像一台死的机器。"

三、现实疗法在癌症患者中的应用

现实疗法可应用在临床癌症患者中。临床癌症患者往往会伴随不同程度的情绪问题。一些癌症患者对于疾病持悲观态度，认为命由天定，对现实的病情呈逃避心态，导致他们产生程度不一的情绪问题。现实主义疗法一个重要的核心理念就是人应该对自己的选择负责，所以当癌症患者出现上述状况时可以应用现实疗法进行治疗。

治疗师可以先与患者进行沟通，了解患者整体的心理状态，与患者建立良好的信任关系，拉近与患者的距离。在交谈过程中，治疗师应引导患者转变想法。人具有主观能动性，人可以采取积极有效的行为改变现在所面临的局面，患者也同样可以采取积极有效的康复行为促进身心健康的恢复。咨询师可对患者进行启示、引导，让患者形成良好的自我统合感，即自己有能力控制生活并且对自己生活中的每一个行为负责。

咨询师在沟通中将关注点更多地放在患者的日常行为中，对患者的日常行为进行观察记录，与患者共同分析他每一个行为所导致的结果，让患者感受到每一个结果都是由于自己的选择和行为所导致的，认识到自己可以做自己的主人，自己可以改变自己的生活，自己要对自己所做的每一件事负责。治疗师也可以同患者的主治医生及护士进行沟通，共同制定针对患者的康复计划，如：每天起床后对着镜子微笑，告诉自己是最棒的，一定能够战胜疾病；每天与他人沟通一小时；每天记录一件让自己开心的事情；每天坚持锻炼半小时等等。这个计划让患者自己执行，引导他相信只要他认真去做，这个计划会对自己的病情有促进恢复的作用。由于治疗师与患者的信任关系及共情状态，可以让患者产生一种"我不仅仅是为了自己，也是为了不辜负信任的人的期待"的信念。

这种信念会给患者一种积极的鼓励作用，让他相信自己是一个有用的人，通过自己可以改变当下处境，使患者的注意力更多地集中在执行计划以及关注自己的行为上，减少患者产生不必要的消极情绪，不怨天尤人，而是以一种自己对自己负责的心态积极面对生活，促进身体的康复。

第十五章

癌症患者的健康教育

当前，癌症已经变成一种需要系统治疗和长期随访的慢性病，健康教育对于患者的治疗和康复非常重要。本节从患者的疾病自我管理和晚期癌症患者生命意义重建的角度简介癌症患者的健康教育。

第一节　癌症患者的疾病自我管理

一、疾病自我管理的概念

自我管理是指个体发挥主观能动性进行有目的的管理自我的过程；自我管理的对象包括个体的思维、情绪、生活习惯、所处环境等多个方面；在自我管理的过程中，个体需要应用自身的认知及行为策略，才能达到理想中的结果（孙晓敏等，2008），因此，自我管理是实现个人健康的重要因素之一。

自我管理的研究开始于临床领域，目前主要集中于心理与行为问题治疗、慢性病的预防与恢复等领域，旨在使患者以提升自我管理能力的方式，改善心理与生理上的问题，为治疗达成积极助益。疾病自我管理是指患者对自身疾病进行自我管理，是通过接受自我管理、教育等方式，逐步建立起的改变生活方式、调节生理与心理状态的能力。为了进行有效的自我管理，个体要形成一定的能力去维持稳定的身体状态，同时也要对自身行为和某些消极情绪做出管理，因此，疾病自我管理不仅是治疗过程中的辅助手段，还是患者在长期应对疾病的过程中产生出的一种综合能力。

个体要进行良好的自我管理，大致要完成以下几方面的内容：首先，对自身疾病的治疗进行辅助性的管理，如遵循医嘱按时服药、接受医院治疗、调整不良的饮食习惯、定期进行自我健康监测（体检、测血糖）等；其次，患者往往由于疾病不得不脱离原有的生活环境，如离开工作岗位，因此自我管理的另一重要内容是适应并维持新的社会角色；再次，伴随疾病出现的除了有生理上的病痛，还有各种负面情绪，如悲伤、无助、愤怒、绝望等，因此患者要进行积极的自我管理，还要以恰当的方式应对和处理自身的负面情绪。

二、自我管理的意义

宏观上说，自我管理作为一种积极的心理品质与个人能力，在个体处于应激、不确定性较高的情境时有着明确的意义，当个体具有较强的自我管理能力时，能较好地应对生活中的突发情况，尽可能地降低意外状况的负面影响。患者如果能进行积极的自我管理，可以缩短其住院时间、减少住院次数；对于政府来说，可以使医疗资源得到充分利用，省去不必要的治疗手段，减轻医疗系统压力；对患者及其家庭来说，可以减少因接受治疗而花费的时间与金钱。

具体来说，患者进行积极的自我管理，有助于其充分了解自身疾病，以客观、理性的态度看待疾病，为后续的治疗做出恰当的决策。因此要获得良好的治疗效果，积极的自我管理起着不可替代的作用。1985 年，Wagner 和 Sternberg（1985）的研究表明了自我管理能力与个体的自我知识和运用密切相关，即个体的自我管理能力越强，就拥有越丰富的自我知识，并能以合适的方法去运用。另外，个体的自我管理能力有助于其在多个方面获得成功，例如职业生涯中，自我管理能力较强的员工往往能获得更多的薪水与更高的职位。因此患者若能进行积极的自我管理，意味着其能以合理的方式接受治疗，从而对病情的控制产生积极的影响。

目前我国疾病自我管理的研究多集中于慢性病的防治领域。慢性病患者往往要接受长期的治疗，病情会对其生活造成不容忽视的影响，因此慢性病患者的自我管理是其治疗活动的重要组成部分。进行积极的自我管理，有助于其养成健康合理的生活习惯，并以积极乐观的心态面对病情。例如一些高血压、糖尿病患者，进行积极的疾病自我管理能够有效改善其病情，并降低并发症的概率。长期来看，疾病自我管理，能够极大地提高患者的生活质量（解秀丽，2020）。

癌症患者的身体外形往往会因疾病而出现较大的变化，如暴瘦、脱发等，因此癌症患者的外形管理也属于自我管理的范畴。例如某些女性癌症患者通过戴假发进行外形修饰，一些患者会使用义肢等医疗器械，这类对自身外形的管理可以使患者逐步恢复因患病而丧失的自信，削弱对自身"残缺"的感受，从而缩短与患者心中理想形象的距离，有利于其心理健康状态的恢复（彭雁楠，2016）。

自我管理水平受到患者社会支持网络、教育水平、病情等多方因素的影响，特别是个体的自我效能对自我管理水平影响很大。自我效能水平高的患者往往拥有较强的自我管理能力，并且患者在自我管理的过程中，自我效能感也会因此而提高（栾文艳等，2020）。

三、癌症患者自我管理病例

患者，男，38岁，胃癌。以下为该患者的访谈笔录。

我是在刚刚满38岁的时候就确诊胃癌的，现在离确诊只过去了8个月。从记事起我就几乎没有得过感冒，基本没去过医院。我觉得自己体力很好，事业也是顶峰期，从来没想过被贴上癌症患者的标签。我在一个外企工作，算个小中层，房子车子都有，也有个相爱十年、今年准备结婚的未婚妻。被确诊癌症之前，我努力工作，每天都加班到深夜，有时候会在公司工作到凌晨2点。每天盯着各种绩效指标，做各种报表，经常因为各种应酬喝得烂醉，但第二天身体并没有感觉特别异常。每一天我都很兴奋，为马上建立的小家庭而努力。直到有一天，我突然觉得胃痛，吃了药也没有缓解，我以为是小毛病，过几天就好了。医生再三建议说做个胃镜明确一下有没有问题，我就听了她的意见。后来被确诊为胃癌，我非常震惊，我从来都身体好好的，怎么就得病了？

我认为自己是个非常理性的患者，确诊后我就开始了作为患者角色的一系列调整。在生活习惯方面，我的作息变得规律了。除非有特别紧急的工作，否则我都会在11点前上床睡觉，而之前我经常通宵达旦。现在觉得，工作是做不完的，今天做不完，就明天做，反正我不会再经常熬夜，也拒绝了大部分应酬，或者至少保证应酬时不喝酒。之前我觉得，很多事情一定要在酒桌上才能谈，否则就不叫好好工作。生病后，按时吃饭睡觉才是第一位的，其他都排在了后面。

另外，我对待工作的态度和之前不同了。我其实是个完美主义者，注重每个细节，希望尽善尽美，这让我自己的生活和工作都特别累。有时候觉得是为了生活而生活，或者为了工作而拼命，有时候自己也会觉得活得没什么意思，就像陀螺，一直一个姿态运转，不够精彩。生病后，我懂得了适可而止和随遇而安，我更关心自己的身体了，也更关心身边的人。我觉得自己也变得更随和，更懂得珍惜生活中的一些小事，并且觉得快乐了。比如说，之前完成了一个报表，我会很紧张地想下一个报表什么时候可以完成；而现在，完成了一项工作，我会非常开心，让自己休息一下，散散步，或者打打球，然后才开始下一项工作。我也会常常抽时间陪伴家人，找时间短途旅行，看他们笑着，我非常开心，而之前，我总是舍不得花这些时间。生病和治疗8个月，久未见面的朋友看见我，反而说看起来更年轻了。总之，我现在更热爱生活，更珍惜每一天，而不是去抱怨疾病。有时候觉得，我反而感谢这场病，正是因为生病，我才能变成现在从容幸福的生活状态。

许多癌症患者在患病前对健康的自我管理并不重视，不良的生活习惯是导致他们身体状况恶化的重要原因之一。在本案例中，该患者曾以消极的态度对待自我健康管理，而在得知自己身患癌症后，逐渐开始重视自身的健康状况。从心理学的角度分析，癌症患者经历了"创伤后成长"这一变化。创伤后成长属于积极心理学的范畴。积极心理学关注个体的优势和潜能，重点在于提升患者幸福感与生活质量。创伤后成长是指个体在经历创伤性事件的过程中，不断与创伤进行抗争，心理上出现了一系列正向的变化，开始积极寻求个人优势、社会关系、生活方式与态度的改变（周雪果等，2020）。本案例中的癌症患者在患病后没有沉溺于绝望与痛苦，而是积极进行自我管理，改变自身生活方式与思维方式，这一系列改变体现了癌症患者经历创伤性事件后的积极成长。创伤性成长给护理人员与患者提供了一个全新的视角。我们应相信每一个癌症患者都是拥有潜能的个体，一方面应注重激发患者潜能，使其进行积极自我管理，遏制病情恶化；另一方面也应为其提供尽可能全面的社会支持，增强癌症患者内在的力量。

四、如何提升患者的自我管理能力

正念疗法是衍生于积极心理学的临床方法之一，是指将治疗者的关注点放在当下的事物上，用心感受当下发生的一切。本案例中的患者在患病后，将注意力放在当下的生活，更加关心自己的身体，这是正念疗法的体现。因此在为癌症患者开展健康教育时，可以为其开展正念治疗，使癌症患者关注当下生活，感受生活中的每一件小事，暂时忘记疾病带来的痛苦。例如帮助患者练习正念冥想疗法，可以一定程度上改善患者的睡眠质量，对减弱其术后的疲乏感有着良好的帮助。

癌症患者出院后应注意对其开展延续性护理。一方面，延续性护理包括患者的生理护理，如出院后患者的生活作息、健康生活方式的培养，帮助患者在未来的生活中养成有益健康的习惯，定期进行身体健康检测；另一方面，医护人员与心理治疗师也应对癌症患者提供心理护理，例如帮助患者学习正确的减压方式，用正念疗法、益处发现等视角改善患者的心理状态等。癌症给患者与其家人带来的是漫长而痛苦的精神压力，因此对癌症患者开展持续性的健康教育，能够减轻患者临床治疗的不适感，并对其生命质量和生活幸福感的提高有着十分积极的助益。

第二节　晚期癌症患者生命意义重建

一、生命意义的定义

生命意义的概念由意义治疗大师 Frankl 最早提出，他认为生命意义是个体生命中的一些独特的存在或不断追寻的核心目标。寻找生命意义是个体存在的最基本动机之一，我们每个人都在不断追寻着生命的意义（孙梦霞，2011）。

一些学者整合了主流的生命意义观点，认为生命意义又称个体意义或意义，是指个体对自身存在以及生命中所认定的较为深刻的事物的感知。生命意义可分为寻求意义和存在意义两个方面：寻求意义是个体对生命意义的寻求、探索，强调的是个体追求生命意义的过程；存在意义是个体生活是否有意义的一种主观感受，是一种对结果的强调。

癌症患者的重塑是指癌症患者在患病后有了积极的发现，对人生及生命有了不一样的认识和感悟，以不同的心态面对未来的生活。重塑的意义在于，患者以不同的视角看待自身的病情，从原有的对疾病的恐惧与绝望中脱离出来，不将自己局限于负面情绪中，而是改变心态，豁达地面对剩余的人生。这一心态上的重塑会对患者未来的生活以及相关的治疗产生良好助益。

一些癌症患者的重塑不仅是心态和思想上的重塑，还有生活方式的重塑。这方面的重塑以更为直观的形式表现出来，例如患者改变了原有不良的生活方式，更加关注自我身体状态，积极接受治疗与病情监测，这种重塑会给患者的病情带来直接性的缓解。

癌症的降临不仅是对患者个人的打击，也是对其整个家庭的严峻考验。一些癌症患者的家人不仅要付出巨大的精力照顾患者，也面临着经济方面的重重压力，因此重塑也会为癌症病患家庭提供支持，使患者及照顾者重燃信念、彼此支持，增加其抗击癌症的勇气。

癌症给患者带来的不仅是肉体的痛苦，还有外形的打击。例如一些女性患者在罹患癌症后，对自身外形产生强烈的不自信，因此重塑对这一群体来说不仅意味着心态上的重塑，还有外形上的重塑。通过辅助手段使其外形恢复到正常状态，在一定程度上能减少其在社会交往中的不自信，获得心理安慰。

二、晚期癌症患者生命意义的影响因素

晚期癌症患者的生命意义受到多方面因素的影响，包括患者症状的严重程度、所接受的社会支持以及对支持的利用程度、患者自身的情绪管理能力等（赵娜等，2019）。

患者的症状会对其生命意义感产生明显影响，患者的症状越严重，所感受到的生命意义就越弱。晚期癌症患者在经受了疾病的折磨和相关的治疗后，往往会出现疼痛、呕吐、疲劳等症状，这会给患者带来极大的挫败与无助感，进而影响患者的生命意义，一些患者甚至会由于此类痛苦症状产生自杀的念头（吉晓玲，2016）。

癌症患者的社会支持强度会影响其生命意义感。患者从其所在的社会网络中获得的支持越多，其生命意义感就越强。因此对于癌症患者来说，建立强有力的社会支持网络能为其提供十分必要的精神支持。另外社会也应给予这一群体更多的关注与援助，增强患者家庭的社会支持强度。

患者的情绪管理能力也会对生命意义感产生明显影响。癌症患者往往面临着漫长而痛苦的治疗过程，患者应通过多种渠道，学习各种方法及时化解治疗过程中产生的负面情绪，以积极的态度面对未来的生活。

三、患者的干预需求

癌症患者最迫切的需求就是缓解因疾病产生的种种不适症状，因此有必要帮助患者学习多种排解压力的方法，或是通过参与某些活动，暂时转移疾病的痛苦。

许多癌症患者在后期病情恶化时，生活常常无法自理，只能依靠他人照料，这对他们来说是对自尊的伤害。因此可以通过一些生活设施的改善，提升其生活便捷度，并对癌症患者予以心理支持，使其自我接纳，以积极的心态面对当下的生活。

癌症患者由于病情的加速恶化，往往有许多未完成的心愿，这会成为患者及其照顾者的遗憾，因此在为癌症患者进行心理援助时，可以帮助其回顾过往人生经历，使其在这个过程中重建自信并缓解负面情绪。

癌症面临着一定程度污名化的现象，社会对个体形象的建构影响着患者对自身的认知，癌症患者往往因为自身病情陷入自卑、自我怀疑的情绪中，不敢向他人透露自己的疾病。因此癌症患者需要的不是外界的同情，更不是排斥，

而是理解与鼓励。

四、干预措施

1. 生命回顾疗法

生命回顾疗法最初应用于老年人心理护理领域，随着学界的不断研究与深入实践，生命回顾疗法已引入癌症患者的姑息治疗。国内研究者对山西省某疗养院癌症晚期患者开展了生命回顾治疗，研究对象为 45—65 岁的晚期癌症患者。研究者以个案干预形式为 6 名研究对象进行了 7—8 次，每次持续 1 个小时的生命回顾治疗。具体的介入方式是借用一本书《旅行笔记》中的内容，帮助研究者切入生命历程回顾的主体，并倾听、引导、鼓励他们对于自身人生经历的回顾，分享这个过程的喜悦、悲伤、悔恨与满足，重要的是研究者肯定了生活在当下的意义，并与研究对象一起完成未了的心愿（张宇，2007）。

2. 聚焦问题模式干预

聚焦问题模式干预是指通过多种途径帮助患者获得对抗疾病的积极经验，使其自身存在的健康问题得到有效的解决。我国对于癌症患者的聚焦问题模式干预的研究主要集中于解决其癌因性疲乏的方面。癌因性疲乏（Cancer‐related Fatigue，CRF）是癌症患者在长期接受治疗及心理、生理的紧张与痛苦而产生的长期性无力感，该现象普遍存在于癌症患者群体中。研究人员为 100 名平均年龄为 70.1 岁的老年晚期癌症患者开展了聚焦问题模式干预。主要干预内容包括：为患者提供心理、生理、社会等多方面的舒适护理；为患者提供疾病相关的积极信息支持；教授患者可操作的心理调整方案；增强患者的自我信念，提升其抗击癌症的自我效能感（张雪飞，2014）。结果发现，聚焦问题模式干预可以在不同程度上缓解癌症患者的癌因性疲乏症状，有利于患者建立生命意义感。

3. 意义治疗

意义治疗法最初由奥地利心理学家弗兰克尔提出，该疗法的核心目的是帮助受助者寻找生活的价值与意义，并重新建立起对人生的积极态度。国外对癌症患者的意义治疗已经开展了一些实践，主要形式有个体意义治疗和群体性的意义治疗。癌症患者的生命意义感明显受到症状严重程度的影响，患者的症状越严重，其生命意义感越低。晚期癌症患者由于其自身疾病的恶化，身体和心理上会出现严重的不适，因此意义治疗法可以在一定程度上帮助患者重新建立生命意义感，对其进行心理支持（李雅雪等，2016）。我国学者武永胜、钟进才在广西医科大学附属医院选取了 229 名晚期癌症患者，为其提供了意义治疗的对照研究，该治疗持续了四周，并在治疗前与治疗后对患者进行了生命意义、焦虑水平等多项评估。结果发现，意义治疗法帮助患者寻找生命意义、肯定并帮助其实现生命意义，在一定程度上缓解了晚期癌症患者的焦虑症状，并使其生命意义感更明确。

另外一些学者对青少年骨肿瘤患者进行了意义治疗的个案服务。研究者首先运用汉密尔顿焦虑量表和宋秋蓉修订版的生活意义量表，测量了该患者的生命意义感水平和焦虑水平，并从患者心理、生理、社会支持等方面对其进行了个案评估。根据弗兰克尔的观点，个体的生命意义感主要通过三种途径获得，创造的过程、对事物的体验或与他人建立感情的经验，以及经历苦难的过程。因此在具体的干预措施上，研究者根据骨肿瘤青少年的身心特点，为其设计了十次个案服务，主要内容包括回忆生命中某个重要的人以及美好的经历，从当下的生活中感知快乐，与研究者讨论自己的爱好与愿望，从对抗疾病的经历中发掘自己坚强的一面，寻找榜样并从榜样身上感受力量（华钦菡，2017）。通过一系列的意义治疗，该患者逐渐建立起自信心，并从生活中感受到了快乐与意义。因此对于癌症患者来说，意义疗法有助于其恢复对自身能力的信心，并重建生命意义感。

4. 积极心理干预

积极心理干预属于积极心理学的临床干预疗法，积极心理学主张以积极的、发展的视角看待个体，认为每一个个体都是有潜能的，并注重提升个体的心理健康状态与生活幸福感。运用积极心理干预为癌症患者开展治疗的主要措施有：正念治疗、希望治疗、幽默治疗等。正念治疗法是目前较为成熟的积极心理干预措施之一，国内有研究者为 19 名肺癌晚期患者开展了正念减压治疗，结果发现接受治疗的患者相比于对照组，其生活质量、自我减压技巧等方面出现了较为明显的改善。另外，国内相关研究表明，正念治疗可以有效降低肝移植患者术后的焦虑、抑郁程度，其睡眠质量也得到明显改善（孙玉巧等，2017）

第十六章

当医者成为患者：身份转换后的思考

哲学家柏拉图在《理想国》里这样说："最能医治患者的医生的是那种学医多年，而且曾罹患重疾，自身对患病深有体会的医生。"因为有过相似的经历，才能感同身受，进而在行医的过程中更能与患者换位思考，重视对患者的心理安抚。罹患重病是一种特殊的人生阅历，既有可能打破人们的生命进程，给人们带来身心痛苦，亦使人们借此际遇深入思考人生，成就了很多生命书写。

国外很多身兼医生和患者双重身份的作者出版了一些与疾病叙事相关的作品，阐述他们对于疾病与死亡的思考。《当呼吸化为空气》是这类作品中有代表性的一部。这是美国的一本畅销书，作者保罗·卡拉尼什（Paul Kalanithi），出生于 1977 年。他曾获美国耶鲁大学临床医学博士学位，在做临床医生期间勤勤恳恳，成就显著，获得美国神经外科医生协会最高奖，并获得斯坦福大学医学院的职位邀请。2013 年，这位 36 岁的"天才医生"，在没有任何征兆的情况下被诊断为肺癌晚期。身兼医生和患者双重身份的他，记录下生活的点滴，反思自己的执业生活，思考医学、生死与人性，引人深思。他在生病后身体条件允许的情况下仍然回到手术台前，践行一名神经外科医生的职责。当他的疾病到了终末期的时候，他这样写道："死神不会放过我们任何人。我们和患者，活着，呼吸着，作为正在新陈代谢的生命体，这都是命运的安排，大多数人从生到死，都是被动的——这是你和你身边的人需要接受的现实。"后来，在毫无生命质量的时刻，他放弃气管插管，离开人世。这本书亦是死亡教育读本，告诉重病的人们如何认知生死。类似这样的作品，还有很多，如美国著名乳腺科医生帕梅拉·蒙斯特的《当医生成为患者》、美国皮肤科教授大卫·比罗的《一个医生的患病手记》等。他们通过文字分享医生成为患者之后的境遇、体验与反思。

几乎所有人都会经历不同程度的疾病之苦，医者也不会幸免。当医者身份转换为患者身份，医者关于疾病的技术视角便与疾痛体验的个人视角相互融合，他们对疾病和治疗的理解也因为双重身份而更加深入而多元，亦会反思职业内涵与医患关系。相比没有亲身体验疾病和就医经历的医者，他们更容易与患者形成情感共同体，其自身的患病与就医经历更容易内化成一种动力，促进其职业精神升华，以"全人关爱"的理念疗愈更多患者。下面是两段医者分享的遭逢癌症的经历，这些叙事也引人深思。当医者成为患者或患者家属，他们又该如何面对疾病，如何完成身份转换，疾病给他们带来了什么，我们可以从下面这些真实的叙事中找到答案。

第一节 当"我"成为患者之后：一位一线医生的经历与思考

以下为一名一线医生花妙的口述。

我是一名基层三级医院的消化科医师，科室主任。我平时工作非常忙碌，每天起早贪黑工作，每周穿梭在病房、门诊、消化内镜中心三个地方。因为是基层医院，很多患者经济条件较差，在出门诊的时候，我都会凭借自己的临床经验，从为患者省钱的角度出发，尽量不做不必要的检查，不开大处方，希望可以在能力范围内帮助患者用最少的钱做最合适的治疗，帮助他们康复。我在门诊、病房、消化内镜中心，诊疗了太多太多的患者，也发现了非常多的肿瘤患者。作为医生，对这类患者已经司空见惯，内心没有太多波动，也不会去主动安慰患者及家属，只是机械地告诉患者或家属：你长了肿瘤，需要住院开刀。直到这个事落到我头上，自己由医生变成肿瘤患者后，才深有体会。下面分享下我的整个患病、诊疗及康复的过程。

一、发现肿瘤：我竟然得了癌症

我们医院每年会安排员工体检，做常规的项目，例如腹部 B 超、胸片、生化，肿瘤血生化 3 项等。我往年的体检均未发现大问题，几年前因咳嗽做过肺 CT，也没有发现问题。2018 年 1 月底的一天中午，我在科室给患者做完内镜后，突然感觉右胸有一丝无以名状的不适感，持续不到一分钟就消失了。我以为自己一上午做内镜右手长期悬空所致，便用左手在右胸揉搓了一下。身旁的护士看见了，问我："主任，怎么了？""可能上午镜子做多了，刚刚出现一种说不出的不适，现在没有了。医院体检了，我要去做个 CT，不要长东西哈。"我开玩笑地和同事们说。"主任，你生活那么规律，不抽烟不喝酒，从来没见你不适，年年体检，怎么会有问题呢？"大家七嘴八舌，都觉得我非常健康，是自己想得多。

周六，我去体检，拍了胸部正侧位片，做了心脏超声，均没有问题。隔几天又做了血检以及其他检查，也没有阳性结果。医院福利是在常规检查项目外，自己可以加选一些项目。刚好头天我将右胸不适的情况告诉了同是学医的爱人，她建议我做胸部CT，我拒绝了，因为一天前的胸片完全没有问题，也没有任何不适，我也不吸烟。在她的坚持下，我只好同意做。于是我就去影像科做了CT。做完CT，已是上午11：30了，我返回病区看出院病历。11：45，我电话响了，影像科主任要我到科室去一下。我心里咯噔一下，肯定是有问题了。影像科主任和我说："你右下肺叶背段有点问题，有个结节影，估计是个良性的，没事，你先去吃饭，下午来做一个增强。"我是消化科医生，对影像多少有些了解，从CT上看，自己感觉是恶性病变——肺癌。当时我心里一下子就凉了，心想"完了"。我打电话告诉我爱人："我CT有个结节。""哦。"随后她就挂了我电话。她可能做梦也没有想到我会出问题，也可能在忙，根本没有反应过来我在说什么。从影像科出来后，我的心情非常沉重，想到自己竟然得了肺癌！我内心焦虑，想到父母、想到爱人、想到女儿，想到自己的事业……我不停地问自己："我怎么会得这个病呢？能活多久？"我见多了肿瘤患者的种种痛苦，内心一片凄凉。但是想到是体检发现的肺癌，分期比较早，治疗效果应该比较好，我内心又有所释怀。去食堂吃饭后，回宿舍午睡，想着这些事，我竟然睡着了。

二、治疗癌症：感受患者生活

在疑诊肺癌后，我很快做了增强CT，结论是右下肺叶背段结节，考虑周围型肺癌，CT片上未见明显转移灶。怎么治疗？去哪治疗？什么时候去治疗？春节将近，这些问题摆在我面前，让我不知所措，我充分体会到了患者在重疾来临时的不确定感和焦灼。后来和领导同事一起商量，联系了省会的一家医院，我准备入院治疗。我一刻也不想耽搁，恨不得马上就将自己身上的肿瘤切掉，所以一家三口连夜到了广州。

办理入院后，我发现科室住的大部分患者都是肺癌患者，已完成手术的或即将手术的，大概一周会换一批患者。看到躺在床上或提个输液瓶、腰间挂个水封瓶在病房走廊慢慢来回转的患者，想想过两天我就会和他们一样，心里非常难过。我在病房里坐着，思绪万千，等待着接下来一步步的治疗程序。直到17：30，除了入院时护士给我做了"三测"外，没有任何医护人员来问我病史和体检。我忍不住，自己跑到办公室，问谁是我的管床医师。我理解医师，特别是外科医师，他们每天手术，非常忙。我找到值班医师，简单告诉他我的病史和相关情况。然后他给我安排第二天检查。在等待手术的几天内，我相继做了肺CT和PET-CT。短短一周，我经历了2次胸片，2次胸CT，一次胸CT增强，一次全身 PET-CT，一次 MR。每一次我都胆战心惊地等待着结果，生怕查出更严重的问题。在等待手术的日子里，我和病友们聊了不少，也见了我的手术医师。他在业内是权威，年手术量 500 台以上，这也让我比较踏实。他的话不多，他对我说："放心，没事，能完全治愈，我尽最大努力做好。"短短几个字，让我心里充满了希望，也给了我信心。手术安排在次日上午第一台，在手术的头一天晚上，我在知情同意书等医疗文件上面签好了字。晚上 10 点多，护士给了我 1 片安定，担心我焦虑睡不着。我没吃，想到反正是要手术，担心也没有用，不如坦然去面对，我竟然很快就睡着了。

次日早上 5 点多，我就醒了，想了很多很多：手术会不会成功？顺利吗？全麻有没有危险？会不会醒？有没有转移？如果出问题，年迈的父母不知道会怎样？考虑到父母年迈，我还没有告诉父母我生病的事，只是告诉了我弟弟。他头天晚上从外地赶来陪我手术。一大早，爱人、女儿、弟弟就赶来病房。做好术前准备，7：30，工作人员准时推车来到病房接我，核对姓名、年龄、手术部位，看了手腕带后，将我推到手术室门口。手术室 2 名工作人员又重新核对了我的信息后，将我推入手术室候诊区。候诊区已排了 6—7 个病友在等待。旁边病友和我聊天，告诉我，他非常担心和紧张。也许因为自己是一名医生，平时也经常为患者手术，对手术已经司空见惯了，我倒没有怎么紧张。我安慰他，相信医生，放心，会没事的。加油！大概 8：10，一位手术室护士来到我的床前，又重新核对了我的信息后，将我推到了手术室。2 位护士又核对了信息后，将我摆好体位并安慰我，和我聊天，让我放心，说主任亲自给我手术，这个手术非常成熟，睡一觉就做完了。上班的时候，我经常到手术室参加检查和抢救，现在自己躺在窄窄的手术台上，内心感慨万分。我见证了医务人员的严谨，三查七对；感受到了医护人员和患者的共情对患者的重要性；发现了自己在以往的工作中，不足的地方还有很多。大概 8：30 左右，麻醉医师再次核对我的信息后，对我说："我们准备手术了，你放松。"然后从静脉给我推药，并将一个面罩盖到我脸上，我感觉有点头晕，然后就什么都不知道了。

不知道过了多久，我似乎在做梦，被一种濒死感憋醒，我感觉喘不过气来，我想大声呼叫，发现自己根本无法发音，感觉四肢被绑紧，我拼命挣扎。我感觉有个人拍了我一下，问我："醒了？"我点点头，他说："等一下。"等我清醒的时候，我发现自己在病房，此时天已经黑了。我睁开眼睛，看到了爱人、女儿、弟弟就在身旁。女儿叫我一声爸爸，弟弟叫我一声哥，我应了一声，眼泪不自主地流了下来。爱人告诉我："早癌，非小细胞性肺腺癌。"主任说："手术非常成功，可痊愈。"我再一次流下了眼泪。

手术后的第一晚非常痛苦。因为禁食，口干非常厉害，胸腔引流管、尿管、氧气管、心电监护等各种管子连在身上，我稍微一动，切口牵拉痛，只能平躺，很是不适。病床很硬，躺久了，腰和臀部非常痛，监护的手指夹非常紧，夹得我的手指非常痛。我只能不停地松一会夹一会，一松开，护士站就显示报警。因为手术用药缘故，我口干似冒火，爱人不停地用棉签给我吸吮，让我润湿一下嘴唇。我迷迷糊糊睡了一个晚上，第二天上午撤了心监和氧气、尿管后，自己可以带着胸腔引流管下地慢慢走。我在术后第三天上午拔管，办理了出院，年三十上午，同事开车接我回到了阔别10天的家。术后很长一段时间内，我剧烈咳嗽，根本不能讲话。在手术以及休养康复的时间里，我感受到了领导、同事和亲友的温暖，也感受到了人世间的冷漠。这些经历，深深印在我脑海中。日子一天天过去，我的身体在慢慢恢复。每天早餐后，我沿着河边慢慢行走5公里以上，逐渐增加肺活量，呼吸慢慢平顺，但是仍然不能连续说话，干咳明显。在康复的那段时间里，我加入了我的手术医师建立的病友群，大家互相鼓励，互相支持。因为我是医师，我在群里经常解答病友的问题，给他们力所能及的帮助。我逐渐适应了患者的身份，但仍然有一些担忧，也对自己的身体状况更加敏感。这段生病和治疗的经历，让我刻骨铭心。

三、我的变化：从诊疗思维到强化初心

休息一个多月后，在咳嗽稍微减轻一点后，我开始上班。一回到医院和科室，同事和患者纷纷问候我，我感觉非常温暖。我也将更多的精力投入到工作中。

从医师到患者再到医师，我的诊疗思维发生了转变，不仅着眼于疾病的治疗，更看重疾病的早期筛查，这与我庆幸地发现早癌有关。在这个过程中，有的患者不理解，以为我是过度检查，为了挣钱，这个时候，我会将自己的亲身经历告诉患者，说服他们检查。有一位患者，70岁，因为患有肠道疾病找我就诊。在交谈过程中，结合他提供的信息，我认为他有较高罹患肺癌的风险，于是建议他做胸部CT检查。因为没有任何呼吸道症状，加上他不久前拍过胸片，他拒绝我的建议。我掀开我的衣服，让他看了我的伤疤。于是他听从了我的建议，做了CT，结果发现肺癌，后来做了手术。还有一位患者，50岁，来门诊抽血做常规检查，考虑患者超过45岁，从来没有做过胃肠镜检查，我建议他做胃肠镜，结果发现贲门早癌。在我重回工作岗位后，通过我亲身经历，说服癌症高危人群做相关的检查，短短几个月，发现了不少于10例无任何症状的肺癌、胃癌、肠癌和肝癌患者。一想到以自己作为"榜样"，挽救了几个家庭，我不免

有点沾沾自喜。

　　做医生、治病救人是我从小的梦想。经历了这次生病，在我内心，医生的使命也有了更深的认识，我对自己也有了更高更严格的要求，坚持换位思考，为患者着想，尽力去帮助患者。有一天，一位 87 岁阿婆，因急性消化道大出血入科，在内科保守治疗的情况下，唯有通过胃镜检查去寻找出血灶。患者年老，2 月前曾做腹部大手术，身体条件非常差，做，风险大；不做，患者必死。如果以前，我可能会将患者推往上级医院，毕竟我们是基层医院，要承担很多风险，转诊对于基层医院来说可能是一种合理的选择。但我觉得患者情况紧急，转诊本身也可能耽误抢救时间。于是，我尝试与患者家属进行沟通，征得他们同意后，为患者进行了手术，保住了患者生命。有一天晚上，一位外省 16 岁的患者因呕血半天由下级医院送入我科，患者入院时已休克，入院后短期内又大量呕血，出血量超过 2000 毫升（出血量超过 800 毫升就可导致生命危险）。患者休克，出血部位不明确，无家属，无费用，怎么办？外科开刀？出血部位不明，外科医生不愿意。胃镜下找出血点？患者休克，加上胃内全是血，找不到出血点怎么办？继续内科输血、止血？肯定不行。在向有关领导汇报后，我冒着极大风险为患者做检查，寻找出血点。因为患者胃腔内全是血，胃镜下去，就好像栽进了浑水中，根本找不到出血点。时间一分一秒过去，1 小时、2 小时、2.5 小时，仍然没有找到出血点，我气馁了，感到绝望，想到了放弃！我们放弃，患者必死，才 16 岁啊。医生的使命感以及自己作为患者时的感受，让我想尽一切办法去挽救她的生命。经过我们 13 名医务人员的不断努力，终于在 3 小时后找到了出血点，并成功止住了血，患者得救了，我们筋疲力尽。患者出院时，我很开心。我也知道，我还能做更多，需要更努力。

四、生病后的感悟：关注、抚慰与治疗同等重要

　　这次生病对我的职业生涯亦是一次重要转折。在此之前，我只是用自己的专业知识和技术去治疗患者，告诉患者患了什么病、该如何治疗，基本不会去和患者有更多的沟通或给予他们心理安慰。当自己经历了癌症，由患者再一次变成医生后，我的内心发生了巨大变化，对医生的职业定位也有了更深的领悟。通过这次手术和治疗经历，我感受到了诊疗团队和手术室护士对患者的关心和共情，他们的行为和话语让我充满信心，让我认识到好医生不仅要技术高超，更要抚慰和关怀患者，给他们提供情感支持。医生这个角色，不仅要看病，更要看生病的人。我知道一句温暖的话，一个关爱的动作，多一句解释，都可能让陷入绝望和焦虑的患者柳暗花明。

有一位 40 岁的女性患者，因便血一周来院检查，肠镜发现乙状结肠有一个 5×4 厘米息肉样病灶，我考虑息肉局部恶变可能。我将这个结果告知她，她非常沮丧和震惊，眼泪掉了下来。因为自己的经历，我更加能理解这种恐惧和悲伤，我试图安慰她。通常这个时候，患者面临 2 种选择：外科手术肠切除或内镜微创肿瘤剥离。外科手术，干脆利落，但是患者痛苦大，费用高，恢复时间长，并发症多。内镜微创剥离，创伤小，恢复快，费用低，痛苦少，但要严格选择适应证。通过检查，我分析这个患者息肉已恶变，但是浸润不深，可以内镜微创治疗。我将外科手术和内镜微创这两种治疗方法详细讲解给患者，并且一再跟她强调最坏结果也应该只是个早癌，早期发现是个好事。她一再自言自语，"为什么是我得病，我怎么那么倒霉"，而且心灰意冷，不想治疗。我将我的亲身经历告诉了她，并一再安慰她生病不是她的错，很多人都会生病，积极对待就好。在门诊后，我又详细地向她解释了这个疾病的注意事项及可能的预后，最终患者心情平静下来，选择了尽快入院，进行内镜微创剥离手术。手术非常成功，术后病理提示早癌，患者预后不错。

我在门诊也遇到很多癌前病变需要定期随访的患者，以及一些癌症治疗后需要定期复诊的患者。他们往往会反复问一些问题，即使向他们解释清楚，他们仍然很纠结、迷茫。我们门诊量很大，医生很难去逐一细致地重复回答每个问题。而当我自己兼具了患者身份之后，我更能理解他们的担心和不安全感，也尽量去想如何通过更通俗易懂的语言去解释这些专业知识，也逼迫自己更有耐心，在提高工作效率的同时，尽量讲解并安抚他们。我会不断提醒自己：患者生病不易，需要更多的理解与包容，即使很多时候真的会为这些重复工作焦头烂额。

学医多年，又亲历了患者身份，这对我的职业生涯也算一段特殊的经历。我时刻提醒自己：尽自己最大的努力，去治疗患者，用自己的言语等行为去温暖他们，给他们希望和关怀。

第二节　90 后肿瘤心理学女博士：这一年，当我遇见"肿瘤君"

以下为一名 90 后患者的口述。

我是个 90 后独生女，在大学任教。从在北大攻读硕士那年开始，我对肿瘤心理学的学习和研究已经 7 年了。我在多家肿瘤医院对千余位患者进行过心理测量，亦多次开展深度访谈和行为干预。尽管曾学习和工作在顶尖的医学院和附属医院，我也不得不因为医学的局限而常常目睹生命的消逝。白大衣掩饰着我的感性，我总能用理性的一面去开展这份直面生死爱痛的工作。我以为我已经有足够的同理心，能感受、体谅患者的不易并能提供适当的帮助与抚慰。直到那一年，生活轨迹转变，我不得不以家属和患者的身份一次次直面"肿瘤君"……在以往的日子里，我写科研论文，也写小说和诗，而此刻我只想像写流水账一样不加任何修饰地将这一年与疾病遭逢的日子记录下来。是的，这是一段我亲历的、让我想到就会落泪的癌症叙事。

一、一次体检，所有计划被打乱

春节前妈妈单位体检，无意中发现了肺小结节。抗炎治疗无效，本地的医院多次得出不同的结论，癌症的疑诊让我忐忑不安。于是我马上联系我在北大肿瘤医院的师妹帮忙请专家看片子，之后她说双肺都有，无法确定是不是转移的，让抓紧穿刺看下病理。那时离春节不到一周，我没敢告诉妈妈，战战兢兢，又立刻联系了在广州医院工作的老师帮忙。他很热心地帮忙联系就诊事宜并全程跟进，也让我有了些许安全感。很快，医生看过片子确定是肿瘤，定好了年后就立刻安排住院。此时，我刚刚办好了签证，买好了机票，打算二月底出国留学。对于在高校搞学术的我，完成国外进修是工作上的第一要务。然而造化弄人，就在决定漂洋过海去读书时，妈妈住院，双侧分别手术，分期进行。妈妈第一次手术的当日，就是机票上的日期。留学以后还有机会，妈妈看病不能等。这次手术，与妈妈相依为命的我独自在医院陪床，脑子里一片空白。手术医生很有同理心和亲和力，耐心地解答每一个问题，打消我的顾虑。老师亦在繁忙的工作中前来探望，给予我鼓励与支持，我心存感激。

很快妈妈第二次手术，朋友来医院看我，和我一起坐在医院走廊。我以为我可以足够理性，而显然被现实打脸。从手术到复苏要一个上午，我想分散下注意力不去胡思乱想，拿着笔记本坐在走廊看文献，却根本静不下心，手抖得厉害，一阵阵头晕，视线模糊。用手机测了下血压心率，收缩压160，心率140，朋友赶紧去护士站要了降压药，然后继续漫长的等待。在肿瘤科病房，我脱下了白大衣，角色转换成了患者家属，而这一切太突然，我还没有做好心理建设。术后的几天很难熬，24小时在病房照顾妈妈的体力消耗不算什么，心理压力却前所未有，我还要装作很轻松的样子，否则她只会更担心。尽管手术医生非常耐心地解释与安慰，还问我要不要相关的文献。那几天，我像之前遇到的患者一样，深陷于手机百度，越百度越担心，越担心越百度。而聪明的百度也掌握了我的习惯，每天一开手机自动弹出来的各种讯息全部关于癌症，似乎在不断提醒我继续焦虑。尽管之前，我多次劝患者要听医生的话，不要自己随便找资料徒增压力，而我自己和他们一样，还比他们还焦虑，甚至出现惊恐障碍的征象，常常惊醒。好在最后对比两次病理，结果还好，早癌，原发，预后很好，切除即为临床治愈，我也松了一口气。10多天后，妈妈出院，身体恢复很快，但出现典型的焦虑症状。我的生活渐渐回到正轨，读书，写文章，见患者，忙碌而充实，却难以静心，我也陷入了焦虑，要靠安眠药才能睡踏实。有了这次经历后，我更加理解患者和家属了，也知道好多时候任何安慰都无能为力，很多事情需要交给时间慢慢淡化。我也在一直反思自己，是不是在面对患者时站着说话不腰疼；我日后的工作，该如何做才能更完善。我也一度想放弃这类工作，真的不想再踏进肿瘤科病房半步。

我用更多的工作麻痹自己，每天熬夜看文献、写论文、约患者，把自己联系方式留给我访谈过的所有患者，告诉他们可以随时"骚扰"我。疯狂的工作似乎是我缓解痛苦的良药，而且我们显然在抱团取暖。不得不承认，在对他们进行心理访谈和答疑的时候，他们也在疗愈我，广义的"病友（家属）"关系，简单而真诚。让我欣慰的是，至亲生病时，能给她我能力范围内最好的治疗，是不幸中的万幸。我以为生活可以暂时风平浪静，没想到颠簸才刚刚开始。

二、医生说：姑娘，你要考虑可能是肺癌

国庆前后，妈妈又因为新的身体问题去北京就医，这让我很没有安全感。等到回家时，我觉得体力已经透支。几天后我发烧，毫无呼吸道症状，持续几天未好，去医院拍了胸片，诊断是肺炎。我以为最多10天的事，照常写标书投文章。医生对症用了半个月抗生素，无效，并开始咳血。医生建议住院，我还放不下手里的事情，不想住院，就在急诊留观输液，之后回家照常工作，并且决定按之前计划去北京开会。借此契机，我去了很好的医院就诊，排除掉结核，专家认为咳血还是感染所致，调整抗生素用药。10天之后发烧毫无规律，体温忽高忽低，偶尔气喘并呼吸困难，咳血越来越重，医生建议住院并进行进一步的肿瘤筛查，但没有床位。我隐约担忧，问题好像没那么简单。

呼吸科找不到床位，请一位并不熟悉的师姐帮忙，她却付出很多去帮助我。我始终心怀感恩，在生命低谷，何其幸运，又一次遇见善良。那时我在急诊留观，其间各种状况不断，又没有明确诊断。10天之后我又去看专家门诊，白细胞正常，肿瘤相关标志物翻了很多倍，咳血加重，肺部阴影没有吸收，且医生认为形态看起来不太好。他认为用感染无法解释咳血，抗生素使用时间太长且

无效，建议进一步查原因，做纤支镜，必要时穿刺。"您怀疑肿瘤？"医生犹豫了一下，说："没事，也可能是良性的，别担心。"然后开了痰找瘤细胞的检查。门诊聊了 30 分钟，问病史加各种安慰，时间已到中午，他很着急地亲自帮我打电话联系病理科午休时间，想去送标本。我又一次直接请教他疑诊什么问题，缓了一下，他说："姑娘，结合家族史等，你要考虑可能肺 CA。"我又请教了一位优秀的呼吸科医生，他建议我做 PET – CT。

这时候，我的呼吸道症状越来越重。我能接受一切结果，包括最坏的，但是无法在各种不确定感之中煎熬。我是个计划性很强的人，这种不确定感让我无法做计划。手里有很多的事情要做，却毫无效率。我从来没纠结过自身生死或者疾病的问题，我觉得如果不能保证还不错的生活质量，一切都没意义。作为独生子女，特别是在只与一位家长相依为命的情况下，我不敢病，更不敢死。我自己生病到北京后的一切事情，都只对妈妈报喜不报忧。之后一周，工作压力很大，研究进程中找我联系的癌症患者也越来越多，听着他们的经历，结合自己越来越明显的症状，加上妈妈生病带给我的压力，我一度丧失理智，想要中止这些漫长的检查和治疗。我的情绪跌到谷底，每天睁开眼睛想的都是：如果我生病了，妈妈以后怎么办？

我想，也许大多数患者都有过这样的阶段吧，对病情转归的茫然，对未来生活的恐惧不安。而优秀的医者会医病更会疗心，用人文关怀去缓解患者的这种不安。我在做患者的过程中，学会如何做个更好的临床医学研究者。

三、在经历后，学会懂得

就在我跌入谷底时，幸运地再次遇见善良的人，感受到了人与人之间最质朴真诚的关心。妈妈生病后，我活跃在那个肺癌病友群，来稀释内心的恐慌。在那里我和很多病友关系不错，我们互帮互助，抱团取暖。群里一位未曾见面的身患癌症的小姐姐一直鼓励我，并在我急诊入院时转来医药费帮我应急。也是在这个病友群，我结识了一位热心的具有患者和医生双重身份的长辈 Z 医生，他和我妈妈年龄相仿。他在群里帮助很多患者答疑解惑，并且主动帮很多人联系就医事宜——他甚至可能因此而承担风险和埋怨。他自认为的小小举动，却帮助了很多患者甚至拯救了他们的整个家庭。最重要的是，这些人并不是他的患者，而是共同抗癌的病友。我也向他请教过很多妈妈生病的问题，同时，他也了解到我这段作为家属和患者的境遇以及家庭情况。他认为我也像他帮过的其他人一样需要帮助，所以一直以长辈和医生的身份紧密关注我治疗的进展，给予恰当及时的指导，并愿意承担责任去帮助我做决策。

病情反反复复持续了半个月，肺部抗炎治疗无效，我持续低热，偶尔高热，肿瘤标志物复查依然如前。我一度非常绝望，拒绝接受任何检查，也因为发烧的疲惫经常处于睡眠状态。这段时间，我请师姐帮忙处理手机信息。Z 医生有问及我的情况，师姐如实作答。他希望师姐帮我安排纤支镜和骨穿等检查，并因为师姐不能持续在医院陪床，他让师姐与医生沟通将所有需要治疗的知情同意书全部授权他以家长身份代签，并一再强调紧急情况下的治疗直接授权代签，不需要再联系家属，更不需要考虑我的任性拒绝。后来我就在这样的安排下进行了所有检查与治疗。我的内心充满敬重与感激，不再放弃自己，这种最关键时候的来自长辈的支持与担当，就像承担着那个久违的父亲的角色。父母的角色，在于给晚辈以生命，而这一次，Z 医生也用他的善良和医者仁心切实地救治了病中的我，我亦敬重他如父亲。我病愈后过了很久，师姐给我转发了当时 Z 医生给她的短信："其实我和她才认识几个月。因为一个机会认识了她。在群里我发现她挺直爽，热心帮助人，她家里情况特殊，她妈妈身体不好，她不想告诉家里自己生病的具体情况。她是一个善良的姑娘。我愿意帮她。我和她妈妈一样年纪，是长辈，也是医生，如果她住院治疗期间因为没有家长在，需要做决策或者签字，可与我商量。需要治疗的一定要进行必要的治疗，我愿意承担责任。"在这个过程中，我的老师和朋友们也给了我各方面的支持与关爱，亦是深情厚谊。

之后我复查了两次肿瘤系列，都是阴性结果，CT 中肺的阴影已经吸收，我的不适症状也消失了。现在想想，一定还是因为肺部感染未彻底治愈，加上个体差异，我可能比较敏感吧，这样导致一场虚惊。我很幸运，有机会从患者身份回归到医者身份，重生的不仅是身体，更是职业认同。

现在想想，这真是段艰难的又能让人迅速成长的日子。那个需要被保护的女孩迅速长大，懂得承担家庭责任，去保护家人。在磨砺中，也懂得接纳并珍惜他人的关爱，感受人性中最美最纯粹的一面，这一切都是财富。参差多态，就是生活本源吧。我们的每一次挣扎、每一段阅历都自有意义。而在这段阅历中，我才真正体会到，生病真的不只是躯体备受折磨的身体事件，更是心理、社会适应和灵性维度的多重改变。关注、见证患者面对生死疾苦时的感受并给予回应与安抚，是当今的医院所缺失的重要一环，这本应是医者的必修课。故事即疗愈，在这一次次遭逢癌症的经历中，我更能理解疾病对于患者的意义，这帮助我在面对癌症患者时，更能用心倾听、理解每位患者的疾病叙事，更能读懂他们的眼泪和微笑，更能体会一张张报告单背后的惊喜、忐忑与忧伤，学会尊重患者的故事并在其中彼此疗愈。正是我的患者们的分享和这段不同寻常的经历，让我的内心更加柔软和坚定，在职业生涯中更加自信从容地坚守初心。爱来者爱返，我何其幸运在最艰难的日子里遇见善良，收获温暖，我也会永远心怀感恩并努力回馈。被爱包围的我，更愿意将爱传递下去，在能力范围内去帮助更多患者，给他们信心和勇气。

第三节　从医者到患者，从求真到求善

在第一个叙事文本中，作者是一线临床医生，亦是学科带头人，在日常工作中承担某专科的早癌筛查和诊疗工作。他平时身体健康，工作兢兢业业，认真负责，也会设身处地为患者着想，用最低的成本为患者解决病痛。在他的眼里，患者的疾病是具象化的生理指标和躯体变化，只要他足够努力加班，用心付出，就可以多在门诊看一位患者，多做一个检查，多做一台手术，便有更多的患者从中受益。他认为好医生最重要的是技术，如果技术达到，患者的病痛缓解了，自然会心情舒畅，生活质量提高。不可否认，他是位技术精湛的医生，也是个善良的人，一直精益求精，追求医术的"求真"，用高标准要求自己的医术，也会尽力帮困难患者节省医疗开支，帮助了很多患者。而他对医学本身和医生职业的看法，在自己进入患者角色进行治疗时有所转变。在做患者时，他经历了手术和术后康复期，亦体会了人情冷暖。与其他患者无异，他体会到了不安全感、疾病不确定感、失助感等负性情绪，也因此更理解患者，亦理解医学的深层价值，即不仅是尽最大可能治疗躯体，也要做好理解患者、疗愈其心灵等多个维度。因此，当他重返工作岗位、面对患者时，更能与患者换位思考，认同医生不仅要有精湛的技术，更要为患者提供情绪价值，即关注和理解患者的生命境遇，并给予其对应的安抚和心理支持，帮助患者释放负性情绪。自此，他的善良与爱心，又多了更多内涵。

从某种程度上讲，生病对于他的职业生涯，是从求真到更深层次的求善的提升。在生病后，他更充分且实际地认识到早癌筛查的必要性，即使在出专科门诊时，他也更加严谨，如果发现患者在问诊时有他负责的疾病之外的问题，他也会建议患者进行更多的筛查。即使有时会遭遇患者的不解，甚至抱怨他多开检查乱收费，他依然会提出自己的筛查建议，因为他自己是体检的受益者，这种诊疗思维与自身经历有关。在面对患者时，他更在乎患者的心理感受，在精神层面给予他们更多温暖和关怀，而并非只专注于疾病本身。他看病更看人，更注重与患者共情。这也与他做患者时的经历有关，能更理解患者多维度的需

求。因此，可以说这次重疾让他本性中的善良得到了拓展。

在第二个叙事文本中，作者身兼癌症患者家属、癌症疑诊患者及肿瘤心理学研究者多重身份。作为在肿瘤科病房工作的研究者，她的工作是与患者打交道，做患者心理健康调查及干预，甚至有时见证患者的生命最后时光。显然，在技术语境下，她对癌症并不陌生，也能熟练把握癌症患者的心理状态，并掌握心理治疗技术。作为患者家属，在现实生活中从旁观者和见证者的身份转换到亲历者的身份，能接纳至亲确诊癌症这个事实，对于一个单亲家庭的年轻女孩来说并不容易。这意味着自己需要作为照顾者去独自安排母亲的治疗，这个过程不仅涉及体力、经济、时间的投入，更意味着自身生活节奏的打乱，以及难以缓解的心理压力。这种压力如影随形，并不能因为自身的心理学工作者的角色而稀释，医者不自医，这种心灵激荡不加掩饰，真实地表述出来。人生是一个闭环，在这种长期压力与奔波下，作者又进入了作为患者的角色，被疑诊癌症。与其他的患者对疾病的恐惧有所不同的是，作者的压力不仅来自对自身患病的恐惧，更多在于独生子女因病可能无法照顾长辈的无力感与无助感。同时，在诊疗过程中，角色反转之后，因为有了共同经历，她更能真切体会到患者的病中所思，更加理解患者和患者家属，这也帮助她在之后的执业过程中更有同理心。也是因为她在人生低谷接受过诸多帮助与关爱，内心更有力量，更愿意在之后的职业生涯中投入更多感情，去关注患者的故事，帮助更多的患者。正如国际著名精神分裂症专家、美国国立精神卫生研究院主任芭芭拉·林普斯卡教授在罹患黑色素瘤、乳腺癌并脑转移后，以及自身体验精神分裂症症状后，在其作品《失去理智的神经病学家：我的癫狂与重生》中写道："我变成了一个更敏感的医生、一个更包容的人。当我回到工作中，面对尸检的大脑，对别的医生来说，可能只看到死亡年龄和死因。我却看到它们背后，每个人都有自己的故事。"这亦体现了医疗专业技术人员从在工作上"求真"，到在面对患者时，因为自身患病经历而对患者和生命有更深解读，进而不断深入地在行医途中"求善"的过程。

"生过病的医生"可以用瑞士精神病学家荣格的"受伤的治愈者"（wounded healer）的概念来解释。这一概念的提出最初起源于希腊神话里的半人马喀戎。他外貌怪异，被人遗弃，并遭遇箭伤之痛，经过刻苦钻研，他不仅自我疗愈，还成了卓越的治疗师，这个故事被引用到荣格的治疗理论中。该理论认为优秀的治疗者能正确认知自身所经历的痛苦，并能够接纳痛苦，积极应对，寻求解决方案。事实上，"受伤的治愈者"指的是既往体验过痛苦的境遇，并能将负性经历积累沉淀成动力、智慧和疗愈的经验，并可以将这些经验应用于他人的治疗。荣格认为，在治疗关系中，无须有意将被治疗对象和治疗师的角色定位划出明确界限，很多时候双方都兼有治疗者和受伤者的双重角色，这时候治疗或可达最好的效果，最终达到双方互相疗愈。以荣格的理论来看，在上述的案例中，两位医者均是"受伤的治愈者"，在自身经历疾病的过程中获益，并促进其职业认知的升华。

第四节　医生的"疾病"，患者的"病患"①

由上述的叙事文本所讨论的医者和患者的角色出发，则引出了一个医学哲学问题：医生眼中的"疾病"与患者体验的"病患"有什么区别？到底该如何看待医学，它是"求真"的科学，还是"求善"的人学？

外科医生陈葆琳在其著作《最后的期末考：女外科医师的九堂生死课》中，对医生和患者角色有过深入的思考。作为一名移植外科医生，她写到在她给患者做手术的时候，如果想到这是自己的同胞，是个活生生的人，很难在一个人身上做出那样冰冷的操作，所以手术时不会想是在一个人身上操作，而更多关注器官本身。而在日常的临床实践中，她又是非常有人文情怀的医生，会换位思考，关注每个细节，给患者温暖与关怀。在她身上，或许体现了矛盾的一面。

海德格尔曾说过，现象学在各种不同的领域中，主要是以潜移默化的方式，决定着这个时代的精神。这句话在这里得到了验证，以严谨著称的医学，也可以深受其影响。现象学的介入，为医学打开了一个新的视角，即使是"科学严谨"的医生，也需要多角度、全方位地去了解自己的患者，现象学就提供了这样一个理解"病患意义"的通道。图姆斯的《病患的意义》一书就由现象学出发，探究医学目的。这本书诞生于苦难之中，作者是生命伦理学家，本身患有多发性硬化症多年，深受疾病折磨。书中用现象学的方法，对医患之间的诸多问题进行探讨。正如书名一样，病患的意义是整部作品探讨的中心。

医生眼中的疾病与患者体验的病患是截然不同的。然而医学服务的对象是人，患者与医生出现分歧，互不理解自然不能让医学走得更远。造成这一点是有因可循的。根本原因在于医生和患者从不同的角度去体验疾病。这符合胡塞尔的观点——客体被体验的方式与我们注意它的方式有关，个人的体验和意识活动赋予客体以意义。医生以治病为己任，他们经受过系统的职业训练，形成了一套医生特有的职业思维。因此在面对患者的时候，他们首先做的是把患者

---

① 本文部分内容发表于《中国医学人文》2015 年第 5 期，作者为杨柠溪。

的表现和诊断标准联系起来，通过辅助检查手段来收集客观的数据，最终用医学术语将这些病情概念化。确定疾病后，再根据临床诊疗标准确定治疗手段。这是自然主义的态度，有因有果，有理可依。而患者是疾病的载体，是疾病的体验者，病患不仅体现在生理，更加渗入其心理与社会适应中。患者对病患的感知，在于病情本身对生活造成的负面影响以及自身的体会，这是自然的态度。每个人的疾病都是不同的，而医生眼中的疾病是可以分类的。这样医生与患者对病情的理解不同，自然会产生分歧，最终影响到患者的治疗。

医生与患者不能分享病情，也是由体验不同决定的。其中的一点就是对时间的体验不同。医生是用客观时间作为衡量标准的，而患者是用自己体会到的主观时间与医生沟通，去讲述自己的病情，这显然存在沟通障碍。当一个人生病，他的注意焦点便会集中在病患上，此时的时间就会与客观的时间不一致，或长或短。客观的时间，对他来说意义并不大。医生需要做的，不是根据每个患者来制定专属的个人时间，或者改变临床诊疗规范的规定，而是在临床活动中考虑到这一点，在聆听患者叙述中考虑这个因素，进而做出更准确的判断，更好地与患者沟通。

此外，对于躯体认识的不同，也是其对病情看法不同的原因。作者综合了法国存在主义者萨特尔和现象学家梅洛－庞蒂的现象学学说，对躯体的含义进行了分析。作者认为人和身体是一种存在的关系，即我就是我的身体。当身体各部分正常运作的时候，并不会引人注意，而当人生病的时候，注意力就会集中在身体上。当病情发展到一定程度，就会影响到患者与社会的联系，此时患者对病患的理解又有了变化。此外，把患者身体客观化为躯体后，躯体对于患者也是"他者"。那么，在患病体验中，患者就会感觉到与自己身体的疏离。医生更是将一个完整的社会人的身体，看成由细胞组成的躯体，治疗成了机械化的维修，医生成了技术匠，忽略了患者的心理感受，固执地以为客观上的治疗就是对患者好。这就造成了医患双方认识上的不同。对于病患与治疗理解的不同，就又牵扯出医学目标的问题：是治愈，还是改善？

随着疾病谱的变化与医学模式的转变，医学目标也应该发生变化。大部分医生的成就感来自将患者治愈，因而也认为在这个目标引领下，一切行为都是有理由的。患者的想法却恰恰相反。图姆斯作为多发性硬化症患者，她的感受代表了大部分慢性病患者的呼声。面对医生坚持"治愈"才能达到目的的终极目标，她起身说"不"。在她看来，"患者来看医生是因为在日常生活中有所不适，以及身体的种种表现处于失控之中……医学的目标主要是缓解这种不适感——恢复到以前比较好的健康状态，这也许包括，但并不局限于器官功能紊乱的治疗。"

当下我们已经步入慢病时代，慢性病大多是生活方式病，是现代文明发展的必然结果。对于急性病、传染病而言，治愈、防止更大规模的爆发显然是直接目标。而对于多因素导致的慢性病，医生对于疾病的态度不应该是敌我相对，更应该把它看作生命中的一个维度，寻求一种带病生存的最佳状态。因而很多时候医生与患者的冲突，在于对医学目标的认知和对疾病的态度的不同。医生读懂病患的意义，就能形成一种更好的沟通。而医生也将关注点从疾病转向患者，将自己的定位从单纯的治疗者，转化成照顾者、陪伴者。因为医学的存在，患者可以生活得更好，这是最终目的。

现象学作为应用哲学，应用在医学领域的目的，不仅为了陈述和在具体规定情境中阐释理论，更希望借助对人体和病患经验的分析，为医生了解患者打开一扇窗，并进一步指导临床实践。关于改善医患之间的关系，提高医疗的质量，图姆斯提出了三点建议。第一是"移情理解"，这种理解以身体体验为基础。医生要与患者共享生活世界，在这个过程中不断反思自己的职业，最终目的是达到一种医患共情。通过移情理解，医生逐渐完成从科学体验到理解病患的过渡，最终与患者建立起一种情感共同体。第二是"临床叙述"，每个生命都是一个故事，每个故事都有所不同。这里的临床叙述，与问诊过程中的患者主诉不同，不再是患者描述症状，医生对号入座，而是一种更广义、更个性化的表达。患者叙述的内容是病患给自己带来的改变，以及自己作为患者的生存困境与心里挣扎。这一点就体现了患者"自然"的描述和医生"自然主义"取向的区别。医生只有全方位了解患者，才能更好地为患者解除痛苦。这也是叙事医学的题中之义。第三点是"治疗关系"，这又回到了"治疗"和"治愈"的问题上。医生要了解患者的客观身体情况，同时更要理解患者的主观诉求。医学的局限性无法突破，因而当疾病无法治愈时，给予合适的治疗才是关键。

图姆斯的这本著作，最大的意义在于在整个医学研究中，提升了患者的位置，并把患者的感受纳入临床决策中，且通过现象学的分析，为她的理论提供了有力的支撑。在以往普遍的认知中，疾病是医学攻克的对象，医生是医学的主导者，而忽略了患者。作者从患者的角度出发，给现代医学沉重的一击。显然，关注患者本身、以患者为本并非要颠覆循证医学和临床路径，而是为了多提供一种思路，双轨并进。而她也正是从病患的意义出发，直面医学现代性危机，为今天的医生提供了一种新的观念，最终将医学回归成"人的医学"和求善的"人学"。

第十七章

肿瘤心理学的研究示例

第一节　乳腺癌患者母子沟通
及其未成年子女抑郁情绪调查①

　　本节探究乳腺癌患者的母子沟通及其未成年子女的抑郁情绪情况，为提升患者及其家庭的心理健康水平提供依据。研究者运用问卷调查法对乳腺癌患者的未成年子女进行抑郁情绪调查，运用基于叙事医学视角的深度访谈法，对有18岁以下子女的乳腺癌患者进行访谈并分析。结果发现，乳腺癌患者子女存在心理健康问题，抑郁情绪阳性率为32.28%，不同性别、不同家庭氛围的乳腺癌患者子女抑郁情绪有统计学意义。在母子沟通方面，对病情的沟通信息不对称。本次研究的结果说明母亲的乳腺癌明显影响母子沟通及孩子的心理健康，开展以家庭为中心的社会心理和行为干预以及介入叙事医学十分必要。

一、研究背景

　　乳腺癌不仅是一种生物学意义上的疾病，而且富于社会学隐喻。对于患病的女性，乳腺癌不仅带来身体重创，更带来心理、社会适应方面的震荡，从而改变患者的生活轨迹（张丽娟等，2015）。同时，患者的乳腺癌对其整个家庭也有着深远的影响。近年来，人们逐渐意识到母亲的乳腺癌对孩子的影响，欧美学者开展了诸多研究，包括母亲乳腺癌对孩子心理的影响、乳腺癌母亲如何与孩子沟通病情等（Rebecca & Annelise, 2016）。虽然类似研究已经在国外逐步开展，但在国内还未见报道。乳腺癌患者母子之间的良好沟通有助于提高整个家庭的生活质量。当前，国内乳腺癌发病率持续增长，且呈现

---

① 发表于《实用医学杂志》2017年第33卷第10期，第一作者为杨柠溪。

出年轻化的趋势，而国内针对心理社会肿瘤学的研究不足，对患者的人文关怀大多体现在对患者本人方面，且有较多的局限性。本研究作为探索性的尝试，旨在中国文化背景下，调查乳腺癌患者与其未成年孩子的亲子沟通情况及其孩子的心理状况，以期更全面了解患者的生命境遇。本研究具有较强的开拓性和创新意义，为进一步研究癌症患者及其家庭的心理健康与生活质量并进行干预提供依据。

二、对象与方法

1. 研究对象

研究选取广东、辽宁、北京、湖北、河北五省市乳腺癌患者及其未成年子女为研究对象。定量研究随机抽取乳腺癌患者的子女，在门诊或病房进行。入组条件为：（1）年龄为8—16岁；（2）已知母亲乳腺癌诊断；（3）监护人及本人知情同意。定性研究采用目的抽样法，面向住院患者公开招募有18岁以下子女的乳腺癌患者参与本次研究。入组条件为：（1）已知乳腺癌诊断；（2）精神状态正常。

2. 定量研究：横断面调查

对乳腺癌患者的子女进行问卷调查。问卷由三部分组成。（1）一般资料：包括性别、年龄、教育阶段。（2）压力源：根据文献检索，儿童压力主要源于学校与家庭。本次调查学习压力、母亲身体状况、母子沟通、师生和同学相处、家庭氛围六个方面对儿童的压力，分为压力较小、压力一般、压力较大三个维度。（3）儿童抑郁障碍自评量表（DSRSC）（张晓席等，2016）：运用修订版的中国常模 DSRSC 进行调查，量表共 18 个条目，选择没有即为 0 分，有时有为 1 分，经常有为 2 分，其中 1、2、4、7、8、9、11、12、13、16 题为反向计分。用该表测量儿童的抑郁情绪，15 分或以上提示抑郁情绪筛查阳性。

3. 定性研究：叙事医学访谈

定性研究运用基于叙事医学的深度访谈法。叙事医学访谈是以患者个性化体验为主题的交谈，访谈内容更加多元深入，是对定量研究的有力补充（Rebecca, 2015）。叙事医学访谈的交谈有较长的时间跨度，时间选择很少在诊断初期，大部分集中在应激期之后的诊疗过程中及康复期。话题的选择不仅限于生理感受，更集中于心理负担、恐惧、社会人际关系的冷暖，情感生活的体验与个人意志挫折。访谈者不具备指导者、咨询者的技术优势，交谈氛围更轻松，内容更开放多元、俗世化、生活化、个体化、私密化，旨在探索疾病生理感受之外的生命图景，以期为更全面的、更有人文关怀的治疗与照顾提供依据。本次研究中，研究者对每位患者进行 1—3 次访谈，每次 40 分钟，视具体情况调整。后续访谈对第一次访谈不清处进行补充，提升准确性，样本大小根据资料饱和原则确定。访谈内容为患者母子沟通和孩子心理状况。具体问题包括：您在诊断之初与孩子如何沟通？孩子的反应是什么？您和孩子是如何一起应对疾病的？因为您的病，孩子的心理出现怎样的变化，又是如何应对的？并在此基础上适当延伸。访谈之后，运用 Claizzi 分析程序对文本进行分析，反复听录音，形成文本。对资料进行阅读、分析、反思、编码、分类，最终提炼主题，将母亲的行为与孩子的心理状态量化并归类。

4. 统计学方法

定量研究：数据中的计量资料采用均值、标准差描述其集中和离散程度，计数资料采用比例进行描述。根据未成年人子女的不同特征对抑郁障碍评分进行 t 检验或方差分析，检验水准 $\alpha = 0.05$，所有 P 值均为双侧概率。以上数据处理及分析均使用 SPSS 19.0 软件进行。

三、结果

1. 一般情况

参与问卷调查的乳腺癌患者子女共 347 人，年龄 8—16 岁，平均年龄 10.97 ± 2.61 岁。其中男孩 178 人（49.1%），女孩 169 人（50.9%）。教育情况为：小学 186 人（51.8%），初中 129 人（38.7%），高中 32 人（9.5%）。

参与访谈的乳腺癌患者共 30 人，年龄为 24—42 岁（M = 32.7）；户口所在地：农村 5 人，城市 25 人；文化程度：初中 2 人，高中或中专 3 人，大专及本科 23 人，硕士 2 人；职业：事业单位或国企 18 人，私企或个体经营 7 人，农民或主妇 5 人；生育状况：25 人有独生子女，5 人有 2 个子女。

2. 乳腺癌患者子女的压力源及抑郁情绪情况

结果提示，乳腺癌患者子女的主要压力源是母亲身体状况、母子沟通和家庭氛围。抑郁情绪检出率为 32.28%。未成年人子女一般情况、压力源分析及抑郁障碍自评评分如表 17 - 1 所示。单因素分析结果显示，不同性别（$P = 0.023$）、家庭氛围（$P < 0.001$）间抑郁障碍评分的差异有统计学意义。

表 17-1　乳腺癌患者子女压力源分析及抑郁障碍评分单因素分析

变量		人数	构成比%	得分	F/t 值	P 值
性别	男	178	49.1	11.26 ± 4.32	-2.289	0.023
	女	169	50.9	12.30 ± 4.06		
教育阶段	初中	129	38.7	12.26 ± 3.90	1.879	0.154
	高中	32	9.5	12.12 ± 3.60		
学习压力	一般	55	15.1	11.18 ± 4.14	0.642	0.527
	较大	59	17.3	11.97 ± 3.61		
母亲身体状况带来的压力	较小	38	11.7	12.58 ± 4.00	0.811	0.445
	一般	47	13.6	11.79 ± 4.27		
	较大	262	74.4	11.65 ± 4.25		
母子沟通带来的压力	较小	27	7.4	11.26 ± 4.28	0.619	0.539
	一般	35	9.6	11.20 ± 3.95		
	较大	285	83.0	11.88 ± 4.26		
在校人际关系带来的压力	较小	26	7.6	11.88 ± 4.65	0.026	0.975
	一般	40	11.4	11.65 ± 4.40		
	较大	281	81.0	11.77 ± 4.17		
家庭氛围带来的压力	较小	106	36.9	14.20 ± 2.88	57.416	<0.001
	一般	74	23.8	13.15 ± 3.52		
	较大	167	39.3	9.61 ± 4.14		

3. 乳腺癌患者的亲子沟通情况

叙事医学访谈发现，乳腺癌患者针对病情的亲子沟通信息不对称。母亲普遍向其子女隐瞒癌症诊断，30 位（100%）母亲均表示曾试图向孩子隐瞒病情。而孩子希望知情，40 个（100%）子女均问过母亲"妈妈怎么了""哪里不舒服"之类的问题。具体见表 17-2。

表 17 - 2　乳腺癌患者的亲子沟通情况

人物	沟通情况	人数	比重
母亲（患者）	至今未明确向孩子透露病情	6	20%
	患者的孩子通过其他人得知母亲诊断	10	33.33%
	在诊断 6 个月后逐渐开始告知	14	46.67%
患者的孩子	主动求医，提出带母亲求医	13	32.5%
	多次向其他亲人问及母亲的病情	20	50%
	向母亲问其病情	7	17.5%

四、讨论

调查发现乳腺癌给母子沟通与儿童的心理健康带来了挑战，说明疾病作为生活事件对整个家庭产生影响，年幼的孩子也能敏锐地感知母亲的疾病（Mazzotti et al. , 2012）。患者子女抑郁情绪检出率为 32.28%，这提示乳腺癌患者子女存在心理健康问题，与国外研究结果相同。如 Foran - Tuller 等（2017）认为即使孩子不知情，仍可通过父母的行为意识到问题严重性并感到焦虑。姜春雪等（2015）学者的研究也证实父母的癌症可能对孩子的学业、情感、心理等方面造成负面影响。杨敏等（2014）发现前列腺癌患者子女承受较重的心理负荷。在其他类型癌症患者中，也有研究表明癌症带给其子女不确定感和孤独感（Gazendam - Donofrio et al. , 2011），这也验证了癌症对患者未成年子女的影响。研究中，乳腺癌患者子女的主要压力源为母亲身体状况、母子沟通和家庭氛围。有研究认为孩子心理健康可以通过母亲和他人的行为改善（Marleah, 2016），因此肿瘤科医护应将亲子沟通等纳入健康教育，以降低孩子压力及抑郁。此外，研究发现不同性别（$P = 0.023$）、家庭氛围（$P < 0.001$）间抑郁障碍评分的差异有统计学意义。女孩抑郁情绪自评分为 12.30 ± 4.06，男孩为 11.26 ± 4.32，提示女孩比男孩容易出现抑郁情绪，这与其他诸多儿童抑郁情绪的研究不同，可能因为女孩更加敏感，能更敏锐地发现母亲的体像及家庭变化有关。回归分析发现家庭氛围越差，子女越容易抑郁，这可能因为母亲的癌症使整个家庭陷入悲伤的氛围中，说明以家庭为中心的社会心理和行为干预十分必要。

定性研究表明，母亲和孩子对疾病信息的沟通表现出明显的不对称性，这与国外相关的研究不同。如 Fisher 等（2016）发现母亲会和女儿谈论治疗的副作用及手术、疾病风险和预防以及医疗决策，但是他们规避了悲伤的情绪和主题，并减少对未来的不确定性进行讨论。Jacqueline 等（2002）认为年长的孩子被告知更多信息。母亲的学历越高，她们越愿意告知孩子病情，但本次调查没有类似发现。本次调查中多数患者有大专以上学历，她们仍然没有让孩子知情。这可能与中国的文化和心理因素有关。在中国人看来孩子不成熟，需要受到保护。此外，在中国，疾病和死亡一直是禁忌话题。这个结果也提示了国内死亡教育和积极生死观、疾苦观教育的缺失，为未来的健康传播与健康教育提供了方向。

五、结论

乳腺癌是母子沟通中的敏感话题，且严重影响到孩子的心理健康水平。因此，癌症患者及其子女的心理健康问题都需要得到医务人员的重视（王惠雪等，2016）。医护应建立起治疗者、照顾者、陪伴见证者的多重身份，运用叙事医学的观念，在叙事中理解患者及其家庭的生命境遇，并结合患者及其子女实际情况，有针对性地为其亲子沟通提供建议，对其未成年子女进行合适的心理疏导、死亡教育，提供全人医疗服务。这样做有助提升患者及家属的心理健康水平，最终提高其生活质量和幸福感，帮助整个家庭以更佳的状态应对疾病。

第二节 癌症患者社会资本对抑郁情绪的影响[①]

本研究探讨癌症患者抑郁情绪与社会资本的关系，为了解患者心理状态、减轻患者抑郁程度提供理论依据。研究者整群抽取武汉地区三家三甲医院肿瘤科及放化疗科的癌症患者，以自行设计的问卷调查表以及抑郁自评量表（SDS）、社会资本量表进行问卷调查。结果发现，患者出现抑郁情绪率（标准分≥50）为75.38%，男女分别为76.47%、74.42%，差异无统计学意义。文化程度低、职业为农民、家庭经济收入低的患者标准分高于其他患者。癌症患者社会资本得分为（70.4±13.4）分，男女分别为（71.2±11.8）分和（69.7±14.7）分。城乡、文化程度、职业、家庭经济收入等不同的患者，其

---

① 发表于《中华行为医学与脑科学杂志》2015年第24卷第9期，第一作者为杨柠溪。

社会资本得分差异有统计学意义（$P < 0.05$）。社会资本得分越高抑郁得分越低（$OR = 0.958$，$P < 0.01$）。各社会人口学因素与抑郁情绪无统计学意义（$P > 0.05$）。在控制社会人口学因素后，社会网络大小是抑郁情绪的独立影响因素，患者的社会资本中，其社会网络越大则抑郁情绪越低（$OR = 0.829$，$P < 0.01$）。上述结果说明社会资本的社会网络广度维度是癌症患者抑郁情绪的影响因素。

一、研究背景

癌症已经成为严重威胁人类健康、制约经济发展的严重疾病，是导致人类死亡的主要原因之一。尽管随着医学的发展，癌症治疗有了较大的进展，患者的生存率有所提高，而治疗带来的副作用以及疾病本身给患者带来了一定的心理冲击，患者的抑郁情绪发生率较普通人群更高（Deimling et al.，2006）。抑郁情绪受诸多因素影响，社会因素（如经济负担、家庭支持、社会支持等）是一个重要的方面（Mehnert et al.，2009）。近年，已有一些研究探讨社会背景效应对心理健康的影响（Duijts et al.，2014），其中社会资本与身心健康的关系也越来越受到关注。社会资本是重要的社会学概念，它对社会交流和社会机构参与情况的质与量进行阐释，体现了人所处的社会状态；同时它对人的心理健康状况有所影响（Henderson & Whiteford，2004），但社会资本对癌症患者的心理状况是否有影响，影响的程度有多大，在我国尚未见相关研究。本研究旨在调查癌症患者抑郁情绪、社会资本情况以及抑郁情绪与社会资本的相关性，以期更全面地了解患者的心理状态并有针对性地提出干预建议，同时为进一步研究癌症患者社会资本与心理健康的关系提供依据。

二、对象与方法

1. 研究对象

研究者整群抽取武汉地区三家综合医院肿瘤科及放化疗科的癌症患者作为调查对象。入选条件为：（1）癌症诊断明确；（2）精神状态正常，意识清楚；（3）已知癌症诊断；（4）患者自愿参加本次调查，知情同意。调查对象一般情况如下：共调查 350 人，有效问卷 325 份，有效问卷回收率 92.9%。其中男性 153 人（47.08%），女性 172 人（52.92%）；平均年龄 56.3 ± 11.8 岁；户口所在地为农村 137 人（42.15%），城市/城镇 186 人（57.85%）；文化程度小学及以下 85 人（26.15%），初中 107 人（32.92%），高中或中专 85 人（26.15%），大专及以上 48 人（14.77%）；婚姻状况以已婚占大多数，为 302 人（92.92%）；职业分布中，离退休人员最多，为 128 人（39.28%），其次为农民或农民工 89 人（72.92%）；家庭人均月收入 3000 元及以下占多数，为 237 人（72.92%）。

2. 研究工具

基本情况问卷：包括人口学特征（性别、年龄、民族、婚育状况、文化程度、家庭收入、户口所在地等）、医疗付款方式、患病状况（包括病程、治疗方式、住院次数、对疾病的认知、得知诊断后的心理状态、焦虑来源等）。

抑郁自评量表（Self – rating Depression Scale，SDS）：测量患者抑郁状况，量表共 20 条目，每个条目根据被测量者最近 1 周的感受分为 4 个等级评分，主要评定症状出现的频度。其中 10 个条目正性词陈述，按反向评分；10 个条目负性词陈述，按正向评分。累积 20 个条目得分为 SDS 总粗分，分值越高，抑郁情绪越严重。总粗分 * 1.25 取其整数部分即得标准总分。根据我国常模标准，分数在 50 分以下为无抑郁，50—59 分为轻度抑郁，60—69 分为中度抑郁，70 分及以上为重度抑郁（Sakamoto et al.，1998）。

结构型社会资本量表：本调查采用王培刚等使用的结构型社会资本量表，该量表分 4 个维度，包括社会网络大小、对网络成员的信任、网络成员给自己的帮助、网络成员所拥有的资源；每个维度 6 个条目，按照 1 到 5 级评分（Wang et al.，2014）。本量表 Cronbach 系数为 0.904，各维度 Cronbach 系数分别为 0.768、0.791、0.838 和 0.881。二阶验证性因子分析显示 $\chi^2/df = 2.71$，RMSEA = 0.056，GFI = 0.913，CFI = 0.958。

3. 质量控制

正式调查开始前对调查员进行统一培训，使调查标准统一。调查过程中，受访者自填问卷，调查员负责解释存疑问题。对于文化程度较低或行动不便的患者，调查员读题协助自评。问卷填完后调查员当场检查问卷的完整性以及逻辑错误，有问题的问卷要求受访者现场补充完整。采用双录入法进行问卷录入，保证问卷的准确度。

4. 统计方法

资料应用 EpiData3.1 软件双双录法，采用 SPSS19.0 进行统计分析。统计学处理采用多因素非条件 Logistic 回归分析癌症患者社会资本与抑郁状况的关系。以 $P < 0.05$ 为差异有统计学意义。

三、结果

1. 癌症患者的抑郁情绪情况

245 例癌症患者的抑郁自评分大于标准分 50 分，抑郁情绪的发生率为 75.38%，其中男性为 76.47%，女性为 74.42%，差异无统计学意义（$P < 0.05$）。癌症患者中文化程度越高，产生抑郁情绪越少；农民或农民工产生抑郁情绪的情况高于其他职业；家庭人均月收入越高，患者产生抑郁情绪越少。具体见表 17 – 3。

2. 癌症患者的社会资本状况

癌症患者社会资本得分为 70.4 ± 13.4 分，男女分别为 71.2 ± 11.8 分和 69.7 ± 14.7 分。城镇居民社会资本明显高于农村居民，文化程度越高者拥有的社会资本也越高。公务员或事业单位工作人员社会资本最高，农民或农民工的社会资本最低。家庭人均月收入越高，社会资本也越高。具体见表 17 – 3。

表 17 – 3　癌症患者的抑郁情绪和社会资本的分布特征

变量	类别	抑郁情绪（标准分≥50）		χ^2	P	社会资本	F/t 值	P 值
		n	%			M ± SD		
性别	男	117	76.47	0.184	0.668	71.2 ± 11.8	0.98	0.328
	女	128	74.42			69.7 ± 14.7		
户口所在地	城市/城镇	137	72.87	1.655	0.198	73.5 ± 12.5	5.15	<0.001
	农村	108	78.83			66.0 ± 13.3		
文化程度	小学及以下	69	81.18	9.728	0.021	64.0 ± 14.6	16.56	<0.001
	初中	88	82.24			69.0 ± 10.8		
	高中或中专	57	67.06			74.6 ± 13.4		
	本科或大专及以上	31	65.96			77.8 ± 10.4		
婚姻状况	未婚	3	42.86	5.075	0.079	71.6 ± 5.6	0.50	0.605
	已婚	229	75.83			70.5 ± 13.6		
	丧偶	13	86.67			67.1 ± 12.3		

变量	类别	抑郁情绪（标准分≥50）		χ^2	P	社会资本	F/t 值	P 值
		n	%			M ± SD		
职业	农民或农民工	76	85.39	11.820	0.019	64.4 ± 13.0	8.53	< 0.001
	公务员或事业单位人员	12	54.55			78.8 ± 11.0		
	公司职员	20	74.07			70.6 ± 8.9		
	离退休	97	75.78			73.1 ± 13.9		
	其他	40	67.80			70.4 ± 12.1		
家庭人均月收入	0—1000	81	81.00	12.920	0.005	65.7 ± 13.7	9.54	< 0.001
	1001—3000	107	78.10			70.9 ± 12.9		
	3001—5000	37	75.51			72.4 ± 12.6		
	5001—	20	52.63			78.2 ± 11.1		

3. 癌症患者的社会资本对抑郁情绪的影响

依次建立三个 Logistic 回归模型分析癌症患者的社会资本对抑郁情绪的影响。模型一仅纳入单因素分析中与抑郁情绪有统计学关联的社会人口学因素，模型二和模型三在模型一的基础上分别纳入社会资本各维度评分和社会资本总评分。模型一中各社会人口学因素与抑郁情绪无统计学关联（$P > 0.05$），模型二显示在控制社会人口学因素后，社会资本维度一，即社会网络大小是抑郁情绪的独立影响因素（OR = 0.829，$P < 0.01$）。模型三显示在控制社会人口学因素后社会资本总评分是抑郁情绪的独立影响因素（OR = 0.958，$P < 0.01$）。具体见表 17-4。

表17 –4　癌症患者的社会资本对抑郁情绪影响的 Logistic 回归模型

变量	类别	OR （95% CI）		
		模型一	模型二	模型三
文化程度	—	0.830 （0.607, 1.133）	0.913 （0.634, 1.316）	0.948 （0.685, 1.313）
人均月收入	—	0.785 （0.582, 1.060）	0.718 （0.517, 0.997）a	0.828 （0.610, 1.125）
职业 （"农民或 农民工" 为参照）	公务员或事业 单位人员	0.411 （0.123, 1.374）	0.542 （0.147, 2.003）	0.507 （0.147, 1.752）
	公司职员	0.816 （0.258, 2.583）	0.683 （0.200, 2.327）	0.775 （0.240, 2.510）
	离退休	0.825 （0.370, 1.843）	1.124 （0.463, 2.726）	0.991 （0.433, 2.269）
	其他	0.476 （0.206, 1.105）	0.482 （0.193, 1.205）	0.530 （0.224, 1.255）
维度1	—	—	0.829 （0.741, 0.928）b	—
维度2	—	—	0.994 （0.872, 1.133）	—
维度3	—	—	0.939 （0.844, 1.044）	—
维度4	—	—	1.001 （0.922, 1.086）	—
社会资本总分	—	—	—	0.958 （0.936, 0.980）b

说明：$^a P$ < 0.05, $^b P$ < 0.01。

四、讨论

　　身患癌症不仅是身体事件，更是生活事件，患者在身、心、灵三个层面均受到重创。有研究表明，癌症患者出现焦虑、抑郁的情况是正常人的两倍

（Hinz & Krauss，2010）。本次研究中，癌症患者的抑郁情绪发生率为 75.38%，其中男性为 76.47%，女性为 74.42%，这一结果高于以往文献报道（Delgado - Guay et al.，2009）。这可能与本次调查人群为住院癌症患者，大多正处于术后或放化疗治疗中，身体反应较大，使得抑郁情绪增加有关（Brown et al.，2003）。本次调查癌症患者抑郁情绪发生率与文化程度、职业和经济状况有关。文化程度越高者抑郁情绪越低，说明患者的知识水平越高，越有积极进取的心态，对情绪的影响越好（武兰兰等，2015）。职业人群中，农民或农民工发生抑郁情绪的情况多于其他职业，说明农民这个收入和社会地位相对低的弱势群体，更加容易产生心理问题。用家庭人均月收入指标来分析不同经济收入患者的抑郁情绪水平的差异，结果提示经济水平越高，发生抑郁情绪的越少，抑郁情绪的发生与收入水平低相关，与之前有关学者的研究结果相同（Chen & Zheng，2009）。本次调查男女间抑郁情绪发生率的差异无统计学意义，而在以往调查中女性抑郁率一般高于男性（De Silva et al.，2007），这或许是癌症对于男女心理的影响都有着相同的作用所致。

　　本次调查的肿瘤患者，均拥有一定的社会资本，但不同人群的社会资本有差异。高学历、公务员以及来自城市的患者其社会资本明显高于低学历、农民以及来自农村的患者。个人的社会资本反映的是个人与其所在社区及相似社会地位的人的一种联系，以及通过这种联系，个人可以获得的帮助及信任等状况。显然，有较高学历、居住在城镇的公职人员或其他人员要比那些生活在农村的农民拥有更多的社会支持资源和社会网络资源，因而他们的社会资本会更高。本次被调查的不同特征肿瘤患者的社会资本状况就体现出了这种城乡和职业的差异，提示那些社会资本很低的群体应该更受关注。

　　心理健康状况受多种因素影响，其中社会因素是重要影响因素。因此可以借助社会资本了解个体在社会中得到的社会支持、信任等状况，并以此分析社会因素对于心理健康的影响。此前 Valencia 等（2012）的研究证实社会资本随着文化适应水平增加，且与抑郁症和焦虑症呈显著负相关。本次调查聚焦癌症患者这一经历严重疾病与重大心灵震荡的特殊群体，研究社会资本与其抑郁情绪的相关性，更具有典型意义。

　　本次调查以抑郁情绪（标准分 ≥50）作为因变量，社会资本等作为自变量进行回归分析，结果发现，无论在哪一种模型中，社会资本均与抑郁情绪之间呈现负相关，社会资本得分越高则抑郁情绪发生率越低，反映出社会资本与癌症患者抑郁情绪的密切相关性。从社会资本的不同维度对抑郁情绪的影响看，维度一，即社会网络的广度，对患者抑郁情绪的影响最明显，也是影响最大的社会资本维度。一个人的社会网络越广表明与之有关系的社会网络成员越多，那么其获得社会支持和社会资源的可能性就越多，在良好社会资本环境中的患者，其抑郁情绪明显低于那些社会资本较低的患者，这一结果体现了人际社会网络对癌症患者心理状态的重要意义，为我们今后对癌症患者的抑郁情绪的干预提供了新的依据。

五、结论

从临床实践角度上讲，心理因素会影响癌症患者的存活时间，情绪抑郁可缩短癌症患者寿命，因而提升癌症患者的社会资本水平对于降低抑郁程度大有裨益（胡蕾等，2015）。医务工作者应将关注重点落在那些文化程度低、经济负担重的低社会资本患者群体上。研究发现，患者从医护人员那里感受到的共情与患者痛苦之间存在高度负相关（Olson & Hanchett，1997）。医务人员作为患者生病期间的直接社交网络成员，应不断提升自身共情能力，主动与患者建立起信任机制，鼓励患者建立积极的疾苦观与生死观，以乐观的心态去参加更多社会活动，以获得更多的社会资本。同时医务人员应积极与患者家属沟通，对家属进行健康教育，促进其给予患者更多的关爱与支持，这对缓解患者抑郁情绪十分有利（杨志寅，2015）。同时，这也促进了肿瘤科医生的精神发育，帮助其更好地理解患者，理解生命与生死，进而更好地承担起患者的治疗者与陪伴者的双重身份，守护生命，付出关爱。

第三节　童年不良经历
对儿童癌症患者消化道症状的影响及机制[①]

本研究探究新冠肺炎疫情流行期间儿童癌症患者的童年不良经历（Adverse Childhood Experience，ACE）对其消化道症状的影响，分析焦虑情绪、应激的中介作用。研究者运用问卷调查法对 165 例儿童癌症患者进行调查。运用相关分析和结构方程模型探讨童年不良经历、焦虑情绪、应激和消化道症状的关系，检验焦虑情绪、应激在童年不良经历对消化道症状的影响中的中介作用。结果发现：童年不良经历与焦虑情绪、应激和消化道症状呈显著正相关（$r = 0.623$、

---

① 发表于《健康研究》2021 年第 41 卷第 2 期，第二作者为杨柠溪。

0. 528、0. 455，$P < 0.01$），焦虑情绪、应激和消化道症状呈显著正相关（$r =$ 0. 515、0. 631，$P < 0.01$）。焦虑情绪、应激在童年不良经历对消化道症状的影响中起完全中介作用。综上，新冠肺炎疫情流行期间童年不良经历通过影响儿童癌症的焦虑情绪、应激影响其消化道症状。

一、研究背景

童年不良经历指个体在 18 岁之前所遭受的心理或生理上的伤害和威胁，这些遭遇给个体的健康、生存带来了不良的影响（Felitti et al. , 1998）。ACE 主要包括情感忽视、情感虐待、躯体忽视、躯体虐待、性虐待、家庭功能不良（如父母分居或离异、家庭有吸毒者、有精神异常者、家庭成员有自杀者、有犯罪记录者）等（Ramiro et al. , 2010）。ACE 作为一种慢性应激，对人们身心健康的影响已经被研究所证实，如 ACE 暴露引发后续的抑郁症、注意缺陷多动障碍、精神分裂症等精神及行为障碍，以及抑郁症状、焦虑症状等（马全瑞等，2018；Jimenez et al. , 2017）。亦有研究发现 ACE 与躯体炎症状态等生理健康状况有关（王伟等，2019）。

2019 年底开始，新冠肺炎疫情不仅对人们的身体健康是一个巨大的冲击，亦引发抑郁、焦虑和恐慌等一系列心理健康问题，以及相应的躯体症状（昌敬惠 等，2020）。心智尚未完全成熟又身患癌症的儿童可能面临更多的身心问题。这需要医务人员更多的重视。如前所述，ACE 会引发焦虑情绪等一系列负性情绪，特别是在新冠肺炎流行的背景下，这些心理问题可能更为严重。此外，心理与消化道症状的关联已经被研究证实，如负性情绪与肠易激综合征等功能性消化道疾病或症状密切相关（潘晓虹，2018）。因此，本次研究关注儿童癌症患者的身心健康状况，分析 ACE 对消化道症状的影响，验证焦虑情绪和应激是否在上述二者间起中介作用。

二、对象与方法

1. 研究对象

通过网络在病友群中招募 165 例儿童癌症患者作为研究对象。监护人对研究知情同意。入选标准为：被确诊为癌症，10—14 岁，能独立或在辅助下完成量表。

2. 调查工具

ACE 量表：运用 Kaiser – CDC 实验室研发的童年不良经历问卷调查受访者童

年经历的负性事件。共 10 个问题，涵盖：父母或其他长辈经常或偶尔对你恶言相向、羞辱、咒骂、贬低、打击你、让你担心被伤害；他们常常或偶尔谩骂、推搡、用力抓人、打耳光、向你扔东西，或是把你打得黑青、受伤等。每个问题答案涵盖"是"和"否"2 个选项。如果回答"是"，即可判定经历过该问题所描述的童年期负性事件。每个问题答案为"是"计 1 分，"否"计 0 分，各问题得分总和为童年不良经历得分，计分范围为 0—10 分（Cheong et al.，2017）。该量表的 Cronbach's alpha 系数为 0.726。

焦虑量表（SAS）：运用焦虑自评量表（Self – rating Anxiety Scale，SAS）评估患者的焦虑情绪，该量表共 20 个问题（10 个正向陈述和 10 个负向陈述），受访者根据最近 1 周的状态分为 4 个等级赋分，所得总分为 SAS 总粗分，总粗分 * 1.25 取其整数部分为标准分。分数越高，焦虑情绪越多（Olatunji et al.，2006）。该量表的 Cronbach's alpha 系数为 0.836。

应激量表（SASR）：运用斯坦福急性应激反应问卷（Stanford Acute Stress Reaction Questionnaire，SASR）测量患者的应激情况。量表为 6 点式李克特量表，共有 30 条目，每个条目 0—5 分，总分为 0—150 分（Cardena et al.，2000）。该量表的 Cronbach's alpha 系数为 0.872。

消化道症状量表：运用自编消化道症状量表测量儿童癌症患者的消化道症状。量表为 4 点式李克特量表（0—3 分），共有 7 个问题，包括一周内的消化道症状和频率。该量表赋分为 0—21 分。该量表的 Cronbach's alpha 系数为 0.821。

3. 统计处理

运用 EPI 3.1 软件和 SAS 9.4 版统计软件录入和分析数据。运用 Pearson 相关分析和结构方程模型，研究变量之间的关系。运用 AMOS21.0 对中介效应检验。将消化道症状作为因变量，焦虑、应激作为中间变量，ACE 作为自变量。设置 Bootstrap 次数为 5000，采用偏差校正的非参数百分位 bootstrap 法估计具体中介效应的显著性。$P < 0.05$ 为有统计学意义。

三、结果

1. 样本情况

邀请 200 例患儿参加本研究，共有 165 人参与，参与率为 82.5%；平均年龄为（12.31 ± 1.89）岁，男 75 例，女 90 例；平均患病时间为（2.16 ± 0.34）年。

2. 童年不良经历、焦虑、应激和消化道症状的相关性

Pearson 相关分析结果显示，ACE 与焦虑情绪、应激和消化道症状存在显著

相关，焦虑情绪与应激和消化道症状存在显著相关，应激与消化道症状存在显著相关，均 $P < 0.01$。见表 17 - 5。

表 17 - 5 ACE、焦虑、应激和消化道症状的相关性 (r)

项目	平均值	标准差	ACE	焦虑	应激	消化道症状
ACE	3.794	2.605	1			
焦虑情绪	55.285	14.337	0.623*	1		
应激	77.497	30.083	0.528*	0.541*	1	
消化道症状	8.418	4.620	0.455*	0.515*	0.631*	1

说明：* 表示 $P < 0.01$。

3. 童年不良经历对消化道症状的影响的路径分析

为了进一步探讨变量之间的关系，采用路径分析法，构建多重中介模型。整体拟合指数：$\chi^2/df = 0.804$ 小于 3；RMSEA = 0.000，小于 0.08；TLI = 1.000，CFI = 1.000，IFI = 1.000，GFI = 0.998，AGFI = 0.976，NFI = 0.997，均在 0.90 以上，因此达到较好的拟合程度，假设模型通过。见图 17 - 1。

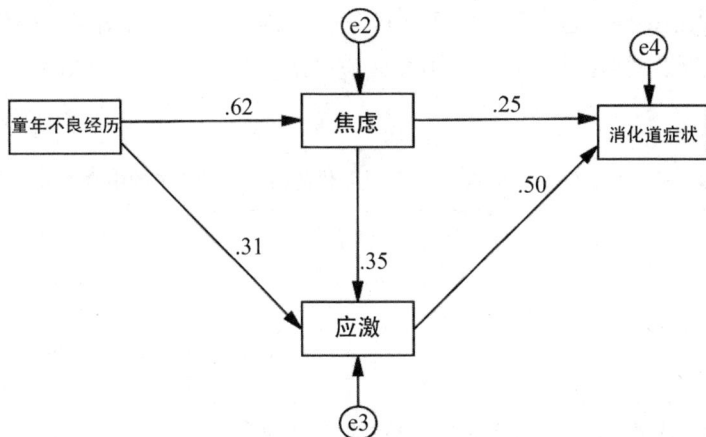

图 17 - 1 童年不良经历对消化道症状的影响的路径

路径分析的结果发现，ACE 对焦虑情绪存在显著的正向影响（$\beta = 0.623$，$P < 0.001$）；ACE 对应激存在显著的正向影响（$\beta = -0.312$，$P < 0.001$）；焦虑情绪对应激存在显著的正向影响（$\beta = 0.347$，$P < 0.001$）；焦虑情绪对消化

道症状存在显著的正向影响（$\beta = 0.245$，$P < 0.001$）；应激对消化道症状存在显著的正向影响（$\beta = 0.498$，$P < 0.001$）。见表 17 - 6。

表 17 - 6 路径分析

路径			标准化系数	非标准化系数	S.E.	C.R.	P
焦虑	←	ACE	0.623	3.429	0.336	10.202	<0.001
应激	←	ACE	0.312	3.605	0.928	3.886	<0.001
应激	←	焦虑	0.347	0.727	0.169	4.316	<0.001
消化道症状	←	焦虑	0.245	0.079	0.022	3.530	<0.001

4. 焦虑情绪、应激的中介效应检验

中介效应检验结果发现，ACE→焦虑情绪→消化道症状这条路径中，置信区间不包含 0（0.058，0.261），因此说明焦虑情绪在 ACE 与 E 中存在显著的中介效应（$\beta = 0.153$，$P < 0.01$）；ACE→应激→消化道症状这条路径中，置信区间不包含 0（0.076，0.254），因此说明应激在 ACE 与消化道症状中存在显著的中介效应（$\beta = 0.156$，$P < 0.001$）；ACE→焦虑情绪→应激→消化道症状这条路径中，置信区间不包含 0（0.053，0.183），因此说明焦虑情绪、应激在 ACE 与消化道症状中存在显著的链式中介效应（$\beta = 0.108$，$P < 0.001$）。结果见表 17 - 7。

表 17 - 7 焦虑情绪、应激在 ACE 对消化道症状的影响中的中介效应分析

中介效应路径	标准化系数	非标准化系数	标准误	95% 置信区间		P
				Lower	Upper	
ACE→焦虑情绪→消化道症状	0.153	0.271	0.051	0.058	0.261	0.002
ACE→应激→消化道症状	0.156	0.276	0.045	0.076	0.254	<0.001
ACE→焦虑情绪→应激→消化道症状	0.108	0.191	0.032	0.053	0.183	<0.001

四、讨论

研究发现，新冠肺炎疫情流行期间样本儿童癌症患者有较高的焦虑情绪和应激水平。一方面，民众普遍有一定的焦虑情绪等负性情绪。这是因为病毒传播速度快，而且新型传染病的治疗和预后等有很多未知，更容易引起人们的负性情绪。另一方面，癌症患者本身容易产生负性情绪（李秀玲等，2018）。他们往往有漫长的治疗期，又需要定期复查，传染病流行使他们常规的医疗活动面临更多的问题，因此有更多的负性情绪。

研究证实，儿童癌症患者的童年不良经历对其消化道症状产生影响，有更多 ACE 的患者，消化道症状出现越多。既往研究证实，儿童期受虐经历与肠易激综合征相关（刘羽等，2016）。分析其机制，本研究发现 ACE 通过影响焦虑情绪和应激，而影响消化道症状。ACE 影响焦虑情绪和应激，经历 ACE 的人在疫情面前更容易出现焦虑情绪和应激。分析原因如下。ACE 包括很多方面，比如童年期虐待和忽视引发后续的焦虑情绪，因为经历虐待的儿童可能产生认知偏差和负性自我观念，或形成完美主义的思维模式，所以面对客观的不理想的现实时更可能焦虑。疫情这种负性事件对他们更容易成为应激源，造成心灵冲击（吴韦玮，2013）。一些患儿可能经历过家庭功能失调，可能导致之后生活中的焦虑情绪。因为早年的父母离异或分居，父母吵架，对孩子的疏忽等会造成某个家庭角色的缺位，在这样环境中生活的孩子更容易自卑和胆小，对负性事件的认知更加敏感，进而容易造成负性情绪，有更高的应激水平（游雅媛等，2017）。焦虑和情绪应激等负性心理对消化道症状的影响，已经被诸多研究所证实。例如，在治疗功能性消化不良的患者时，运用抗焦虑药物黛力新可以缓解其消化道症状，这说明焦虑情绪等负性情绪影响其消化道症状（吴丽娜等，2013）。

研究说明，儿科护理人员及消化科等内科医生应重视以多元的角度看待儿童癌症患者的身心健康状况，向其和家长进行通俗易懂的新冠肺炎防治的健康教育，并在其随访、门诊和治疗期间给予恰当的心理疏导和安抚，以降低他们的焦虑情绪和应激水平，缓解其消化道症状等躯体不适症状。必要时，可建议患儿家长请精神心理医生针对 ACE 进行干预。

参考文献

一、中文文献

1. 中文专著

刘小枫：《诗化哲学》，青岛：山东文艺出版社，1986 年。

张春兴：《现代心理学》（第 2 版），上海：人民教育出版社：1994 年。

夏建中：《文化人类学理论学派——文化研究的历史》，北京：中国人民大学出版社，1997 年。

陈向明：《质的研究方法与社会科学研究》，北京：教育科学出版社，2000 年。

刘小枫：《沉重的肉身：现代性伦理的叙事纬语》，北京：华夏出版社，2004 年。

刘明：《护理质性研究》，北京：人民卫生出版社，2008 年。

高美玲，肖宏恩，陈夏莲，等：《灵性护理》，台北：华杏出版社，2009 年。

伊凡希雅·莱昂斯，阿德里安·考利著：《心理学质性资料的分析》，毕重增译，重庆：重庆大学出版社，2010 年。

阿瑟·克莱曼著：《疾痛的故事：苦难、治愈与人的境况》，方筱译，上海：上海译文出版社 2010 年。

拜伦·古德著：《医学、理性与经验》，吕文江，余晓燕，余成普译，北京：北京大学出版社 2010 年。

亚当·斯密：《道德情操论》，太原：山西经济出版社，2010 年。

Rita Charon 著：《叙事医学：尊重疾病的故事》，郭莉萍译，北京：北京大学医学出版社，2015 年。

李飞：《生命消逝的礼赞》，杭州：浙江人民出版社，2019 年。

娜丁·伯克·哈里斯著：《深井效应》，林玮，卓千惠译，杭州：浙江教育出版社，2020 年。

2. 中文期刊

肖水源，杨德森：《社会支持对身心健康的影响》，《中国心理卫生杂志》，1987 年第 1 卷第 4 期：第 183 – 187 页。

周世杰：《依恋及其与心理病理的关系》，《中国临床心理学杂志》，1997 年第 11 卷第 3 期：第 190 – 194 页。

胡文郁，邱泰源，释惠敏，等：《从医护人员角度探讨癌末病人之灵性需求》，《台湾医学》，1999 年第 3 卷第 1 期：第 8 – 19 页。

周世杰，姚树桥：《受虐待儿童的心理病理学研究》，《中国临床心理学杂志》，2000 年第 14 卷第 4 期：第 273 – 275 页。

高申春：《自我效能理论评述》，《心理发展与教育》，2000 年第 16 卷第 1 期：第 60 – 64 页。

汪新建：《生命意义的追寻——弗兰克之意义疗法》，《医学与哲学》，2000 年第 21 卷第 8 期：第 53 – 56 页。

蔡光蓉，乔宜，李佩文，等：《音乐疗法在肿瘤临床的应用》，《中国心理卫生杂志》，2001 年第 15 卷第 3 期：第 180 – 181 页。

周鹏生，刘雅娟：《音乐疗法述评》，《国际中华神经精神医学杂志》，2002 年第 3 卷第 2 期：第 153 – 155 页。

高玲玲，张美芬，刘可：《癌症病人新的护理目标——希望》，《护理研究》，2004 年第 18 卷第 3 期：第 377 – 378 页。

张大庆：《临床决策：医学哲学研究的一个重要领域》，《医学与哲学》，2004 年第 25 卷第 12 期：第 17 – 20 页。

贾蕾，李幼穗：《儿童社会观点采择与分享行为关系的研究》，《心理与行为研究》，2005 年第 4 期：第 305 – 309 页。

张向葵，郭娟，田录梅：《自尊能缓冲死亡焦虑吗？——自尊对死亡提醒条件下大学生死亡焦虑的影响》，《心理科学》，2005 年第 28 卷第 3 期：第 602 – 605 页。

郑日昌，李占宏：《共情研究的历史与现状》，《中国心理卫生杂志》，2006 年第 20 卷第 4 期：第 277 – 279 页。

孙海云，黑子清：《肝移植术后神经系统并发症的研究进展》，《2007 年粤港台麻醉学术年会论文集》，2007 年。

史琼，樊嘉禄，叶建国，等：《音乐治疗的历史及展望》，《中国康复理论与实践》，2007 年第 13 卷第 11 期：第 1044 – 1046 页。

郑宁：《关于我国临床社会工作初探》，《首都师范大学学报（社会科学版)》，2008 年第 S2 期：第 147 - 153 页。

　　肖巍：《作为一种价值建构的疾病——关于疾病的哲学叙事》，《中国人民大学学报》，2008 年第 4 期：第 62 - 70 页。

　　刘聪慧，王永梅，俞国良，等：《共情的相关理论评述及动态模型探新》，《心理科学进展》，2009 年第 17 卷第 5 期：第 964 - 972 页。

　　邱杰：《医患关系的三种表现形式》，《医学与哲学（人文社会医学版）》，2009 年第 30 卷第 1 期：第 23 - 24，37 页。

　　郇建立：《慢性病与人生进程的破坏——评迈克尔·伯里的一个核心概念》，《社会学研究》，2009 年第 50 卷第 5 期：第 229 - 241 页。

　　张叶宁，张海伟，宋丽莉，等：《心理痛苦温度计在中国癌症患者心理痛苦筛查中的应用》，《中国心理卫生杂志》，2010 年第 24 卷第 12 期：第 897 - 902 页。

　　张凤凤，董毅，汪凯，等：《中文版人际反应指针量表（IRI - C）的信度及效度研究》，《中国临床心理学杂志》，2010 年第 18 卷第 2 期：第 155 - 157 页。

　　姚婷，杨军，笪玉荣：《情绪认知神经机制研究对医患沟通的启示》，《医学与哲学》，2011 年第 32 卷第 12A 期：第 33 - 34，42 页。

　　徐慧，侯志瑾，黄玉：《共情与真诚：对罗杰斯三个不同时代案例的内容分析》，《中国临床心理学杂志》，2011 年第 19 卷第 2 期：第 265 - 267，202 页。

　　张和清：《社会转型与社区为本的社会工作》，《思想战线》，2011 年第 37 卷第 4 期：第 38 - 39 页。

　　崔丽霞，史光远，张玉静，等：《青少年抑郁综合认知模型及其性别差异》，《心理学报》，2012 年第 44 卷第 11 期：第 1501 - 1514 页。

　　王一方：《病历的现代性反思》，《中国医院院长》，2012 年第 8 期：第 86 - 87 页。

　　姚婷，李勇，郭汉平：《临床共情研究进展》，《医学与哲学》，2012 年第 33 卷第 2 期：第 4 - 6 页。

　　余运西：《人文病历：书写病患疾苦与体验》，《健康报》，2012 年 3 月 30 日。

　　闫志英，张奇勇，杨晓岚：《共情对助人倾向的影响：人格的调节作用》，《中国临床心理学杂志》，2012 年第 20 卷第 6 期：第 858 - 860 页。

　　王一方：《临床医学人文：困境与出路——兼谈叙事医学对于临床医学人文的意义》，《医学与哲学》，2013a 年第 34 卷第 9 期：第 14 - 17 页。

　　王一方：《现代性反思与好医学的建构》，《医学与哲学》，2013b 年第 34 卷第 1 期：第 4 - 5 页。

陈小荟：《共情理论研究概述》，《社会心理科学》，2013 年第 28 卷第 9 期：第 3 - 5，25 页。

郭莉萍：《从"文学与医学"到"叙事医学"》，《科学文化评论》，2013a 年第 10 卷第 3 期：第 5 - 22 页。

郭莉萍：《那些花儿：文学与医学研究内容的变迁》，《中国医学人文评论》，2013b 年：第 1 - 11 页。

郭静波，王玉梅：《灵性照顾与辞世教育》，《医学与哲学》，2013 年第 34 卷第 1B 期：第 13 - 15 页。

胡晔，黄娟，张婷，等：《乳腺癌患者益处发现评定量表的信效度检验》，《中国实用护理杂志》，2014 年第 30 卷第 33 期：第 27 - 29 页。

李娟，周捷：《我国发展医院临床社会工作的意义与对策——基于美国临床社会工作的经验》，《中国医院管理》，2014 年第 34 卷第 6 期：第 44 - 46 页。

肖宁，朱丹，肖水源：《延续心理护理对脑肿瘤患者及家属负性情绪的影响》，《中国临床心理学杂志》，2014 年第 22 卷第 2 期：第 373 - 376 页。

牛青，刘丽丹，王秋玲，等：《Peplau 人际关系模式在护理实践中的应用》，《中华现代护理杂志》，2014 年第 20 卷第 27 期：第 3524 - 3526 页。

刘云涛，黄悦勤，刘肇瑞，等：《焦虑障碍危险因素病例对照研究》，《中国心理卫生杂志》2014 年第 28 卷第 8 期：第 623 - 627 页。

王一方：《你看见蝴蝶了吗》，《读书》，2014 年第 4 期：第 115 - 120 页。

石卫晨，吴蓉，蔡利红：《浅谈"双心"疾病的研究现状及方向》，《现代临床医学》，2015 年第 41 卷第 3 期，第 230 - 232，236 页。

王一方：《生命之思与医学之悟》，《中国医院院长》，2015 年第 10 期：第 92 页。

杨柠溪，饶翮，许亚运，等：《癌症患者社会资本对抑郁情绪的影响》，《中华行为医学与脑科学杂志》，2015 年第 24 卷第 9 期：第 820 - 823 页。

杨柠溪：《急性心肌梗死行 PTCA + 支架术患者的临床叙事分析》，《医学与哲学》，2015 年第 36 卷第 24 期：第 37 - 41 页。

杜莉莉，吕润潇，杨晓漪，等：《解剖学在病理生理实验教学中的应用》，《解剖科学进展》，2016 年第 2 期：第 233 - 234 页。

林晓鸿，臧运金，王璐，等：《肝移植受者的失眠状况及其影响因素分析》，《护理研究》，2016 年第 30 卷第 20 期：第 2452 - 2456 页。

黄辉，刘义兰：《叙事护理临床应用的研究进展》，《中华护理杂志》，2016

年第 51 卷第 2 期：第 196－200 页。

张莹，韩东冬，王华光，等：《肝移植患者术后感染相关危险因素分析》，《中华临床感染病杂志》，2016 年第 9 卷第 6 期：第 496－501 页。

潘丽师，尹燕清，杨柠溪：《叙事医学干预对后遗症期脑卒中患者抑郁情绪的影响》，《中国医学人文》，2016 年第 12 期：第 12－15 页。

邓文华，胡蓉：《心灵哲学的医学人文关怀：共情说的回归》，《医学与哲学》，2017 年第 38 卷第 6 期，第 36－40 页。

韩启德：《医学是什么》，《民主与科学》，2017 年第 4 期：第 4－9 页。

洪菲菲，胡燕，刘芃汐：《叙事医学教育的研究进展及启示》，《中华护理教育》，2017 年第 14 卷第 7 期：第 530－534 页。

李书麟，谷莹佳，魏艳婷：《叙事护理对乳腺癌患者疾病适应结局的影响》，《中华现代护理杂志》，2017 年第 23 卷第 31 期：第 3994－3998 页。

牟倩倩，李俊英：《音乐疗法在癌症治疗中的应用进展》，《护理研究》，2017 年第 2 卷第 5 期：第 530－540 页。

王一方：《如何缔结爱的遗产？》，《财新周刊》，2017 年第 5 期：第 100 页。

王一方：《叙事医学：从工具到价值》，《医学与哲学》，2018a 年第 39 卷第 5 期：第 1－6 页。

王一方：《生命中的灵性与医疗中的灵性照顾》，《中国护理管理》，2018b 年第 18 卷第 3 期：第 330－332 页。

杨柠溪，李小燕，燕虹，等：《叙事医学教育对临床医学专业学生共情能力和学业成绩的影响：一项随机对照试验》，《中国临床心理学杂志》，2018a 年第 26 卷第 3 期：第 556－560 页。

杨柠溪，曹英南，王艳丽，等：《肿瘤科护士共情对乳腺癌患者心理痛苦和益处发现的影响》，《中华行为医学与脑科学杂志》，2018b 年第 27 卷第 5 期：第 444－449 页。

洪霞：《医患共同决策》，《协和医学杂志》，2018 年第 9 卷 3 期：第 277－280 页。

蔡楠，王立峰，周玉皆：《临床医学专业学位研究生共情能力现状及启示》，《江苏卫生事业管理》，2018 年第 29 卷第 6 期，第 712－715 页。

付世欧，李文燕：《叙事医学在慢性疼痛住院患者中的应用》，《医学与哲学》，2018 年第 39 卷第 5B 期：第 76－78 页。

姜安丽：《叙事护理的发轫与探究》，《上海护理》，2018 年第 18 卷第 1 期：第 5－7 页。

李玉梅，黄瑛，薛智颖，等：《叙事护理对晚期肺癌患者心境与症状群管理的效果》，《解放军护理杂志》，2018 年第 35 卷第 21 期：第 28－31，41 页。

李怀瑞，葛道顺：《移植真的成功了吗？》，《山东社会科学》，2018 年第 7 期：第 102－111 页。

李媛媛：《叙事医学模式下的护理干预对中青年 ACS 患者负性情绪管理和生活质量的影响》，《中外女性健康研究》，2018 年第 1 期：第 8－9 页。

李宁，徐妙，张维，等：《叙事医学模式对青年乳腺癌化疗患者心理状况及生存质量的影响》，《贵州医科大学学报》，2018 年第 43 卷第 6 期：第 682－685 页。

卢芳燕，王华芬，卢婕楠，等：《肝移植术后脑病相关因素研究及护理进展》，《护士进修杂志》，2018 年第 33 卷第 8 期：第 709－712 页。

马全瑞，刘广天，吕国良，等：《童年期家庭不良经历与成人精神分裂症相关性病例对照研究》，2018 年第 19 卷第 4 期：第 246－249 页。

岑珏，王道珍，李萍：《叙事医学视角下的临床医学人文实践与思考》，《叙事医学》，2019 年第 4 期：第 260－263 页。

陈彦弛，韩少强，李娇，等：《抑郁症伴自杀意念患者前扣带回皮质喙部环路的信息时变整合研究》，《国际精神病学杂志》，2019 年第 46 卷第 1 期：第 66－70 页。

陈向凡，张印，杨柠溪：《基于叙事医学的医患沟通对消化内科患者健康的影响及介入路径》，《临床医学研究与实践》，2019 年第 2 期：第 26－28 页。

郭莉萍，王一方：《叙事医学在我国的在地化发展》，《中国医学伦理学》，2019 年第 32 卷第 2 期：第 147－152 页。

季庆英，曹庆：《我国医务社会工作的探索与发展》，《社会建设》，2019 年第 6 卷第 5 期：第 13－21 页。

张鲁敏，顾芬：《叙事护理在健康教育中的应用研究进展》，《护理学报》，2019 年第 26 卷第 1 期：第 28－31 页。

皮斌，杨柠溪：《围术期骨科车祸截肢患者心理社会需求及临床人文干预》，《中国医学伦理学》，2019 年第 32 期第 2 卷：第 178－182 页。

王一方：《生命书写，共情与反思齐飞》，《新京报》，2019 年 3 月 9 日。

邹然，谌永毅，黄旭芬：《医务社会工作者在安宁疗护中的角色和作用》，《中国护理管理》，2019 年第 19 卷第 6 期：第 820－823 页。

王伟，姜璇，万宇辉，等：《中学生童年期虐待经历与促炎因子白细胞介素－6 水平的关联》，《中国学校卫生》，2019 年第 40 卷第 3 期：第 384－387 页。

曲辉，马翀奕，吕勃，等：《临床共情：一张改善医患关系的特效处方》，《中国继续医学教育》，2020 年第 12 卷第 9 期：第 73 - 75 页。

孟德祺，陈汝青，李园莉：《医院管理视角下医务社工介入安宁疗护服务的实践与反思》，《社会与公益》，2020 年第 7 期：第 10 - 12，15 页。

罗文催，李兵发：《叙事护理干预在创伤性截瘫病人中的应用及疗效观察》，《全科护理》，2020 年第 18 卷第 16 期：第 1983 - 1985 页。

朱春艳，段云姗，吴盼盼：《叙事护理新型冠状病毒肺炎 60 例疗效观察》，《河南中医》，2020 年第 40 卷第 7 期：第 994 - 996 页。

徐献军，赵若瑶，陈旭日：《雅斯贝尔斯的共情理论及其心理治疗意义》，《心理研究》，2021 年第 14 卷第 5 期：第 399 - 403 页。

3. 中文学位论文

张立波：《中西生死观之比较研究》，湖北大学，2006 年。

张敏：《儿童虐待的相关因素及对心理行为的影响研究》，华中科技大学，2007 年。

尹志科：《器官捐献动机的质性研究》，中南大学，2012 年。

陈先锋：《门诊患者就医满意障碍因素的非参与式观察法研究》，华中科技大学，2014 年。

王瑜萍：《女性乳腺癌患者益处发现的发展轨迹与功能》，中南大学，2014 年。

谢歆：《抑郁症自杀行为的脑结构和静息态功能磁共振研究》，南华大学，2017 年。

季善玲：《儿童期不良经历与大学生执行功能的关系研究》，鲁东大学，2018 年。

程秀仙：《癌症晚期患者主要照顾者减压小组工作研究》，苏州大学，2019 年。

张雪：《危机干预模式下个案工作对乳腺癌患者的心理调适》，吉林大学，2019 年。

二、英文文献

1. 英文专著

Barney G. G. , Anselm L. S. , *Awareness of Dying*, New York：New York Aldine Publishing Company, 1965.

Glasser W. , *Reality Therapy*, New York：Harpen&Row, 1965.

Glaser B. , Strauss A. , *The Discovery of Grounded Theory*: *Strategies for Qualitative Research*, Chicago: Aldine, 1967.

Powers W. T. , *Behavior*: *The Control of Perception*, New York: Aldine de Gruyter, 1973.

Tajfel H. , Turner J. C. , *An Integrative Theory of Intergroup Conflict. In W. G. Austin & S. Worchel* (*Eds.*), *The Social Psychology of Intergroup Relations*, Monterey, CA: Brooks/Cole. 1979, pp. 33 – 47.

White M. , Epston D. , *Narrative Means to Therapeutic Ends*, New York: Norton, 1990.

Bunt L. , *Music Therapy*: *An Art beyond Words*, Rout ledge, UK, 1994.

Glasser W. , *Choice theory*: *A New Psychology of Personal Freedom* (*M*), New York: Harper Collins, 1998.

Clandinin D. J. , Connelly F. M. , *Narrative Inquiry*: *Experience and Story in Qualitative Research*, San Francisco: Jossey – Bass Publishers, 2000.

Hojat M. , *Empathy in Patient Care*: *Antecedents*, *Development*, *Measurement*, *and Outcomes*, New York: Springer, 2007.

Hojat M. , *Empathy and Patient Outcomes*, Heidelberg: Springer International Publishing, 2016.

Charon R. , *Narrative Medicine*: *Honoring the Stories of Illness*, New York: Oxford University Press, 2006.

2. 英文报刊

Davis M. H. , "Measuring Individual Differences in Empathy: Evidence for a MultidimensionalApproach," *Journal of Personality Social Psychology*, Vol. 44, No. 1, 1983, pp. 113 – 126.

Zigmond A. S. , Snaith R. D. , "The Hospital Anxiety and Depression Scale," *Acta Psychiatrica Scandinavica*, Vol. 67, No. 6, 1983, pp. 361 – 370.

Phillips B. , Marshall M. E. , Brown S. , et al. , "Effect of Smoking on Human Natural Killer Cell Activity," *Cancer*, Vol. 56, No. 12, 1985, pp. 2789 – 2792.

Wagner R. K. , Sternberg R. J. , "PracticalIntelligence in Real – World Pursuits: The Role of Tacit Knowledge," *Journal of Personality and Social Psychology*, Vol. 49, No. 2, 1985, pp. 436 – 458.

Cook J. , "Music as an Intervention in the Oncology," *Cancer Nursing*, Vol. 9, No. 1, 1986, pp. 23 – 28.

Gravallese E. M. , Kantrowitz F. G. , "Arthritic Manifestations of Inflammatory Bowel Disease," *American Journal of Gastroenterology*, Vol. 83, No. 7, 1988, pp. 703 – 709.

Sandelowski M. , "TellingStories: Narrative Approaches in Qualitative Research," *Image the Journal Nursing Scholarship*, Vol. 23, No. 3, 1991, pp. 161 – 166.

Maier S. F. , Watkins L. R. , Fleshner M. , "Psychoneuroimmunology. The Interface between Behavior, Brain, and Immunity," *American Psychologist*, Vol. 49, No. 12, 1994, pp. 1004 – 1017.

Aldridge D. , "Spirituality, Hope and Music Therapy in Palliative Care," *Arts in Psychotherapy*, Vol. 22, No. 2, 1995, pp. 103 – 109.

Joralemon D. , "Organ Wars: The Battle for Body Parts," *Medical Anthropology Quarterly*, Vol. 9, No. 3, 1995, pp. 335 – 356.

Sabo C. E. , Michael S. R. , "The Influence of Personal Message with Music on Anxiety and Side Effects Associated with Chemotherapy," *Cancer Nursing*, Vol. 19, No. 4, 1996, pp. 283 – 289,

Engel G. L. , "From Biomedical to Biopsychosocial. 1. Being Scientific in the Human Domain," *Psychother Psychosom*, Vol. 66, No. 2, 1997, pp. 57 – 62.

Olson J. , Hanchett E. , "Nurse Expressed Empathy, Patient Outcomes, and Development of a Middle – range Theory," *Image – the Journal of Nursing Scholarship*, Vol. 29, No. 1, 1997, pp. 71 – 76.

Lynch J. W. , Kaplan G. A. , "Understanding How Inequality in the Distribution of Income Affects Health," *Journal of Health Psychology*, Vol. 2, No. 3, 1997, pp. 297 – 314.

Felitti V. J. , Anda R. F. , Nordenberg D. , et al. , "Relationship of Childhood Abuse and Household Dysfunction to Many of the Leading Causes of Death in Adults: The Adverse Childhood Experiences (ACE) Study," *American Journal of Preventive Medicine*, Vol. 14, No. 4, 1998, pp. 245 – 258.

Preston Portes A. , "Social Capital: Its Origins and Applications in Modern Sociology," *Annual Review Society*, Vol. 24, No. 1, 1998, pp. 1 – 24.

Sakamoto S. , Kijima N. , Tomoda A. , et al. , "Factor Structures of the Zung Self – Rating Depression Scale (SDS) for Undergraduates," *Journal of Clinical Psychology*, Vol. 54, No. 4, 1998, pp. 477 – 487.

Jones A. H. , "Narrative in Medical Ethics," *Western Journal of Medicine*, Vol.

171, No. 1, 1999, pp. 50 –52.

Fava G. A. , "Well – being Therapy: Conceptual and Technical Issues," *Psychotherapy and Psychosomatics*, Vol. 68, No. 4, 1999, pp. 171 – 179.

Ali Z. , Raja S. N. , Wesselmann U. , et al. , "Intradermal Injection of Norepinephrine Evokes Pain in Patients with Sympathetically Maintained Pain," *Pain*, Vol. 88, No. 2, 2000, pp. 161 – 168.

Cardena E. , Koopman C. , Classen C. , et al. , "Psychometric Properties of the Stanford Acute Stress Reaction Questionnaire (SASRQ): A Valid and Reliable Measure of Acute Stress," *Journal of Traumatic Stress*, Vol. 13, No. 4, 2000, pp. 719 –734.

Fife B. L. , Wright E. R. , "The Dimensionality of Stigma: a Comparison of Its Impact on the Self of Persons with HIV/AIDS and Cancer," *Journal of Health Social Behavior*, Vol. 41, No. 1, 2000, pp. 50 –67.

Antoni M. H. , Lehman J. M. , Kilbourn K. M. , et al. , "Cognitive – behavioral Stress Management Intervention Decreases the Prevalence of Depression and Enhances Benefit Finding among Women under Treatment for Early – stage Breast Cancer," *Health Psychology*, Vol. 20, No. 1, 2001, pp. 20 –32.

Charon R. , "Narrative Medicine: Form, Function, and Ethics," *Annals of Internal Medicine*, Vol. 134, No. 1, 2001a, pp. 83 –87.

Charon R. , "Narrative Medicine: A Model for Empathy, Reflection, Profession, and Trust," *The Journal of American Medical Association*, Vol. 286, No. 15, 2001b, pp. 1897 – 1902.

Hojat M. , Mangione S. , Nasca T. J. , et al. , "The Jefferson Scale of Physician Empathy: Development and Preliminary Psychometric Data," *Educational and Psychology Measurement*, Vol. 61, No. 2, 2001, pp. 349 –365.

Howatt W. , "The Evolution of Reality Therapy to Choice Theory," *International Journal of Reality Therapy*, Vol. 21, No. 1, 2001, pp. 7 – 12.

Merluzzi T. V. , Nairn R. C. , Hegde K. , et al. , "Self – efficacy and Coping with Cancer: Revision of the Cancer Behavior Inventory (Version 2. 0)," *Psycho – oncology*, Vol. 10, No. 3, 2001, pp. 206 –217.

Palm Ø, Moum B. , Jahnsen J. , et al. , "The Prevalence and Incidence of Peripheral Arthritis in Patients with Inflammatory Bowel Disease, a Prospective Population – based Study (the IBSEN study)," *Rheumatology (Oxford)*, Vol. 40, No. 11,

2001, pp. 1256 - 1261.

Antoni M. H. , Lehman J. M. , Kilbourn K. M. , et al. , "Cognitive - behavioral Stress Management Intervention Decreases the Prevalence of Depression and Enhances Benefit Finding among Women under Treatment for Early - stage Breast Cancer," *Health Psychology*, Vol. 20, No. 1, 2001, pp. 20 - 32.

Bjelland I. , Hahl A. A. , Hauq T. T. , et al. , "The Validity of the Hospital Anxiety and Depression Scale. An Undated Literature Review," *Journal of Psychosomatic Research*, Vol. 52, No. 2, 2002, pp. 69 - 77.

Chochinov H. M. , Hack T. , McClement S. , et al. , "Dignity in the Terminally Ill: a Developing Empirical Model," *Social Science Medicine*, Vol. 54, No. 3, 2002, p. 433.

Jacqueline B. , Leanda K. , Joanna L. , "Factors Predicting Communication about the Diagnosis of Maternal Breast Cancerto Children," *Journal of Psychosomatic Research*, Vol. 52, No. 4, 2002, pp. 209 - 214.

Pelletier G. , Verhoef M. J. , Khatri N. , "Quality of Life in Brain Tumor Patients: the Relative Contributions of Depression, Fatigue, Emotional Distress, and Existential Issues," *Journal of Neuro - Oncology*, Vol. 57, No. 1, 2002, pp. 41 - 49.

Preston S. D. , Waal F. B. M. D. , "Empathy: Its Ultimate and Proximate Bases," *Behavioral and Brain Sciences*, Vol. 25, No. 1, 2002, pp. 1 - 20.

Hojat M. , Gonnella J. S. , Mangione S. , "Empathy in Medical Students as Related to Academic Performance, Clinical Competence and Gender," *Medical Education*, Vol. 36, No. 6, 2002, pp. 522 - 527.

Brown K. W. , Levy A. R. , Rosberger Z. , et al. , "Psychological Distress and CancerSurvival: a Follow - up 10 Years after Diagnosis," *Psychosomatic Medicine*, Vol. 65, No. 4, 2003, pp. 636 - 643.

Cameron S. , "The Practice of Attention: Simone Weil's Performance ofImpersonality," *Critical Inquiry*, Vol. 29, No. 2, 2003, pp. 216 - 252.

Henderson S. , Whiteford H. , "Social Capital and Mental Health," *Lancet*, Vol. 362, No. 9383, 2003, pp. 505 - 506.

Dube S. R. , Felitti V. J. , Dong M. , et al. , "Childhood Abuse, Neglect, and Household Dysfunction and the Risk of Illicit Drug use: the Adverse Childhood Experiences Study," *Pediatrics*, Vol. 111, No. 3, 2003, pp. 564 - 572.

Charles C. , Gafni A. , Whelan T. , "Self - reported Use of Shared Decision -

making among Breast Cancer Specialists and Perceived Barriers and Facilitators to Implementing this Approach," *Health Expect*, Vol. 7, No. 4, 2004, pp. 338 – 348.

Hardt J., Rutter M., "Validity of Adult Retrospective Reports of Adverse Childhood Experiences: Review of the Evidence," *Journal of Child Psychology and Psychiatry*, Vol. 45, No. 2, 2004, pp. 260 – 273.

Harpham T., Grant E., Rodriguez C., "Mental Health and Social Capital in Cali, Colombia," *Social Science Medicine*, Vol. 58, No. 11, 2004, pp. 2267 – 2277.

Segerstrom S. C., Miller G. E., "Psychological Stress and the Human Immune System: a Meta – analytic Study of 30 Years of Inquiry," *Psychological Bull*, Vol. 130, No. 4, 2004, pp. 601 – 630.

Suzuki R., Rygh L. J., Dickenson A. H., "Bad News from the Brain: Descending 5 – HT Pathways that Control Spinal PainProcessing," *Trends in Pharmacological Sciences*, Vol. 25, No. 12, 2004, pp. 613 – 617.

Chochinov H. M., Hack T., Hassard T., et al., "Dignity and Psychotherapeutic Considerations in End – of – life Care," *Palliative Care*, Vol. 20, No. 3, 2004, pp. 134 – 142.

Mercer S. W., Maxwell M., Heaney D., et al., "The Consultation and Relational Empathy (CARE) Measure: Development and Preliminary Validation and Reliability of an Empathy – based Consultation Process Measure," *Family Practice*, Vol. 21, No. 6, 2004, pp. 699 – 705.

Tomich P. L., Helgeson V. S., "Is Finding Something Good in the Bad Always Good? Benefit Finding among Women with Breast Cancer," *Health Psychology*, Vol. 23, No. 1, 2004, pp. 16 – 23.

Benzing C., Krezdorn N., Hinz A., et al., "Mental Status in Patients before and after Liver Transplantation," *Annals Transplantation*, Vol. 20, 2005, pp. 683 – 693.

Charon R., "NarrativeMedicine: Attention, Representation, Affiliation," *Narrative*, Vol. 13, No. 3, 2005, pp. 261 – 270.

Menon V., Levitin D. J., "The Rewards of Music Listening: Response and Physiological Connectivity of the Mesolimbic System," *Neuroimage*, Vol. 28, No. 1, 2005, pp. 175 – 184.

Chochinov H. M., Hack T., Hassard T., et al., "DignityTherapy: a Novel Psychotherapeutic Intervention for Patients Near the end of Life," *Journal of Clinical On-*

cology, Vol. 23, No. 24, 2005, pp. 5520 – 5525.

　　Larso E. B. , Yao X. , "Clinical Empathy as Emotional labor in the Patient – physician Relationship," *The Journal of American Association*, Vol. 293, No. 9, 2005, pp. 1100 – 1106.

　　Bercik P. , Verdu E. F. , Collins S. M. , "Is Irritable Bowel Syndrome a Low – grade Inflammatory Bowel Disease?" *Gastroenterology Clinic North America*, Vol. 34, No. 8, 2005, pp. 235 – 245.

　　Deimling G. T. , Wagner L. J. , Bowman K. F. , et al. , "Coping Among Older – adult, Long – term Cancer Survivors," *Psycho – oncology*, Vol. 15, No. 2, 2006, pp. 143 – 159.

　　Mayer E. A. , Naliboff B. D. , Craig A. D. , "Neuroimaging of the Brain – gut Axis: from Basic Understanding to Treatment of Functional GI Disorders," *Gastroenterology*, Vol. 131, No. 6, 2006, pp. 1925 – 1942.

　　Olatunji B. O. , Deacon B. J. , Abramowitz J. S. , et al. , "Dimensionality of Somatic Complaints: Factor Structure and Psychometric Properties of the Self – Rating Anxiety Scale," *Journal of Anxiety Disorders*, Vol. 720, No. 5, 2006, pp. 543 – 561.

　　Bader K. , Schäfer V. , Schenkel M. , et al. , "Adverse Childhood Experiences Associated with Sleep in Primary Insomnia," *Journal of Sleep Research*, Vol. 16, No. 3, 2007, pp. 285 – 296.

　　Pan A. W. , Chung L. , Fife B. L. , et al. , "Evaluation of the Psychometrics of the Social Impact Scale: a Measure of Stigmatization," *International Journal of Rehabilitation Research*, Vol. 30, No. 3, 2007, pp. 235 – 238.

　　De Silva M. J. , Huttly S. R. , Harpham T. , "Social Capital and Mental Health: a Comparative Analysis of Four Low Income Countries," *Social Science Medicine*, Vol. 64, No. 1, 2007, pp. 5 – 20.

　　Charon R. , "What to Do withStories: the Sciences of Narrative Medicine," *Canadian Family Physician*, Vol. 53, No. 8, 2007, p. 1267.

　　Haack M. , Sanchez E. , Mullington J. M. , "Elevated Inflammatory Markers in Response to Prolonged Sleep Restrictionare Associated with Increased Pain Experience in Healthy Volunteers," *Sleep*, Vol. 30, No. 9, 2007, pp. 1145 – 1152.

　　Frank A. W. , "Narrative Medicine: Honoring the Stories of Illness (review) ," *Literature Arts Medicine Database*, Vol. 26, No. 2, 2007, pp. 408 – 412.

　　Charon R. , Wyer P. , "NEBM Working Group. Narrative Evidence Based Medicine," *Lancet*, Vol. 371, No. 9609, 2008, pp. 296 – 297.

Pariante C. M., Lightman S. L., "The HPA Axis in Major Depression: Classical Theories and New Developments," *Trends in Neurosciences*, Vol. 31, No. 9, 2008, pp. 464 – 468.

Cepeda M. S., Chapman C. R., Miranda N., et al., "Emotional Disclosure through Patient Narrative May Improve Pain and Well – being: Results of a Randomized Controlled Trial in Patients with Cancer Pain," *Journal of Pain and Symptom Management*, Vol. 35, 2008, pp. 623 – 631.

Aloi J. A., "The Nurse and the Use of Narrative: an Approach to Caring," *Journal of Psychiatric & Mental Health Nursing*, Vol. 16, No. 8, 2009, pp. 711 – 715.

Chen X. L., Zheng Y., "Prevalence of Depression and Its Related Factors among Chinese Women with Breast Cancer," *Acta Oncologica*, Vol. 48, No. 8, 2009, pp. 1128 – 1136.

Delgado – Guay M., Parsons H. A., Li Z., et al., "Symptom Distress in Advanced Cancer Patients with Anxiety and Depression in the Palliative Setting," *Supportive Care in Cancer*, Vol. 17, No. 5, 2009, pp. 573 – 579.

Mehnert A., Lehmann C., Graefen M., et al., "Depression, Anxiety, Post – traumatic Stress Disorder and Health – related Quality of Life and Its Association with Social Support in Ambulatory Prostate Cancer Patients," *European Journal of Cancer Care*, Vol. 19, No. 6, 2009, pp. 736 – 745.

Watson J., "Caring Science and Human Caring Theory: Transforming Personal and Professional Practices of Nursing and Health Care," *Journal of Health Human Service Administration*, Vol. 31, No. 4, 2009, pp. 466 – 482.

Andersen B. L., Thornton L. M., Shapiro C. L., et al., "Biobehavioral, Immune, and Health Benefits Following Recurrence for Psychological Intervention Participants," *Clinical Cancer Research*, Vol. 16, No. 12, 2010, pp. 3270 – 3278.

Pirinen T., Kolho K. L., Simola P., et al., "Parent and Self – report of Sleep Problems and Daytime Tiredness among Adolescents with Inflammatory Bowel Disease and Their Population – based Controls," *Sleep*, Vol. 33, No. 11, 2010, pp. 1487 – 1493.

Garssen B., Boomsma M. F., Beelen R. H., "Psychological Factors in Immunomodulation Induced by Cancer Surgery: a Review," *Biological Psychology*, Vol. 85, No. 1, 2010, pp. 1 – 13.

Brown D. W. , Anda R. F. , Felitti V. J. , et al. , "Adverse Childhood Experienc-esare Associated with the Risk of Lung Cancer: a Prospective Cohort Study," *BMC Public Health*, Vol. 10, 2010, p. 20.

Benjamin D. J. , Choi J. J. , Strickland A. J. , "Social Identity and Preferences," *The American Economic Review*, Vol. 100, No. 4, 2010, pp. 1913 – 1928.

Ramiro L. S. , Madrid B. J. , Brown D. W. , "Adverse Childhood Experiences (ACE) and Health – risk Behaviors among Adults in a Developing Country Setting," *Child Abuse & Neglect*, Vol. 34, No. 11, 2010, pp. 842 – 855.

Hinz A. , Krauss O. , "Anxiety and Depression in Cancer Patients Compared with the General Population," *European Journal of Cancer Care*, Vol. 19, No. 4, 2010, pp. 522 – 529.

Kohut H. , "On empathy," *International Journal of Psychoanalytic Self Psychology*, Vol. 5, No. 2, 2010, pp. 122 – 131.

Chapman D. P. , Wheaton A. G. , Anda R. F. , et al. , "Adverse Childhood Experiences and Sleep Disturbances in Adults," *Sleep Medicine*, Vol. 12, No. 8, 2011, pp. 773 – 779.

Benedetti F. , Radaelli D. , Poletti S. , et al. , "Emotional Reactivity in Chronic Schizophrenia: Structural and Functional Brain Correlates and the Influence of Adverse Childhood Experiences," *Psychological Medicine*, Vol. 41, No. 3, 2011, pp. 509 – 519.

Chochinov H. M. , Kristjanson L. J. , Breitbart W. , et al. , "Effect of Dignity Therapy on Distress and End – of – life Experience in Terminally Ill Patients: a Randomized Controlled Trial," *Lancet Oncology*, Vol. 12, No. 8, 2011, pp. 753 – 762.

Gravallese E. M. , Kantrowitz F. G. , "Arthritic Manifestations of Inflammatory Bowel Disease," *American Journal of Gastroenterology*, Vol. 83, No. 7, 1988, pp. 703 – 709.

Graff L. A. , Vincent N. , Walker J. R. , et al. , "A population – based Study of Fatigue and Sleep Difficulties in Inflammatory Bowel Disease," *Inflammatory Bowel Diseases*, Vol. 17, No. 9, 2011, pp. 1882 – 1889.

Heitzmann C. A. , Merluzzi T. V. , Jeanpierre P. , et al. , "Assessing Self – efficacy for Coping with Cancer: Development and Psychometric Analysis of the Brief Version of the Cancer Behavior Inventory (CBI – B)," *Psycho – oncology*, Vol. 20, No. 3, 2011, pp. 302 – 312.

Hojat M. , Louis D. Z. , Markham F. W. , et al. , "Physicians' Empathy and Clinical Outcomes for Diabetic Patients," *Academic Medicine*, Vol. 86, No. 3, 2011, pp. 359 – 364.

Irwin M. R. , Cole S. W. , "Reciprocal Regulation of the Neural and Innate Immune Systems," *Nature Reviews Immunology*, Vol. 11, 2011, pp. 625 – 632.

Gazendam – Donofrio S. M. , Hoekstra H. J. , van der Graaf W. T. A. , et al. , "Adolescents' Emotional Reactions to Parental Cancer: Effect on Emotional and Behavioral Problems," *Journal of Pediatric Psychology*, Vol. 36, No. 3, 2011, pp. 346 – 359.

Hughes K. L. , Sargeant H. , Hawkes A. L. , "Acceptability of the Distress Thermometer and Problem List to Community – based Telephone Cancer Helpline Operators, and to Cancer Patients and Carers," *BMC Cancer*, Vol. 11, No. 1, 2011, pp. 1 – 8.

Silva S. A. , Charon R. , Wyer P. C. , "The Marriage of Evidence and Narrative: Scientific Nurturance within Clinical Practice," *Journal of Evaluation in Clinical Practice*, Vol. 17, No. 4, 2011, pp. 585 – 593.

Lumley M. A. , Cohen J. L. , Borszcz G. S. , et al. , "Pain and Emotion: A Biopsychosocial Review of Recent Research," *Journal of Clinical Psychology*, Vol. 67, No. 9, 2011, pp. 942 – 968.

Mottet N. , Bellmunt J. , Bolla M. , et al. , "EAU Guidelines on Prostate Cancer. Part II: Treatment of Advanced, Relapsing, and Castration – resistant Prostate Cancer," *Actas Urologicas Espanolas*, Vol. 35, No. 10, 2011, pp. 565 – 579.

Pagé M. G. , Katz J. , StinsonJ. , et al. , "Validation of the Numerical Rating Scale for Pain Intensity and Unpleasantness in Pediatric Acute Postoperative Pain: Sensitivity to Change over Time," *Journal of Pain*, Vol. 13, No. 4, 2012, pp. 359 – 369.

Foran – Tuller K. , O'Hea Erin L. , Moon S. , et al. , "Posttraumatic Stress Symptoms in Children of Mothers Diagnosed with Breast Cancer," *Journal of Psychosocial Oncology*, Vol. 30, No. 1, 2012, pp. 41 – 56.

Halpin S. J. , Ford A. C. , "Prevalence of Symptoms Meeting Criteria for Irritable Bowel Syndrome in Inflammatory Bowel Disease: Systematic Review and Meta – analysis," *American Journal of Gastroenterology*, Vol. 107, No. 10, 2012, pp. 1474 – 1482.

Strine T. W. , Dube S. R. , Edwards V. J. , et al. , "Associations between Adverse Childhood Experiences, Psychological Distress, and Adult Alcohol Problem," *American Journal of Health Behavior*, Vol. 36, No. 3, 2012, pp. 408 – 423.

Freeman J. , Combs G. , "Narrative, Poststructuralism, and Social Justice: Current Practices in Narrative Therapy," *The Counseling Psychologist*, Vol. 40, No. 7, 2012, pp. 1033 – 1060.

Del Canale S. , Louis D. Z. , Maio V. , et al. , "The Relationship between Physician Empathy and Disease Complications: an Empirical Study of Primary Care Physicians and Their Diabetic Patients in Parma, Italy," *Academic Medicine*, Vol. 87, No. 9, 2012, pp. 1243 – 1249.

Lelorain S. , Brédart A. , Dolbeault S. , et al. , "A Systematic Review of the Associations between Empathy Measures and Patient Outcomes in Cancer Care," *Psycho – Oncology*, Vol. 21, No. 12, 2012, pp. 1255 – 1264.

Mazzotti E. , Serrano F. , Sebastiani C. , et al. , "Mother – child Relationship as Perceived by Breast Cancer Women," *Psychology*, Vol. 3, No. 12, 2012, pp. 1027 – 1034.

Molodecky N. A. , Soon I. S. , Rabi D. M. , et al. , "Increasing Incidence and Prevalence of the Inflammatory Bowel Diseases with Time, Based on Systematic Review," *Gastroenterology*, Vol. 142, No. 1, 2012, pp. 46 – 54.

Valencia – Garcia D. , Simoni J. M. , Alegria M. , et al. , "Social Capital, Acculturation, Mental Health, and Perceived Access to Services among Mexican American women," *Journal of Social and Clinical Psychology*, Vol. 80, No. 2, 2012, pp. 177 – 185.

Montiel – Castro A. J. , Gonzalez – Cervantes R. M. , Bravo – Ruiseco G. , et al. , "The Microbiota – gut – brain Axis: Neurobehavioral Correlates, Health and Sociality," *Frontiers in Integrative Neuroscience*, Vol. 7, 2013, p. 70.

Gutgsell K. J. , Schluchter M. , Margevicius S. , et al. , "Music Therapy Reduces Pain in Palliative Care Patients: A Randomized Controlled Trial," *Journal of Pain and Symptom Management*, Vol. 45, No. 5, 2013, pp. 822 – 831.

Abedelmalek S. , Souissi N. , Chtourou H. , et al. , "Effects of Partial Sleep Deprivation on Proinflammatory Cytokines, Growth Hormone, and Steroid Hormone Concentrations DuringRepeated Brief Sprint Interval Exercise," *Chronobiolgy International*, Vol. 30, No. 4, 2013, pp. 502 – 509.

Wen D. , Ma X. , Li H. , et al. , "Empathy in Chinese Physicians: Preliminary Psychometrics of the Jefferson Scale of Physician Empathy (JSPE) ," *Medical Teacher*, Vol. 35, No. 7, 2013, pp. 609 – 610.

Sareen J. , HenriksenC. A. , Bolton S. L. , et al. , "Adverse Childhood Experiences in Relation to Mood and Anxiety Disorders in a Population – Based Sample of Active Military Personnel," *Psychological Medicine*, Vol. 43, No. 1, 2013, pp. 73 – 84.

Zunszain P. A. , Hepgul N. , Pariante C. M. , "Inflammation and Depression," *Current Topics in Behavioral Neurosciences*, Vol. 14, 2013, pp. 135 – 151.

Cole S. W. , "Social Regulation of Human Gene Expression: Mechanisms and Implications for Public Health," *American Journal of Public Health*, Vol. 103, No Suppl 1, 2013, pp. S84 – 92.

Batt – Rawden S. A. , Chisolm M. S. , Anton B. , et al. , "Teaching Empathy to Medical Students: an Updated, Systematic Review," *Academic Medicine*, Vol. 88, No. 8, 2013, pp. 1171 – 1177.

Coss – Adame E. , Rao S. S. , "Brain and Gut Interactions in Irritable Bowel Syndrome: New Paradigms and New Understandings," *Current Gastroenterology Reports*, Vol. 16, No. 4, 2014, p. 379.

Duijts S. F. A. , van Egmond, M. P. , Spelten E. , et al. , "Physical and Psychosocial Problems in Cancer Survivors Beyond Return to Work: a Systematic Review," *Psycho – Oncology*, Vol. 23, No. 5, 2014, pp. 481 – 492.

Steinhausen S. , Ommen O. , Antoine S. , et al. , "Short – and Long – term Subjective Medical Treatment Outcome of Trauma Surgery Patients: the Importance of Physician Empathy," *Patient Preference and Adherence*, Vol. 8, 2014, pp. 1239 – 1253.

Vanuytsel T. , van Wanrooy S. , Vanheel H. , et al. , "Psychological Stress and Corticotropin – releasing Hormone Increase Intestinal Permeability in Humans by a Mast Cell – dependent Mechanism," *Gut*, Vol. 63, No. 8, 2014, pp. 1293 – 1299.

Gross N. , Nicolas M. , Neigher S. , et al. , "Planning a Patient – centered Parkinson's Disease SupportProgram: Insights from Narrative Medicine," *Advances in Parkinson's Disease*, Vol. 3, No. 4, 2014, pp. 35 – 39.

Leone D. , Menichetti J. , Fiorino G. , et al. , "State of the Art: Psychotherapeutic Interventions Targeting the Psychological Factors Involved in IBD," *Current Drug Targets*, Vol. 15, No. 11, 2014, pp. 1020 – 1029.

Martin L. , Emilie B. , Franck Z. , et al. , "To be or Not to be Empathic: the Combined Role of Empathic Concern and Perspective Taking in Understanding Burnout in General Practice," *BMC Family Practice*, Vol. 15, No. 1, 2014, pp. 1 – 7.

Wang P. , Chen X. G. , Gong J. , et al. , "Reliability and Validity of the Personal Social Capital Scale 16 and Personal Social Capital Scale 8: Two Short Instruments for Survey Studies," *Social Indicators Research*, Vol. 119, No. 2, 2014, pp. 1133 – 1148.

Wang Y. , Tang H. , Guo Q. , et al. , "Effects of Intravenous Patient – Controlled Sufentanil Analgesia and Music Therapy on Pain and Hemodynamics after Surgery for Lung Cancer: A Randomized Parallel Study," *The Journal of Alternative and Complementary Medicine*, Vol. 21, No. 11, 2015, pp. 667 – 672.

Barboza Solís C. , Kelly – Irving M. , Fantin R. , et al. , "Adverse Childhood Experiences and Physiological Wear – and – Tear in Midlife: Findings from the 1958 British Birth Cohort," *Proceedings of the National Academy Sciences of the United States of America*, Vol. 112, No. 7, 2015, pp. E738 – 746.

Winsler A. , Deutsch A. , Vorona R. D. , et al. , "Sleepless in Fairfax: the Difference One More Hour of Sleep Can Make for Teen Hopelessness, Suicidal Ideation, and Substance Use," *Journal of Youth and Adolescence*, Vol. 44, No. 2, 2015, pp. 362 – 378.

Woznica A. A. , Carney C. E. , Kuo J. R. , et al. , "The Insomnia and Suicide Link: Toward an Enhanced Understanding of this Relationship," *Sleep Medicine Reviews*, Vol. 22, 2015, pp. 37 – 46.

Lesiuk T. , "The Effect of Mindfulness – Based Music Therapy on Attention and Mood in Women Receiving Adjuvant Chemotherapy for Breast Cancer: A Pilot Study," *Oncology Nursing Forum*, Vol. 42, No. 3, 2015, pp. 276 – 282.

Flickinger T. E. , Saha S. , Roter D. , et al. , "Clinician Empathy is Associated withDifferences in Patient – clinician Communication Behaviors and Higher Medication Self – efficacy in HIV Care," *Patient Education And Counseling*, Vol. 99, No. 2, 2015, pp. 220 – 226.

Burns D. S. , Perkins S. M. , Tong Y. , et al. , "Music Therapy Is AssociatedWith Family Perception of More Spiritual Support and Decreased Breathing Problems in Cancer Patients Receiving Hospice Care," *Journal of Pain and Symptom Management*, Vol. 50, No. 2, 2015, pp. 225 – 231.

Levine M. E. , Cole S. W. , Weir D. R. , et al. , "Childhood and Later Life Stressors and Increased Inflammatory Gene Expression at Older Ages," *Social Science and Medicine*, *Vol.* 130, 2015, pp. 16 – 22.

Merluzzi T. , Philip E. , Yang M. , et al. , "Assessing Self – efficacy for Coping with Cancer: Exploratory (EFA) and Confirmatory Factor Analyses (CFA) of Version 3 of the Cancer Behavior Inventory (CBI)," *Psycho – Oncology*, Vol. 24, No. 52, 2015, pp. 106 – 107.

Wing R. , Gjelsvik A. , Nocera M. , et al. , "Association between Adverse Childhood Experiences in the Home and Pediatric Asthma," *Annals of Allergy Asthma and Immunology*, Vol. 114, No. 5, 2015, pp. 379 – 384.

Rebecca I. B. , "A Nurses' Guide to Qualitative Research," *Australian Journal of Advanced Nursing*, Vol. 32, No. 2, 2015, pp. 32 – 38.

Tausch N. , Saguy T. , Bryson J. , "How Does Intergroup Contact Affect Social Change? Its Impact on Collective Action and Individual Mobility Intentions among Members of a Disadvantaged Group," *Journal of Social Issues*, Vol. 71, No. 3, 2015, pp. 536 – 553.

Watts S. , Prescott P. , Mason J. , et al. , "Depression and Anxiety in Ovarian Cancer: a Systematic Review and Peta – analysis of Prevalence rates," *BMJ Open*, Vol. 5, No. 11, 2015, pp. e007618.

Thompson C. , Barforoshi S. , Kell C. , et al. , "Uncovering thePatient Experience: Empathy Mapping Promotes Patient – centered Care for Improved Heart Failure Patient Outcomes," *Journal of Cardiac Failure*, Vol. 22, No. 8, 2016, pp. S87 – S88.

Rebecca P. , Annelise L. , "How are the Kids Holding Up? A Systematic Review and Meta – analysis on the Psychosocial Impact of Maternal Breast Cancer on Children," *Cancer Treatment Reviews*, Vol. 49, No. 9, 2016, pp. 45 – 56.

Lipp M. J. , Riolo C. , Riolo M. , et al. , "Showing You Care: An Empathetic Approach to Doctor – patient Communication," *Seminars in Orthodonatics*, Vol. 22, No. 2, 2016, pp. 88 – 94.

Boakye P. A. , Olechowski C. , Rashiq S. , et al. , "A Critical Review of Neurobiological Factors Involved in the Interactions Between Chronic Pain, Depression, and Sleep Disruption," *Clinical Journal of Pain*, Vol. 32, No. 4, 2016, pp. 327 – 336.

Duarte J. , Pinto – Gouveia J. , Cruz B. , "Relationships between Nurses' Empathy, Self – compassion and Dimensions of Professional Quality of Life: A Cross – sectional Study," *International Journal of Nursing Studies*, Vol. 60, 2016, pp. 1 – 11.

Parker P. A. , Davis J. W. , Latini D. M. , et al. , "Relationship between Illness Uncertainty, Anxiety, Fear of Progression and Quality of Life in Men with Favourable – risk Prostate Cancer Undergoing Active Surveillance," *BJU International*, Vol. 117, No. 3, 2016, pp. 469 – 477.

Neuendorf R. , Harding A. , Stello N. , et al. , "Depression and Anxiety in Patients with Inflammatory Bowel Disease: A Systematic Review," *Journal of Psychosomatic Research*, Vol. 87, 2016, pp. 70 – 80.

Gionchetti P. , Rizzello F. , "IBD: IBD and Spondyloarthritis: Joint Management," *Nature Reviews Gastroenterology Hepatology*, Vol. 13, No. 1, 2016, pp. 9 – 10.

Fuller – Thomson E. , Baird S. L. , Dhrodia R. , et al. , "The Association between Adverse Childhood Experiences (ACEs) and Suicide Attempts in a Population – Based Study," *Child Care Health and Development*, Vol. 42, No. 5, 2016, pp. 725 – 34.

Choi S. M. , Lee J. , Park Y. S. , et al. , "Effect of Verbal Empathy and Touch on Anxiety Relief in Patients Undergoing Flexible Bronchoscopy: Can Empathy Reduce Patients' Anxiety?" *Respiration*, Vol. 92, No. 6, 2016, pp. 380 – 388.

Chiara F. , Ketti M. , Silvia R. , et al. , "Research Studies on Patients' Illness Experience Using the Narrative Medicine Approach: a Systematic Review," *BMJ Open*, Vol. 6, No. 7, 2016, p. e011220.

Schalinski I. , Teicher M. H. , Nischk D. , et al. , "Type and Timing of Adverse Childhood Experiences Differentially Affect Severity of PTSD, Dissociative and Depressive Symptoms in Adult Inpatients," *BMC Psychiatry*, Vol. 16, 2016, p. 295.

Kelly J. R. , Clarke G. , Cryan J. F. , et al. , "Brain – gut – microbiota Axis: Challenges for Translation in Psychiatry," *Annals of Epidemiology*, Vol. 26, No. 5, 2016, pp. 366 – 372.

Marleah D. , "Coping together, side by side: Enhancing Mother – daughter Communication Across the Breast Cancer Journey," *Health Communication*, Vol. 31, No. 5, 2016, pp. 643 – 646.

Chang C. C. , Tzeng N. S. , Kao Y. C. , et al. , "The Relationships of Current Suicidal Ideation with Inflammatory Markers and Heart Rate Variability in Unmedicated Patients with Major Depressive Disorder," *Psychiatry Research*, Vol. 258, 2017, pp. 449 – 456.

Nelson S. M. , Cunningham N. R. , Kashikar – Zuck S. , "A Conceptual Framework for Understanding the Role of Adverse Childhood Experiences in Pediatric Chronic Pain," *Clinical Journal of Pain*, Vol. 33, No. 3, 2017, pp. 264 – 270.

Luby J. L. , Barch D. , Whalen D. , et al. , "Association between Early Life Adversityand Risk for Poor Emotional and Physical Health in Adolescence: A Putative Mechanistic Neurodevelopmental Pathway," *JAMA Pediatrics*, Vol. 171, No. 12, 2017, pp. 1168 – 1175.

Hoda M. , Grace L. , Jason H. , "Characterization and Prevalence of Spondyloarthritis and Peripheral Arthritis among Patients with Inflammatory Bowel Disease," *Clinical and Experimental Gastroenterology*, Vol. 10, 2017, pp. 259 – 263.

Lin X. H. , Teng S. , Wang L. , et al. , "Fatigue and Its Associated Factors in Liver Transplant Recipients in Beijing: a Cross – sectional Study," *BMJ Open*, Vol. 7, No. 2, 2017, p. e011840.

Costello R. , Patel R. , Humphreys J. , et al. , "Patient Perceptions of Glucocorticoid Side Effects: aCross – sectinal Survey of Users in an Online Health Community," *BMJ Open*, Vol. 7, No. 4, 2017, p. e014603. ·

Cheong E. V. , Sinnott C. , Dahly D. , et al. , "Adverse Childhood Experiences (ACEs) and Later – Life Depression: Perceived Social Support as a Potential Protective Factor," *BMJ Open*, Vol. 7, No. 9, 2017, p. e013228.

Fisher C. L. , Wolf B. M. , Fowler C. , et al. , "Experiences of 'Openness' between Mothers & Daughters During BreastCancer: Implications for Coping and Healthy Outcomes," *Psycho – Oncology*, Vol. 26, No. 11, 2017, pp. 1872 – 1880.

Kano M. , Muratsubaki T. , Van Oudenhove L. , et al. , "Altered Brain and Gut Responses to Corticotropin – releasing Hormone (CRH) in Patients with Irritable Bowel Syndrome," *Scientific Reports*, Vol. 7, No. 1, 2017, p. 12425.

Choi N. G. , DiNitto D. M. , Marti C. N. , et al. , "Association of Adverse Childhood Experiences with Lifetime Mental and Substance Use Disorders among Men and Women Aged 50 + Years," *International Psychogeriatrics*, Vol. 29, No. 3, 2017, pp. 359 – 372.

Costa P. , de Carvalho – Filho M. A. , Schweller M. , et al. , "Measuring Medical Students' Empathy: Exploring the Underlying Constructs of and Associations between Two Widely Used Self – report Instruments in Five Countries," *Academic Medicine*, Vol. 92, No. 6, 2017, pp. 860 – 867.

Jimenez M. E. , Wade R. J. , Schwartz – Soicher O. , et al. , "Adverse Childhood Experiences and ADHD Diagnosis at Age 9 Years in a National Urban Sample," *Academic Pediatrics*, Vol. 17, No. 4, 2017, pp. 356 – 361.

Pérez – San – Gregorio M. Á. , Martín – Rodríguez A. , Borda – Mas M. , et al. , "Coping Strategies in Liver Transplant Recipients and Caregivers According to Patient Posttraumatic Growth," *Frontiers in Psychology*, Vol. 8, 2017a, p. 18.

Pérez – San – Gregorio M. Á. , Martín – Rodríguez A. , Borda – Mas M. , et al. , "Post – traumatic Growth and Its Relationship to Quality of Life Up to 9 Years after Liver Transplantation: a Cross – sectional Study in Spain," *BMJ Open*, Vol. 7, No. 9, 2017b, p. e017455.

Wagoner S. T. , Kavookjian J. , "The Influence of Motivational Interviewing on Patients with Inflammatory Bowel Disease: A Systematic Review of the Literature," *Journal of Clinical Medicine Research*, Vol. 9, No. 8, 2017, pp. 659 – 666.

Annema C. , Drent G. , Roodbol P. F. , et al. , "Trajectories of Anxiety and Depression after Liver Transplantation as Related to Outcomes During 2 – year Follow – up: A Prospective Cohort Study," *Psychosomatic Medicine*, Vol. 80, No. 2, 2018, pp. 174 – 183.

Arigliani M. , Castriotta L. , Pusiol A. , et al. , "Measuring Empathy in Pediatrics: Validation of the Visual CARE Measure," *BMC Pediatrics*, Vol. 18, No. 1, 2018, p. 57.

Banfi P. , Cappuccio A. , Latella M. E. , et al. , "Narrative Medicine to Improve the Management and Quality of Life of Patients with COPD: The First Experience Applying Parallel Chart in Italy," *International Journal of Chronic Obstructive Pulmonary Disease*, Vol. 13, 2018, pp. 2872 – 2897.

Cánovas L. , Carrascosa A. J. , García M. , et al. , "Impact of Empathy in the Patient – doctor Relationship on Chronic Pain Relief and Quality of Life: A Prospective Study in Spanish Pain Clinics," *Pain Medicine*, Vol. 19, No. 7, 2018, pp. 1304 – 1314.

Chen T. , Taniguchi W. , Chen Q. Y. , et al. , "Top – down Descending Facilitation of Spinal Sensory Excitatory Transmission from the Anterior Cingulate Cortex," *Nature Communication*, Vol. 9, No. 1, 2018, p. 1886.

Dibley L. , Czuber – Dochan W. , Woodward S. , et al. , "Development and Psychometric Properties of the Inflammatory Bowel Disease Distress Scale (IBD – DS): A

New Tool to Measure Disease – specific Distress," *Inflammatory Bowel Diseases*, Vol. 24, No. 9, 2018, pp. 2068 – 2077.

Forster M. , Grigsby T. J. , Rogers C. J. , et al. , "TheRelationship between Family – Based Adverse Childhood Experiences and Substance Use Behaviors among a Diverse Sample of College Students," *Addictive Behaviors*, Vol. 76, 2018, pp. 298 – 304.

Han L. , Zhao S. Y. , Pan X. Y. , et al. , "The Impact of Students with Left – Behind Experiences on Childhood: The Relationship between Negative Life Events and Depression among College Students in China. " *International Journal of Social Psychiatry*, Vol. 64, No. 1, 2018, pp. 56 – 62.

Rønnstad A. T. M. , Halling – Overgaard A. S. , Hamann C. R. , et al. , "Association of Atopic Dermatitis with Depression, Anxiety, and Suicidal Ideation in Children and Adults: A Systematic Review and Meta – Analysis," *Journal of the American Academy of Dermatology*, Vol. 79, No. 3, 2018, pp. 448 – 456. e30.

Hojat M. , DeSantis J. , Shannon S. C. , et al. , "The Jefferson Scale of Empathy: a Nationwide Study of Measurement Properties, Underlying Components, Latent Variable Structure, and National Norms in Medical Students," *Advances in Health Sciences Education*, Vol. 23, 2018, pp. 899 – 920.

Schäfer I. , Kaduszkiewicz H. , Mellert C. , et al. , "Narrative Medicine – based Intervention in Primary Care to Reduce Polypharmacy: Results from the Cluster – randomised Controlled Trial MultiCare AGENDA," *BMJ Open*, Vol. 8, No. 1, 2018, p. e017653.

Sweeney L. , Moss – Morris R. , Czuber – Dochan W. , et al. , "Systematic Review: Psychosocial Factors Associated with Pain in Inflammatory Bowel Disease," *Alimentary Pharmacology and Therapeutics*, Vol. 47, No. 6, 2018, pp. 715 – 729.

Xu Y. , Cui S. Y. , Ma Q. , et al. , "Trans – Resveratrol Ameliorates Stress – induced Irritable Bowel Syndrome – like Behaviors by Regulation of Brain – gut Axis," *Frontiers in Pharmacology*, Vol. 9, 2018, p. 631.

LiaoF. . , Murphy D. . , Barrett – Lennard G. , "A confirmatory factor analysis of the Mandarin – Chinese version of the Barrett – Lennard Relationship Inventory," *Asia Pacific Journal of Counselling and Psychotherapy*, Vol. 9, No. 1, 2018, pp. 20 – 45.

Yang N. X. , Xiao H. , Cao Y. N. , et al. , "Influence of Oncology Nurses' Empathy on Lung Cancer Patients' Cellular Immunity," *Psychology Research and Behav-*

ior Management, Vol. 11, 2018a, pp. 279 - 287.

Yang N. X. , Xiao H. , Cao Y. N. , et al. , "Does Narrative Medicine Education Help Improve Nursing Students' Empathic Abilities and Academic Achievement? A Randomized Controlled Trial," *Journal of International Medical Research*, Vol. 46, 2018b, pp. 3306 - 3317.

Yang N. X. , Cao Y. N. , Li X. Y. , et al. , "Mediating Effects ofPatients' Stigma and Self - efficacy on Relationships between Doctors' Empathy Abilities and Patients' Cellular Immunity in Male Breast Cancer Patients," *Medical Science Monitor*, Vol. 24, 2018c, pp. 3978 - 3986.

Yang N. X. , Xiao H. , Wang W. , et al. , "Effects of Doctors' Empathy Abilities on the Cellular Immunity of Patients with Advanced Prostate Cancer Treated by Orchiectomy: the Mediating Role of Patients' Stigma and Self - efficacy," *Patient Preference and Adherence*, Vol. 12, 2018d, pp. 1305 - 1314.

Katie A. Ports K. A. , Holman D. M. , Guinn A. S. , et al. , "Adverse Childhood Experiences and the Presence of Cancer Risk Factors in Adulthood: A Scoping Review of the Literature from 2005 to 2015," *Journal of Pediatric Nursing*, Vol. 44, 2019, pp. 81 - 96.

Liu J. W. , Tu Y. K. , Lai Y. F. , et al. , "Associations between Sleep Disturbances and Suicidal Ideation, Plans, and Attempts in Adolescents: a Systematic Review and Meta - Analysis," *Sleep*, Vol. 42, No. 6, 2019, p. zsz054.

Kumar A. , Nayar K. R. , "COVID 19 and Its Mental Health Consequences," *Journal of Mental Health*, Vol. 30, No. 1, 2021, pp. 1 - 2.

附录

文学影视作品中的癌症叙事

苦难、生死、欲望是人生中三道难以跨越的峡谷。这些体验，往往与疾病境遇密不可分。与重疾遭逢，对患者躯体和心理是双重重创。生命进程被破坏，导致不可逆的心理崩溃与社会角色的破坏，生命蒙上苦难底色。与重疾遭逢，患者遥望死神或沉浸于死亡想象，求生欲望愈加增强。与重疾遭逢，在苦难中充分体验人间冷暖，感受人性之中的善与恶、美与丑，被伤害，抑或被感动。在患病与治疗的漫漫长路中，他们往往常怀信念与爱，对生命中美好的事物存有希望。对于身患被称为"重病之王"的癌症的人们，很多时候治愈无望，死亡的进程不可逆，他们的希望就变成了绝望和奢望，这些颠簸的心路历程，都已然成为医疗题材文学艺术作品的重要元素。癌症所引发的疾苦境遇和死亡威胁与人对生的欲望、爱与被爱的欲望之间，形成强烈的戏剧冲突，生死爱痛的主题不断深化与彰显。既往很多文学艺术作品对癌症患者的生命境遇进行了诠释，下文对其中部分有代表性的文学和影视作品进行梳理。

癌症题材的文学作品

《妞妞：一个父亲的札记》

这部书从妞妞父亲、作家周国平的视角出发，来记录妞妞从出生到死亡的过程之中发生的种种，进而引发了作为父亲参与和见证女儿生命的感悟及启发。妞妞是一个刚出生就被诊断患有眼部恶性肿瘤的女孩，她这一生仅仅过了一次生日后就离开了人世。这个降落凡间的小天使带给她的父母无限的欢乐，同时她也获得了来自父母无限的爱与期盼。因为罹患重疾，父母带她四处求医，最后得到了两种解决的办法：一种是通过手术的方法进行治疗，可能会延缓生命，但妞妞将永久失明，再也看不见世间的美好；另一种是不做手术，虽然死亡速度会加快，但是妞妞可以暂时地享受生活。经过再三地犹豫挣扎，她的父母选择了后者，虽然这样女儿可能只拥有短暂的生命，但是他们想让妞妞尽可能快乐地活着，而不是日复一日在黑暗中感受痛苦。这本书背后的生命境遇是悲伤的，但作者呈现出的并非悲痛欲绝，反而是点点滴滴汇聚的家的温暖，父母之爱的深沉与柔软。在妞妞刚刚查出癌症时，母亲并没有绝望消沉，反而是按量补充营养，以保证孩子有更好的母乳，以帮助孩子应对疾病和后续的治疗。在这对父母眼里，生命的意义即为活在当下，纵使经历命运的不公，仍然热爱生活，珍惜眼前的美好和幸福，感恩生活。

妞妞的父亲周国平是一位哲学家，但是他却说："我爱我的女儿胜于爱一切哲学，没有一种哲学能像这个娇嫩的小生命那么使我爱入肺腑，只要我的女儿能活，就随便让什么哲学都去死好了。"从这句话中，可以看出女儿承载了他多少的爱与期盼。然而天公不作美，妞妞仅仅在这个世上生活了 562 个日夜，而这位父亲的笔也停留在了这第 562 天。

在这本书中，周国平同样也从哲学的角度阐述了对于生命的思考。自己最亲爱的女儿妞妞刚刚来到这个世界，还不懂什么是快乐什么是痛苦，面对眼部肿瘤给自己带来的疼痛，妞妞也只是揉了揉眼睛，因为她并不知道自身是与一个普通的健康人有所不同的。面对妞妞身体的日渐虚弱，父母备受煎熬。周国平说这世界上没有什么东西能剪断父母对于孩子的牵挂，死亡也不能。即使他们与妞妞已经分隔在了两个世界里，但是对妞妞的思念与爱并没有随着时间而减少。生死循环，生即是死，死即是重生，他们因为妞妞而懂得了对于生命的敬畏。生命是如此的脆弱且坚强，又有多少人可以像周国平他们那样对于死亡坦然面对，而不是低生活质量地活着呢？这或许本身就是一道艰难的选择题。

这本书引发了读者更多关于生命意义的思考：死亡是每个人都要面对的，在面对生老病死的客观规律时，应该更从容地面对疾苦与死亡，活在当下，努力去追求生命的快乐与价值。

《此生未完成》

本书的作者是复旦大学青年教师于娟，在职业身份外，她是一位年轻母亲。在她刚刚 30 岁时，被诊断为乳腺癌。这对她来说无异于致命的一击，但是她并没有因此一蹶不振，而是在患病的日子里，写下了《此生未完成》这样一本记录生活、反思过去、对生命充满理解与敬畏的著作。

当我们阅读本书的文字时，可以感受到作者是在以幽默轻松的语句来描写记录身边所发生的事情。读者似乎都会忘记这是一本由癌症晚期患者所写的一本书。书中并没有过多沉痛的表达，反倒是以轻松幽默的口吻向我们真实展现了一个癌症晚期患者是如何度过她最后的时光的。但是大家都可以体会到，这样欢快的文字背后，一定有着常人无法体会的痛苦与心酸。作者似乎一直在诠释这样的人生信条：生命以痛吻我，我要报之以歌。

书中，作者不断对自己以前的生活进行反思与总结。她写道："在生死临界点的时候，任何的加班（长期熬夜等于慢性自杀），给自己太多的压力，买房买车的需求，这些都是浮云。如果有时间，好好陪陪你的孩子，把买车的钱给父母买双鞋子，不要拼命去换什么大房子，和相爱的人在一起，蜗居也温暖。"这段话正是作者奋斗前半生突然得知患有癌症后的反思：以前总是追求所谓的成功而不惜一切代价，包括自己的健康，现在看来都没有意义；以前从未好好地享受生活，没有用心感受阳光、花朵、清新的空气，对家人缺乏关心与照顾，总想等成功以后再做这些，现在却发现早已时日无多；曾经苦苦追求的现在看来一切都是浮云。作者的文字表述虽然略显朴素，但是内容含义值得我们每一个人去仔细思考：牺牲自身健康换取所谓的成功是否真的值得？应该享受当下还是应该幻想未来？

即使怀揣悲伤与自责，她的积极乐观仍然鼓励着有相似经历的病友们，帮助他们发现生命中的美好，给他们面对生活的勇气。这本书的名字为《此生未完成》，令读者惋惜，又内涵深远。此生未完成，而立之年，她正享受初为人母的欣喜和事业上升期的成就感，上有可亲可敬的年逾花甲的双亲，还有善良温暖的知心爱人，在这爱意满满的人生最好的时刻，却不得不因癌症而向这些亲爱的人们告别，让她为未完成的人生心生感慨与遗憾。但在另一个层面，她的生命历程已经是美满的，闪闪发光的。生命的完整饱满，从来与长度无关，对生命的热爱，对人生的拷问让她的生命深度不断拓展，而将自身的经历撰写成书分享给读者，也给更多的人以启发和反思，给更多患者鼓励和勇气。

《重生手记》

《重生手记》的作者是凌志军。他是人民日报社高级编辑，出版过很多作品。这本书主要描述的是作者本人从患癌开始到抗癌成功过程中所发生的一系列故事及个人对生命的感悟。

凌志军在刚被确诊癌症时，也被绝望、压抑情绪萦绕。事事听从安排，每天仿佛是一具行尸走肉，他害怕死亡，恐惧死亡，但是也只能无奈地接受死亡，因为在当时人们对于癌症的结局的想法只有一个，那就是死亡。但是凌志军在治疗中的某一天里，突然认识到自己应该保持理性，要有自己的想法与决策，而不是任由命运安排。他充分发挥自我效能，积极应对疾病：他开始自己四处咨询有关自己病症的医生、查阅材料，主动学习疾病相关知识，践行健康的生活方式；他也在日常生活中，去努力感受爱与被爱，收获亲情友情。很多癌症晚期的患者认为自己很快会步入生命终末期，进而消极对待，这不仅降低了生命质量，也因为负性情绪给身边人带来消极影响。而他，充分发挥主观能动性，以积极心态和行动应对疾病，成功地克服了懦弱，也成功地战胜了病魔，逐渐走向康复与重生。

凌志军的重生得益于他对疾病的理性分析和他积极乐观的生活态度。他客观地分析并选择医生建议的治疗方案，主动进行各种康复训练。此间，凌志军本人充分参与了医患共同决策，与医生共同制定最适合他的治疗方案。在治疗恢复的过程中，凌志军对于生命的感悟也随之升华，从此向阳而生，服从自己的理性，听从自己的内心，积极发现生活中的美好，随性又努力地拥抱生活。

很多患者在得知被诊断为癌症时，都会觉得被判了"死刑"，消极地等待命运安排。凌志军积极的康复故事给我们很多启示。作为医生护士，要通过自身专业知识为患者制定个性化的治疗方案，要注重与患者共情，鼓励患者积极应对疾病，积极生活，提高生命质量，帮助他们建立对生活的信心。这与承认医学的局限性和生老病死的规律不相悖。作为患者家属，要给予患者更多的支持与陪伴，让他们感受到温暖与爱，进而增强其对生活的热爱，去拥抱生命中的点滴美好。而作为患者本人，要树立良好的生死观、疾苦观和医疗观，尽快从诊断之初的痛苦和绝望中走出来，积极面对现实生活，有时自己的意志力与积极心态可能会产生很好的疗效。

《向阳而生：柱子哥的抗癌指南》

刚开始关注柱子哥，是在一次偶然的机会下看到其公众号上发布的一篇文章。从那篇文章，我了解到柱子哥是名校女硕士，在沪从事金融工作；而她的另一个身份是一位癌症患者，患病时 28 岁。她将自身患病后所有的感悟与经历写成了一本书。

初读这本书，会为柱子哥的遭遇感到难过、惋惜和心疼。如今再读此书，感受到的却是她文字中带给人的温暖与力量。她仿佛在用这本书告诉所有的患者：我们都不曾孤单，书中的柱子哥就是现实生活中普普通通的我们啊！书中没有华丽的词汇与过分夸张的描写，有的只是一个坚强勇敢的女孩子面对癌症时不屈不挠与渴望战胜疾病的决心，字里行间洋溢着乐观与积极。

柱子哥在书中与大家分享了她如何从无法接受这场噩耗的到来到如何做到与疾病和平共处；她还分享了很多有关癌症的基础知识，告诉患者如何跟医生与家属进行沟通、如何提高战胜病魔的信心、如何缓解焦虑，并且提出了一些可以供患者参考的方法和建议。我从她的书里看自己，看他人，看世界，并且思考作为家属、医生如何与患者建立情感共同体，才能使患者感到真正的力量。

柱子哥以自己为例，与我们共同思考生命的真谛：或许我们的医疗技术有限，生命有限，疾病猝不及防，但是我们向阳而生的精神却是无限的，应该时刻以微笑面对生活。我们应该珍惜在这世上的每一天，感受一草一木，感受他人给予我们的温暖并传递爱与暖，善于发现生活中让我们感到幸福的事情。即使身在黑暗也要尽力活成一束光，努力照亮自己的同时也要温暖别人，让生命更有意义，更加璀璨。

《最好的时光》

本书的作者是简平，他身兼作家、记者、制片人多重身份。他用朴实无华又十分真诚的文字向读者诠释了癌症患者的疾痛世界。这篇长篇散文一气呵成，酣畅淋漓，让读者读起来似乎有一种无法停下来的感觉。

作者在一次体检中不幸被查出癌症，伴随而来的则是各种肉体上的痛苦以及精神上的折磨。作者也曾深深地陷入绝望之中。幸运的是，作者的母亲在他康复治疗的过程中给予了他无限的爱与支持。母亲的爱是这世界上最伟大的爱。因为有了母亲的支持与鼓励，作者慢慢变得阳光起来，开始以一种积极的态度面对治疗，这一切似乎也在慢慢变好。谁知造化弄人，作者80岁的母亲这时也被检查出患有癌症，这让他再度陷入消极。但是母亲却依然阳光乐观，这份向阳而生的精神深深感动且激励着作者，于是二人结伴共同努力战胜病魔。

作者在书中描绘了很多自己与母亲相互扶持共同抗癌的故事与场景，字里行间弥漫着温情与爱。或许正是因为对方都是自己生命中最为重要珍视之人，他们才能从彼此身上找到生的欲望与勇气吧。后来，随着简平病情的好转，他开始全身心地照顾母亲。他们一起去了很多地方旅游，去看世界，用心享受一点一滴的美好。两个人共同将这生命中最黑暗的日子变成了最温暖的时光。

在这本书中，没有俗套的心灵鸡汤，也没有宏大的生死意义，有的只是一个普通的儿子与一位坚强的母亲互相扶持、点亮彼此生命的现实书写。字里行间没有任何痛苦悲伤甚至沉重，有的只有温暖与希望。这对母子，把遭遇重疾的最坏的日子，过成了最好的时光，诠释了一种面对重疾时的温柔的英雄主义情怀。

癌症题材的影视作品

《我不是药神》

这部电影于 2018 年 7 月在国内上映。该片讲述了神油店老板程勇从一穷二白的男性保健品商贩，转身成为印度仿制药"格列宁"独家代理商的故事。在这个线索中，穿插着几位癌症患者的真实生命际遇。

影片在探讨人性的同时，启发观众关于生死观、疾苦观的思考。电影描绘了人在面对生死疾苦时的众生相。黄毛，20 岁的农村男孩，在外为生活打拼，却生了重病。怕拖累家人，他不再回家，一个人默默承受。他说："不回了，他们以为我早死了，回去再吓着他们。"思慧是单身妈妈，女儿生病，她不得不在舞厅跳钢管舞，为了救女儿的命受尽委屈和侮辱。吕受益的孩子刚刚出生，他便患病，他的目标只是希望听到儿子叫他爸爸。当看到儿子第一眼，吕受益就不想死了。还有那位让人印象深刻的病友老奶奶，她说："你们把他（程勇）抓了，我们就没法活了！谁家还没个患者呢？你能保证自己一辈子不生病吗？我还想活着，我不想死……"这段话，戳中泪点。当身体遭到疾病重创之时，我们才能深刻体会到：这世界上除了生死，都是小事。

影片中对于生死的探讨，与金钱是分不开的。因为抗癌药价格昂贵，只有富足的经济基础，才能用药，用药才有延续生命的可能。钱是否等同于命？必然不是，但是很多时候，当面对重疾只有昂贵的药物可以使之缓解时，有钱才有命。因此电影里有这样一句话："这世上只有一种病：穷病。"笔者对这句话的理解是，每个生命是平等的，但每个人的生命境遇有所不同，在面对疾病的时候这种差距更加凸显出来。也正是因为贫穷，让人们在面对疾苦与死亡时更加悲凉与无助。在很多国人的生死观里，生命是分三六九等的：拥有财富的、年富力强的，就应该活着，生病就是值得惋惜的；而如果老人或者穷人生病，似乎就没什么遗憾了，甚至应该停止治疗，以免拖累家人。但是那位老年病友道出了心声："我不想死，我想活着！"这体现了每个生命都有自己的选择与尊严，这样世界才是平等、友善的。每个生命都值得去尊重和珍视。

影片中运用了隐喻式蒙太奇。在吕受益去世后，程勇深受触动，决定继续为患者代购特效药。他第二次去印度的时候看到街上有两座神像，分别是湿婆神和迦梨女神。在印度，这两个神蕴含着毁灭与重生的意义。此刻的程勇已经做好了受法律惩罚的心理准备，他愿意选择尽其所能去救人。这两座神像，也引发观众关于生死规律的思考。生命无常，生老病死是无法抗拒、不可逆的自然规律。每一刻都有毁灭，亦都有新生。面对疾病与死亡这门必修课，人类到底应该遵守自然规律，还是逆天改命？如果每个本来被自然规律所淘汰的生命都浴火重生，到底是对是错？这个问题似乎有明确答案，但放在每个个体生命身上，无从解答。影片中的每个患者都竭力热爱生活。他们遭受命运重击，仍然心向光明。

也许在现实生活中，我们都是那个想拼命活着且想要活得更好的人。影片中一个个竭尽全力活着的人，亦是每个平凡人的缩影。谁也不知道明天和疾病甚至死亡哪个会先到来，我们唯一能做到的便是珍惜每个日子，珍惜身边人。当我们不得不面临疾苦与死亡时，应在怀抱希望的同时，亦能从容面对，心怀感恩而非哀怨。医学不断进步，却仍然有所局限。我们唯有提升自身对生死疾苦的认知，树立辩证唯物主义生死观，才能贵生知死，向死而生，从而超越生死、豁达生死。

影片也启发观众关于伦理的思考。影片揭示了某个个体或者某个群体的生命权利，与知识产权、现代医药发展保护制度之间的伦理困境。每一种新药的研发都需要高昂的时间成本和经济成本，科研本身也有较大的风险和不确定性，加上严格的知识产权法保护，保证了新药研发的质量和生产销售的延续性，也因此最终造福于患者。然而，当科技发展的巨额成本需要工薪阶层的患者个人来面对时，他们又该如何承担？在生死疾苦面前，治病救人与现代医药发展保护制度——这个伦理悖论得以彰显，引人深思。

此外，这部片子生动展现了每个人所面临的困境。有高额医药费下患者的生存困境、利益诱惑与治病救人背后药贩是行善还是作恶的道德困境，以及警察所处的法律与规则下的伦理困境。谁是谁非、谁对谁错、善良与邪恶，在生命面前，从来不是非黑即白。正如黑格尔的一句话："真正的悲剧不是出现在善与恶之间，而是出现在两难之间。"影片中的每个人站在不同的立场，都面临自己的困境。

如果普通人在面对制度和法律时陷入伦理困境，那么也许整个国家的国民都身处一种时代困境中。作为普通观众，不要把药企妖魔化，亦无须去声讨医疗制度。一部艺术作品，能够引发观众思考已足够。大国医改仍有很长的路要走，将一切重任交给医保以达成"公平"，使医保成为绝对的大锅饭也并不合适。同时，这部影片让我们更加关注大病患者的生命境遇。影片充分反映了生命的无奈和医学的限度，激发观影者的同理心，呼唤人性最初的善良，希望与爱。

《滚蛋吧！肿瘤君》

这部电影于 2015 年在中国上映。该片根据年轻漫画家熊顿的同名漫画改编。这部电影主要讲的是女主人公熊顿在抗癌过程中发生的一系列故事。29 岁的熊顿在被老板解雇后发现自己的男朋友劈腿。随后她在一场聚会中晕倒。醒来之后她发现自己患上了淋巴瘤，生活从此跌入谷底。从急诊室到血液科再到化疗，她的每一段旅程，伴随着不同的"旅伴"——熊顿爱情幻想的主角梁医生，活泼可爱的小男孩"毛豆"，以及虽然光头素颜但坚强倔强的"女王"夏梦。这样一群特殊的人，因为共同的原因，相遇在医院这个特殊的地方。特殊的相遇给他们本来枯燥痛苦的治疗带来了无数欢乐。每一个人都从熊顿这里获得了力量，即便身处人生最艰难的时刻，也一样可以面对命运微笑。同时，这些形形色色的人也给熊顿有限的生命带来了无限的精彩。

影片中，熊顿是一位独立坚强的女孩，但是在患病及痛苦的治疗过程中难免陷入负性情绪。在化疗后，熊顿看见镜子中没有头发的自己，放声痛哭，那种绝望是常人无法体会的。卧病在床时，她望向窗外的树叶，发现树叶变黄已经开始凋零。她联想到了自己，不禁心灰意冷。就在她无比绝望之际，她的姐妹们给她带来了一个巨大的惊喜。熊顿因为化疗变成了光头，姐妹们为了照顾她的情绪，都偷偷去理发店将自己的长发剪掉。当熊顿看见这一切时，又哭又笑，既难过又开心。她们买了很多顶假发，装扮成不同的样子，一同去体验没有做过的事情。最疯狂的是她们并排光头走在街上，还去拍了姐妹婚纱照。正因为有她们的存在，使熊顿原本痛苦的患病经历变得丰富多彩。朋友的支持与鼓励使熊顿战胜病魔的信心大增。在整个治疗的过程中，熊顿并不是孤单的，她遇到了很多善良的人，不论是她幻想出的爱情男主角梁医生，还是真实存在的朋友夏梦，抑或是小病友毛豆，都陪她度过生命最后的时光。这些善良的人将她生命中最黯淡的时光点亮。生活或许有裂缝，但是我们不必因此害怕，因为那是光照进来的地方。

影片中的女主人公在亲友的支持鼓励下，勇敢面对癌症。这部影片也从一个侧面揭示了爱与关怀对癌症患者的重要性。正因为有了支持与陪伴，熊顿才能够调整情绪，重塑全新的自我，勇敢地面对疾病，微笑乐观地迎接一切属于她的挑战，建立更加积极的生死观，成为更加坚强的自己。

《余命：为爱而生》

日本电影《余命：为爱而生》是一个让人笑中带泪的故事。影片主要讲述的是 38 岁的女外科医生百田滴，在结婚 10 年后终于怀孕，而此时她的乳腺癌复发且病情严重。在经过内心的抉择后，她选择在生命最后一段时间里，和深爱的丈夫一起重回故乡，感受温情。她不顾病情与危险，坚持生下宝宝，延续生命，更延续爱。

在人物形象塑造方面，作品的主人公身兼医生和患者双重身份。她在乳腺癌确诊之初，是位年轻的外科医生，也参加手术，为很多患者治疗，见证疾苦与生死。同时，作为癌症患者，她不仅因为自身疾病而导致活动受限，很难再去完成外科工作，也因为病情的不断发展，更切身体验到了疾痛之苦和如何直面生死。这是这一人物形象设计的巧妙之处，面对重大疾病时对于治疗以及未来生活甚至命运的选择，在她身上体现的矛盾冲突就更加强烈。

人们印象中的医生，是冷静与理性的，他们以疾病本身为出发点做出临床决策。病情发展迅速的乳腺癌患者，妊娠显然会加重病情。选择继续妊娠并且最后生下孩子的百田滴恰恰就是一位医生，因而戏剧冲突更加激烈。也正因为她是医生，且正经历病痛，她更能理解患者的苦痛，对患者更有情感认同。从叙事医学的视角讲，这也是医生与患者共情的体现。生病本身对于这位医生是个负性事件，却加深了其对生命的理解，对患者的理解与尊重，与患者形成情感共同体。从一个侧面也传达出影片主创希望展现的人文内涵。

在影片的叙事方面，这是一个情节并不复杂且结构完整的故事。影片开始就表述了女主人公百田滴怀孕的情节。孕育生命对于女人来说是件令人喜悦的事情，而对于女人本身的属性而言，也是自然而然的事情，但却使她陷入了深深的矛盾与抉择中。接着，影片进入插叙，时间回到了 10 年前。她在做医生之初就被确诊乳腺癌，但她依然收获了自己的爱情，与丈夫结婚，同时仍然坚持工作。时间回到现在，她这次怀孕时，已经 38 岁。结婚 10 年，他们已经不再对拥有孩子抱有希望，因此这个孩子对于她来说，倍加珍贵。得知怀孕后夫妻俩很高兴，但是丈夫并不知道她的癌症复发了。以她对丈夫的了解，如果他知道妻子癌症复发，一定不会同意要这个孩子，而会让她专心治病。后来她带着丈夫回到故乡，享受和亲朋在一起的美好时光。之后她选择辞职，让做自由摄影师的丈夫外出工作努力赚钱。在这段时间里，她生下了他们的宝宝。影片的结局是在孩子很小的时候，她就离开了人世。孩子跟随父亲长大。孩子健康地长大，是这份母爱甚至母亲生命的延续。与她同是医学院出身的丈夫，也做了医生，且亲口告知一位步入中年的女性有了宝宝的喜讯，看着她幸福笑脸的时候，这些也是百田滴梦想的一种延续。影片的故事情节虽然没有大的波澜起伏，却在癌症这种重大疾病的情境下，处处弥漫着淡淡的温情与润物细无声的感动。相对弱化的情节并没有削减作品震撼人心的力量，生命、抉择、爱、新生……每一个主题词，每一次情节的推动，都饱含情感，充满张力。

对人物心理变化的刻画也是这部作品的一大亮点。在影片中，主人公面对选择，以及在现实面前的心理挣扎，都表现得淋漓尽致。这种挣扎体现了国际知名心理学家伊丽莎白·库伯勒·罗斯归纳出的人面临死亡与重大疾病时心理上经历的五个阶段——否认、愤怒、谈判、抑郁和接受。而这些，在一些细节上表现出来时就更加有感染力。当得知乳腺癌复发的时候，她对着镜子说："不是吧！"也曾说："我觉得胸部变硬了，是我多心了吧？"这是否认的表现，她并不愿意接受癌症复发的事实。她也曾反问："为何一定是我呢？"短短的一句话，有淡淡的哀怨与愤怒。谈判在她身上体现在一种看似波澜不惊又热情温暖的状态中。因为她既在迎接新生命，也在迎接死亡。做出留下这个孩子的决定，尽全力让他顺利降生，本身就是与恶疾谈判的表现。面对死亡，特别是在孩子很小的时候母亲就要面对死亡，是一件非常残忍的事情。她也因此十分焦虑、抑郁，独自在海边哭泣，黯然神伤。对于死亡的接受，体现在她对丈夫的嘱托上。她知道自己必须面对病情恶化甚至死亡的事实，她希望丈夫可以见证孩子生命中重要的时刻，去参加他每一阶段的毕业典礼，为他过每一个生日等等。很多细节体现了主人公复杂的心境。如在B超室里，她一边自己用B超探头检查乳房，为病情恶化而感到难过；一边又看着自己的子宫，感受婴儿的心跳与新生的希望。这种矛盾与纠结，真实地体现出来。同时也为情节发展设下悬念——随着病情的发展，她会如何选择？

值得一提的是，作为医疗题材作品，影片弱化了医学知识，并没有特别强调关于癌症的更多治疗方法，或者让主人公做出看似更科学、更可能延长生命的选择。这也体现了叙事医学的内涵：每个生命都有自己的故事，每个故事都与众不同，每个人的生命故事都值得尊重。即使面对同样的疾病，每个人都会根据自身的境遇与意愿做出不同的选择。医学作为有局限性、不完美的科学，本身也有很多不确定性，对于癌症过多治疗与干预，也并不一定能达到更好的预期。而在一切不确定的情况下，身为医生和母亲的她，做出这样一种选择，体现的并不是身患绝症任其发展的无力感与自暴自弃，而是勇敢与韧性。在影片接近结尾的时候，她的丈夫坐在诊室里，正在给患者看病；他们的孩子跑进来，快乐、阳光、充满朝气。而在他的办公桌上，依然摆放着她的照片。照片上的她年轻漂亮，笑容温暖，青春与梦想在那一刻定格。在丈夫和孩子心中，她永远最美。这是一种健康信息的正向传达，展现出一种比较积极的生死观、疾苦观，正视死亡，直面疾病，向死而生，珍视每一份爱与希望。疾病题材电影作为健康传播的重要组成部分，传递力量与希望也是其主题之一。

《九顶假发的女孩》

这是一个美好而快乐的抗癌故事。女孩患了罕见的横纹肌肉瘤，在经历了多次化疗、放疗后，掉光了头发。她用九顶不同的假发实现不同角色的转换，在与癌症抗争的道路上，将青春的梦想延续，并重新发现生活的美丽与多彩。

这部影片是根据一本真实的日记改编的，于 2013 年首先在德国上映。日记的主人公叫苏菲·史黛普，是个荷兰女孩。2005 年，她被诊断为癌症时，刚刚 21 岁，正值青春，是在校大学生。对于任何人来说，这都是沉重的打击。在最初的时候，她用买假发来逃避患病的事实，并逐渐在不停地变换假发之间重新找回了青春阳光的自己。她将患病后的整个经历以网络日记的形式记录下来，使无数人在字里行间读到了希望。她的故事让人感动的同时也深受鼓舞，并体会到了生命的坚强与韧性。经历了与癌症的积极抗争，她战胜了癌症，潇洒地开始了新的人生旅程。

关于癌症题材的小说有很多部，索尔仁尼琴的《癌症楼》就是其中最典型的一部，亦是举世皆知的名著。书中有这样一段：一位正值花季的女孩，长得非常漂亮。在同龄的患癌男孩心中，她是完美的代名词，无可挑剔。可是有一天，女孩得了乳腺癌，不得不失去乳房，她只能对着男孩哭泣。这个故事没有曲折的情节，讲述的就是一种面对绝症时的无助。当疾病造成身体残缺时，一些人就此沉沦、萎靡，也有一些人被贴上励志的标签，不得不故作坚强，隐藏自己的痛苦。苏菲也经历了肿瘤患者难熬的心理历程，从得知诊断结果时的惊讶、难以接受、焦虑、烦躁不安，到为了遮掩光头而去购置第一顶假发，并逐渐爱上扮演不同角色，再到正视病情与死亡、积极配合治疗，每一个过程都是难以想象的身心历练。持续的化疗、放疗带来的身体挑战，家人、朋友的痛苦与压力和疾病自身带来的心理重创，都以最直接的方式教会她坚强。

九顶假发，就是脆弱身体支撑下九种不同的生活。她为每顶假发起了名字：金色的波浪长发叫作黛西，让她拥有芭比娃娃一样可爱的脸；红色的假发叫苏，让她成为热情火辣的红发女郎；最贵的一顶金色长发叫布莱蒂，以及史黛拉、普拉蒂娜、欧玛、帕姆、莉迪亚和蓓比。每一顶假发都有自己的故事，演绎着这个女孩最美的青春。对于苏菲，假发的作用并不是最初用来遮盖自己化疗被折磨得稀少不齐的头发，而是意味着女性身份与自我意识。这些假发演绎着不同的身份，但或多或少都有苏菲自己的影子，她用这种形式做自己人生的导演，借着这股力量去突破自我，与癌症恶斗。假发，成为她的精神胜利法。

　　和其他的女大学生一样，苏菲也喜欢旅行，喜欢读书，喜欢交朋友，倾力去追逐爱情。当然，我们也能看见她和同龄人不同的生活，看到她的苦中作乐。她将输液架称作"高个儿男朋友"，称静脉留置管为癌症赐予她的第三个乳头，她认为自己的葬礼会是一场超级派对……她的乐观并不是将癌症抛在脑后，听之任之，而是带病生存，接受它并正视它，从中挖掘自己对生活的兴奋点。

　　影片在向我们诠释一种死亡哲学。在自我蜕变、自我激励的过程之中，女孩的大部分精力似乎都放在对爱情的追逐上，甚至对于我们国人而言有些开放。她并没有像哲人一样写下对于生命与死亡的思考，也没有给同样是癌症患者的病友直接的鼓励，然而她在用行动诠释着对生命的态度。一个花季女孩对爱情的渴望、对友情的珍惜已然彰显了生命最初、最为鲜活的生机与力量。面对现实生活，很多人常怀抱怨，特别是一些患者，总会想"为什么患病的偏偏是我"。面对不理解，他们会认为"因为你没有我的经历，所以不知道患病的感受"。面对疾病与死亡，没有人可以完全超然，而苏菲这个行动派可以为很多在痛苦中的人提供一种选择。当青春之梦遭遇癌症之痛，她用假发为美丽代言，将青春与生命延续。并非所有癌症患者都能痊愈，也并非所有苦痛中的人最终都能找到完美的人生拐点，而对生命的热爱与拥抱生活的态度，不应该成为每一天的主旋律吗？

《抗癌的我》

　　这部影片于 2011 年在加拿大多伦多国际电影节率先上映。影片主要讲述了一位青年男子在不幸患癌后积极与疾病抗争的励志故事。主人公亚当是一位 27 岁的男青年，在患癌之前一直过着普通人的生活，没有经历过人生的大起大落，唯一的不幸是爸爸患有阿尔茨海默病。就在这一年，亚当的生活被一纸诊断书完全改变了，他被查出患有癌症。这对亚当来说简直就是当头一棒，在他看来，这几乎没有治好的可能。他体验了多数有相同境遇人的感受——痛苦与绝望。亚当不断地自我挣扎，在生与死之间不断思考，心中充满了对死亡的恐惧。幸运的是，当亚当把患癌的消息告诉母亲与朋友时，每一个人都积极地帮助他寻找治疗的方法，并没有忽略、排斥他，这使亚当的抗癌之路充满了阳光与欢笑。

　　亚当不可避免地走上了治疗癌症最痛苦的一步——化疗。在化疗开始前，他毅然决然拿起推发器将头发剪光。他的目光中，凝聚着面对癌症不服输的勇气以及势必要战胜它的信心，因为他知道战胜恐惧最好的办法就是面对恐惧。

这种勇气的背后，是来自家人的支持，是来自朋友的鼓励与陪伴。通过这次患癌，亚当发现父母如此深爱他；好朋友也在默默地守护着他，为他想尽办法。在病中，他看见了之前未曾体会到的生活中的另一面。

从对死亡充满恐惧到建立良好的生死观，懂得向死而生，是亚当的人生转折点。他懂得了战胜病魔的前提就是战胜自己，战胜自己的懦弱与恐惧。从本片中可以看出，周围人的态度以及话语对一个人建立重生的信心十分重要。如果亚当没有亲朋好友的支持，那他是否有勇气面对癌症进而最后战胜癌症并不确定。医护人员与患者的共情也起到了相应的作用。对待患者，医护人员应该多一些关心与鼓励，少一些排斥与冷漠，让医患的关系变得亲近。当医患成为共同体，患者觉得不再被边缘化，才能帮助患者建立温暖有爱的病中体验。

《天生一对》

电影《天生一对》上映于 2006 年。它不属于医疗题材影片，但是因为乳腺癌与生死疾苦题材的介入，再加上多条感情线，让轻喜剧格调的故事有了更多的吸引力。

故事的女主角梁冰冰，是一个争强好胜的广告公司客户经理。男主角 V 仔，是一名心理医生，与梁冰冰为一对欢喜冤家。被诊断为乳腺癌重创了梁冰冰，她害怕疾病会夺走她的乳房，让她失去女性的尊严与魅力，从此与爱情绝缘。她尝试用各种"隐世医术"治病，结果却是一出出的闹剧。V 仔也并没有因此而离开梁冰冰，他用各种办法鼓励梁冰冰，帮助她建立信心。在面临手术的时候，犹豫不定的梁冰冰遇到了性格内向、会唱歌的灯箱维修员升平。升平鼓励梁冰冰参加歌唱比赛重建自信。最终梁冰冰选择接受手术，以理智和勇敢去接受命运的挑战。

细腻的心理刻画是影片的亮点之一。癌症患者面对疾病与死亡时否认、愤怒、谈判、抑郁与接受的心理过程，被展现得淋漓尽致。梁冰冰曾希望依靠乐观心态、气功等方式击败病魔，也曾因为治疗失败而脾气暴躁。最终她选择"用最好的心情面对最坏的事情"，接受手术，彰显了积极向上的正能量。整个影片用诙谐的方式来表现癌症这一沉重的话题，让人笑中带泪。

身为医生的 V 仔，成为梁冰冰最主要的陪伴者与守护者。在他的陪伴下，梁冰冰选择了合适的治疗方法，失去一个生病的乳房，完成了对生命的拯救。影片中展现的观点，让观看者也有所思考：接受乳房切除手术并不会失去尊严。选择将生命延续，将梦想延续，正视生命中的挑战并勇敢面对，才是人生应保有的最大尊严。在现实生活中，医护人员也常常扮演着这样的角色，他们不仅尽其所能地治疗患者的病痛，而且给予患者真诚的人文关怀和心理抚慰。陪伴与守护生命，亦是医护人员的职责所在。

《珍爱乳房》

《珍爱乳房》是北京电视台编导叶丹阳拍摄的纪录片，共 10 集，于 2005 年播出。叶丹阳本身也是乳腺癌患者，她用手中的镜头，诠释患者的真实生活与境遇。

故事中的女人们，用自己真实的生活状态诠释着四个字——美丽活着。镜头下的每一个故事都让人动容：瑜伽教练郭健有着傲人的身姿和健美的体型，却在 50 岁那年被确诊为乳腺癌，右乳全切。身体恢复后的郭健依然坚持自己的事业，并拍摄中国第一张用于宣传警示乳腺的正面裸胸照片，以自己为例子警示他人珍爱乳房。报社编辑宁平用温暖的文字记录自己的患病经历，传递阳光与爱。家政服务员陈萍经济拮据，无力支付治疗费用，但受到无数的关爱与帮助，并永存感恩之心。年轻的石家庄外地务工人员石晓霞选择病逝后捐献眼角膜。她无法延长生命的长度，却将生命的宽度拓展，把爱与光明传递下去……纪录片中还记录了许多人的故事：有对生活充满热情的画家，在生命即将结束时仍然坚持举办个人画展，分享画笔中的世界；有退休工人，在经历癌症之痛时也在体验着来自至亲的爱；有病后依然努力工作的会计，用达观的心态与出色的工作成绩彰显着"我眠则享生命之美梦，我醒则尽人生之责任"的誓言。当然，还有叶丹阳自己的故事。从发现乳腺癌，到保乳手术，再到几年后癌症复发不得不失去乳房，她将自己的故事娓娓道来，警示人们要健康生活，重视乳腺癌，珍爱乳房。在片中，叶丹阳也常常提及主治医生给予自己的关爱。这种关爱和医患之间的信任，亦是创作的动力。

很多观众在观看纪录片时，第一感受是震撼。本以为癌症患者与普通人不同，他们是弱势群体。特别是身患乳腺癌的女人，她们要面对的不仅是身体上的伤痛，更要面对心理上的重创。她们的生活一定是无比艰难的，镜头里的她们一定是饱含痛苦的。然而，当完整地看完这 20 多位患者的故事后，观众感受到的是一种震撼，她们比健康人更勇敢坚强，举手投足都释放着生命的韧性与张力。医生眼中的患者大多是虚弱的，需要帮助的。由于床位的周转率高，很多时候患者手术后便回到地方医院进行后续治疗。因而医生，特别是大医院的医生，对患者的了解并不多。当医生们听闻这部纪录片后，表现出极大的兴趣。他们希望通过观看纪录片，加深对癌症患者的理解，进而给予患者更多的帮助。一位刚刚进入乳腺科工作的医生分享他的观后感，说："这不是戏剧化的艺术加工，而是真实的记录。患者们站在人生悬崖边上直视生死的考验。我能看见她们坚强乐观地带病生活，面对残缺与美丽做出艰难的抉择。她们让人感受更多的是一种力量。她们在苦痛磨难中重塑自我，直至涅槃重生。"这也是这类疾病题材影片的最大意义：让一个生命借此走进另一个生命。

每个生命都有自己的故事。电影作为重要的媒介与载体，给这些故事以生命。透过镜头，观众不仅能够感同身受，更重要的是，传递爱与温暖，同时探讨生命的意义。这些对于医者，亦有深远意义。

《送你一朵小红花》

《送你一朵小红花》讲述了两个青年癌症患者在病痛折磨中抱团取暖的抗癌故事。男主人公韦一航是一位脑肿瘤患者，他自卑胆怯，不敢面对生活，抗拒与他人亲近。他坐车要坐最后一排，在外吃饭也要坐在角落里。他希望自己是一个透明的存在，不希望被人关注。他曾说："我怕我刚把真心掏出来，我就死了。"女主人公马小远也是一位癌症患者。但她与韦一航截然不同，她积极乐观向上，勇敢地同命运的不公对抗。在一个偶然的机会，他们相识了。同是活在黑暗之中，一个懦弱逃避，一个勇于前进，或许正是这样的不同在二人之间产生了化学反应，并将他们捆绑在了一起。马小远活泼开朗的个性深深吸引着韦一航，让他发现原来人生还可以有另一种活法。她带着他在马路上奔跑，在街边喝酒吃烤串，二人甚至开始攒钱，一起出去旅游，见见那从未见过的景色，过一过从未有过的生活。马小远的出现无疑是韦一航黯淡生活中的一束光。莎士比亚曾经说过："当你在我身边的时候，黑夜也变成了清新的早晨。"韦一航终于不用再隐忍自己的情感，终于可以在有限的生命中尽情地表达对世界的爱意。

没有人天生就是一座孤岛，当你难过崩溃深夜流泪时，有人会比你承受更大的痛苦，那就是你的家人，韦一航亦是如此。韦一航曾经对他的父母不理解、不想与他们进行沟通。然而他慢慢发现了父母的不易。爸爸会用每周仅有的休息日去开专车贴补家用，妈妈也会每天按照抗癌食谱给他做饭。虽然家里的生活质量每天都在下降，但是父母对他的爱丝毫没有减少，这些都给了他继续面对生活的勇气。

在剧中，马小远曾给韦一航画了一朵小红花，说这是奖励他人生第一次积极主动。或许那是韦一航第一次被他人肯定，证明了自己也是一个有用的人，不再被他人另眼相待施以同情。内心很苦的人怎样才可以被温暖？有人说只需要一丝甜就可以，或许也就是需要一朵小红花。被癌症折磨的人们往往心灵会比常人更加脆弱，他们渴望被人理解和关心，而不是同情。亲人与朋友的支持有时会成为他们努力活下去的最大动力。人生有限，或许病痛会像一把锋利的刀，但是那无边的爱意却可以将它无限包裹。希望每一个在黑暗中陷入迷茫的人都可以带着属于自己的"小红花"积极地探索未知的生活。

中国内地癌症与生死题材作品主题初探

癌症是医疗剧题材影视作品热衷的话题。在曾经热播的医疗剧《医者仁心》和《心术》中，在涉及的所有病例中，恶性肿瘤排第三位，占 12.5%（崔丽，2013）。这与恶性肿瘤这一疾病，涉及身、心、社、灵四个维度有关。癌症患者不仅遭遇身体上的病痛，还有心理撞击，社会适应能力的削弱，以及灵性的觉醒。相比其他疾病，它的冲击力更强，也有更多的社会内涵。因此，在该类题材的主题选择上，如果仅仅关注患者的遭遇和医务人员的行动这些情节，缺少对生死哲学的思考，作品的力度与深度就还需要进一步挖掘。

在主题的选择与扩充上，可以从患者视角与医生视角分别切入。在患者方面，关注患者的体验与生死困境。生老病死是无法抗拒的自然规律，癌症将人推到生命的边际，使人直面生死。将这种规定情境下的患者体验和内心最深处的挣扎，通过具体的病例和情节体现出来，有助于公众理解患者，理解疾病与生死。通过这样的主题让观众思考疾病对于人的意义。在此过程中，亦能引发对生命母题的追问：生命的意义何在，怎样去自我实现？同时，通过患者的生命境遇来让公众理解医学，也是这类题材作品的使命。医学是有限度的，有局限性的。尽管科技迅速发展，出现了越来越多的治疗手段，但癌症仍然是当代医学界的一大难题。这些治疗也依然有较大的副作用，会给患者带来身体上的负担，以及巨大的经济压力。只有人们认识到医学的局限性与偶然性，才能更好地理解医院和医生，最终理解自己的身体，直面生死困境。

在医生方面，通过对医生职业生活的刻画，展现职业精神，揭示职业真谛。医生不仅需要在技术层面上救死扶伤，更需要在精神层面上，与患者共情。在医患关系上，由利益诉求走向情感、道德、价值共轭、共鸣（王一方，2013b）。这种主题的挖掘，并非清一色的高大全的扁平人物描述，而是要既能传递医学人文理念，又能体现医学的温暖，彰显人性之美。这些主题的挖掘可以形成一股正能量，通过大众传媒的力量，让这份爱温暖和感染更多人，进而传递下去。

从哲学角度看，癌症之于生死题材的作品，最大的价值是使公众通过对作品的解读，领悟到人之生死是一体两面，必须把死亡问题扩充为"生死问题"，这样才能达到"死亡的尊严与生命的尊严"，从而实现现代人死亡问题的"精神超克"，并获得生死的终极意义（傅伟勋，1996）。这些深层内涵的挖掘，也为我们提供了未来该类题材作品创作的方向。

通达思绪妙文章（代跋）

　　杨柠溪是一位"小才女"。之所以这样称谓她，只因为现在她年龄还小，将来是否成为"大才女"，当下还难以预测，需要日后眼界、境界的不断拓展，甚至不断转圜。不过，盘点她的学历与经历，就已经数次跨界，本科到博士，一路走来，从中文（影视创作），到哲学（生死哲学），再到预防医学（公共卫生），由情感性出发，经历思辨性，抵达社会性，毕业后的落脚点却是北国冰城的一所著名工科院校。其背后的逻辑"焊点"，旁人不得知，或不尽知，但她自己心中一定有所设计，有所皈依。据说联合国招雇员，必须精通三门外语，还需要换过五次工作，名曰"有多部门工作及跨文化协调的经历"。不知道杨柠溪是否奔着联合国的岗位去努力，但年纪轻轻就有这样的"阅历"实在不多见。她要出新书，让我在书前或书后写几句话，我首先想到的是她骨子里的"通家思绪"。现在说断言她已具备"通家气象"，似乎还有些早，她却是朝着这个水准迅跑着。

　　我是她硕士期间的老师，在她的成长道路上也算是一位见证者，或者大言不惭地自称为引导者。作为导师，摊上一位小才女做学生，不见得是惬意，却常常是喜忧参半：喜的是她悟性高，交代她读些什么、琢磨些什么、写些什么，都不需要拿鞭子在后面督战；忧的是她"野马"般跑得太远，迎来疑问一串串，让为师难以招架。我有时候会"大度"地鼓励她继续"冲锋"，有时候也难免"小器"地把她拽回来，让她聚焦论文。

　　读者诸君一定很忌讳跋中尽扯些题外话，而不谈及书中的内容，想必都很想从跋中得到一张"导游图"，来鸟瞰全书概貌，或者得到一串"钥匙"来解读文中奥秘。恕我实话实说，我不想充当这样的角色。我要告诉读者诸君的是作者精神发育的"路线图"（其实是"反路线图"）。相对于大学中文系的"散漫"，大学的医学部则是一个"不苟言笑"的地方。如果前者是"稍息"或者"长亭漫步"，后者则一定是"立正"，外加"操正步"。一般来说，由立正到稍息是一种解放，而由漫步到正步则是一份规训。杨柠溪从文学阅读、写作的自由王国闯入叙事医学的森严领地，一定不曾轻松，它毕竟是一门源于科学，又不限于科学，有几分坚硬的医学学科。叙事医学的创始人丽塔·卡蓉的学术训练是先读医学，后读文学，获得医学博士并执业数载再去兼修文学，获得文学博士，也就是说，叙事医学的成长路径上，知识、学养的第一次曝光是医学，第二次曝光才是文学、抑或还有现象学哲学、医学人类学、医学社会学。而杨柠溪的学养曝光是逆风而行，所以说她是"反路线图"。可想而知，她在叙事医学的修炼进程中亲历过怎样深重的磨砺，现在出现在大家面前的肿瘤患者的疾苦叙事，以及医护的职业反思叙事、关怀叙事，都是文学、医学、哲学三重淬火后的精神结晶、思想反刍。话也要说回来，恰恰源自她的文学功底与虚构类文字的创作历练，让她的文章具有学术价值之外的阅读美感，值得读者诸君细细品味。如果说有一些阅读建议，那就是切勿"囫囵吞枣"，最好沏一壶好茶，择一处冬日温暖、夏日清凉之所，与本书做深入的精神交流，一定不虚此"读"。

犹如女人生产，头朝下是顺产，脚朝下则是难产，顺产与难产之别不在结果，而在过程。钱锺书说过，食客们吃鸡蛋就好，没有必要去瞻仰老母鸡，当然也包括去观摩母鸡下蛋的过程。但在追求绿色食品的当下，追溯鸡蛋的生产过程，弄明白是圈养还是散养，是否"柴鸡蛋"，显得很关键。如果把这本书喻为一篮子鸡蛋，我算是半个饲养员。在此，我一定跟大家确认，它是"散养鸡"，是"柴鸡蛋"。在学术场合开这种玩笑有些不严肃，但肿瘤患者访谈的田野功夫着实不轻松，不仅要深入患者人群，还要潜入其内心，做掏心之交，才算初步洞悉其情感地图、意志龟纹。疾苦观、生死观、医疗观的描绘可不是写小说时的合理杜撰，必须在人类学的田野之上建构投射个体价值的观念之塔。那分明是一座巴别塔，返过多少工，淌过多少泪，只有作者自己知道，我在此就不忍心"揭发"了。

幼儿园里，小朋友的成就感在于七巧板拼成时的尖叫，而学人的成就感在呕心之作的刊行。但刊行还不是终点，读者的诘问与对话，自我的反思与觉悟都发生在刊行之后，自得与遗憾都在白纸黑字之间。希望杨柠溪能够不满足自己的作品刊行时的愉悦，而转入二次"脱毛"（蜕变）。要知道，从小才女到大才女，没有数次"脱毛"的阅历是无法抵达的。

　　最后送作者一句毛泽东的诗词："雄关漫道真如铁，而今迈步从头越"。它述说的是当年毛泽东率领工农红军四渡赤水，占领娄山关时的豪迈。无论是学术转场，还是精神蜕变，都需要这种"娄山关"意识。

王一方

北京大学　教授

致　谢

　　2010 年，我第一次将学术关注的视线从文学转向医学。在这十多年里，我在不同的专业领域不断探索，最终将研究方向锁定在患者的身心健康领域，关注癌症和慢性病患者的身心健康。在我看来，在医疗技术之外，这个群体需要更多的关注与关怀。那么能在开展学术研究中为他们做一点事，亦是我的小小愿望。

　　当在键盘上敲完最后一个句号，内心充盈着幸福和感激之情。重新从头至尾细细阅读每一个文字，我感触很深。虽然它并不能称作一部出色的著作，但对我而言弥足珍贵，因为它凝聚着太多教导、关爱与帮助。

　　感谢在我求学路上的恩师们，感谢你们教我为学和为人。感谢我的硕士导师、北京大学王一方教授，在我毕业离开北医后仍然随时在学术和为人处世方面给予我指点和关心。而我更忘不了每次会议后，您躬下身子仔细清理会场的身影，让我懂得责任感的意义。感谢我的博士导师、武汉大学李十月教授。我知道您作为流行病学专家，以开阔的眼界和格局以及包容心，全力支持我在博士期间从事主流研究之外的临床医学人文的研究，是十分不易的。当我提交这本书稿的时候，您已经不在了，而我会记得那些鼓励与支持，并将您的善良与对事业的执着延续下去。感谢深圳市人民医院耿庆山教授，无论是学业、工作抑或是生活中，谢谢您一直站在我身后，给我温暖有力的支持。还有很多老师和前辈让我心存感激，如李文胜、王岳、周世杰、魏继红、刘奇、张大庆、王忠海、回宝琨、唐文佩等在我治学路上遇到的老师。是你们，教会我如何做个认真负责的好老师和优秀的学者。感谢在本次研究中给予我帮助的医生，如王艳丽、刘巍、吕雅蕾、沈超等；某种程度讲，刘巍主任帮助我开启临床研究的大门。

　　感谢单位的领导和同事们。本书的完成离不开学校和学院的支持和帮助。感谢郑莉院长对我科研工作的倾力支持，作为学术造诣深厚的女学者，您是我学习的榜样。感谢杨国庆、吴肃然、崔彬、曹景杰、孔德生、张翼飞、张妍、刘久、蔡丽、周春英、陈玉清、吴际、侯博文、李雪、韩雪等所有领导和同事们对我入职以来的帮助和关爱。是你们，为我能心无旁骛地开展科研工作做好了保障，让我得以践行治学初心。

感谢我的学生张泽、刘智博、乔宇在材料收集等过程中的付出。你们是我的第一届学生，我与你们一起成长。

感谢我的亲人和朋友们，你们给了我无私的爱和支持，正是这份力量，让我一直努力向前。你们的名字没有一一列举，我却时刻铭记在心。

曾经历人生中的至暗时刻，有幸得到很多帮助与鼓励。感谢张印医生、曾卫华老师、婷婷、阿影等。我深知我只是你们帮助的诸多人中的一个，这种非指向性的善良和热心让我感受到了人性本身最美好、最真诚的一面。我也将回馈并传递善良，做个内心柔软、在他人身处困境时伸出援手的人。

感谢人民日报出版社宋娜老师以及其他为本书出版付出心血的老师，一部作品的策划与出版，与出版社老师们的辛勤工作与责任心密不可分。

在此特别感谢接受访谈和问卷调查的患者们。罹患癌症并接受治疗的时间痛苦而漫长，你们愿意在承受病痛甚至在十分虚弱时填写问卷和接受我的访谈，述说你们的生命故事，为课题提供丰富真实的素材，让我永远心存感激。叙事是有限的，而意义是无限的。我们之间的这种分享，共同建立起的信任、希望、爱与温暖远比科研本身更加重要、更有意义。我也愿意做一个"树洞"，用更多时间去倾听，去抚慰。

最后，我想说，愿把我的幸福和快乐都传递给关心和支持过我的人，愿你们一切安好，愿我们每个人都可以内心永远年轻，永远热泪盈眶。

杨柯溪